中国社会科学院创新工程学术出版资助项目

夏洪胜 张世贤◎主编

U0571280

*21*世纪工商管理文库

市场营销管理

Marketing Management

经济管理出版社
ECONOMY & MANAGEMENT PUBLISHING HOUSE

图书在版编目（CIP）数据

市场营销管理 / 夏洪胜，张世贤主编. —北京：经济管理出版社，2013.4
（21世纪工商管理文库）
ISBN 978-7-5096-2332-9

Ⅰ.①市…　Ⅱ.①夏…②张…　Ⅲ.①市场营销学　Ⅳ.①F713.50

中国版本图书馆CIP数据核字（2013）第036631号

组稿编辑：何　蒂
责任编辑：杨雅琳
责任印制：司东翔
责任校对：超　凡

出版发行：经济管理出版社（北京市海淀区北蜂窝8号中雅大厦11层　100038）
网　　　址：www.E-mp.com.cn
电　　　话：（010）51915602
印　　　刷：三河市延风印装厂
经　　　销：新华书店
开　　　本：720mm×1000mm/16
印　　　张：18.5
字　　　数：300千字
版　　　次：2014年3月第1版　2014年3月第1次印刷
书　　　号：ISBN 978-7-5096-2332-9
定　　　价：49.80元

总　序

　　1911 年，泰勒《科学管理原理》的发表标志着管理学的诞生。至今，管理学已经走过了整整 100 年，百年的实践证明，管理学在推动人类社会进步和中国改革开放中发挥了巨大的作用。在这个具有历史意义的时刻，我们也完成了《21世纪工商管理文库》的全部编写工作，希望以此套文库的出版来纪念管理学诞生100 周年，并借此机会与中国企业的管理者们进行交流与探讨。

　　"绝不浪费读者的时间"，这是我在筹划编写本套文库时所坚持的第一理念。时间是管理者最宝贵的资源之一，为了让读者尽可能高效率地学习本套文库，我们的团队力求通过精练的文字表达和鲜活的案例分析，让读者在掌握基础知识的同时获得某种思维上的灵感，对解决企业实际中遇到的问题有所启发，同时也获得阅读带来的轻松和愉悦。"绝不浪费读者的时间"，这是我们对您的承诺！

一、编写《21 世纪工商管理文库》的出发点

　　本人从事工商管理领域的学习、研究、教学和实践工作多年，在这一过程中不断探索和思考，形成了自己的一系列观点，其中的一些观点成为编写本套文库的出发点，希望能尽我微薄之力，对我国企业的发展有所帮助。

　　1. 工商管理是一门应用性极强的学科，该领域的基础理论成果基本上来源于以美国为主的西方国家。在工商管理领域的研究方面，我国应该将重点放在应用研究上。

2. 工商管理在很大程度上受制度、历史、文化、技术等因素的影响。对于源自西方国家的工商管理基础理论，我们切不可照搬照抄，而应该在"拿来"的基础上根据我国的实际情况加以修正，然后将修正后的理论运用于我国的实践。

3. 目前，我国的 MBA、EMBA 所用的经典教材多数是西方国家的翻译版本，不仅非常厚，内容也没有根据中国的实际情况进行调整，在学时有限的情况下学生普遍无法学通，更谈不上应用，这可以从众多的学位论文和与学生的交流中看出。

4. 做企业，应该先"精"后"强"再"大"，并持续地控制风险，只有这样才能保证企业之树长青。而要做到这些，一个非常关键的因素就是对工商管理知识的正确运用，所以，无论多忙，我国的企业管理者们都务必要全面系统地学习适合国情的工商管理知识，以提升企业的软实力。

5. 随着国际化程度的加深，我国急需一批具有系统的工商管理知识和国际化视野且深谙国情的企业家，这一群体将成为我国企业走向国际化的希望。企业的中高层管理者是这一批企业家群体的预备军，因此，我们应该尽力在我国企业的中高层管理者中培育这个群体。

"路漫漫其修远兮，吾将上下而求索"。企业是国家的经济细胞，也是国家强盛的重要标志之一。当今世界，企业间的竞争日趋激烈，我国企业的管理者们要有强烈的危机意识和竞争意识，必须从人、财、物、信息、产、供、销、战略等各方面全方位地提升我国企业的管理水平，力争建成一批世界知名的和有国际影响力的中国企业，这批企业将是中国经济的基础和重要保障。我希望本套文库能够与中国企业中高层管理者的实践碰撞出灿烂的火花，若能如此，我多年的心血和我们团队的工作便有了它存在的价值。

二、《21 世纪工商管理文库》的内容

中国企业非常需要有一套适合中国国情的工商管理文库，博览以往工商管理类的书籍，它们对中国企业的发展确实起到了非常重要的作用，但是却鲜有一套文库的内容可以同时将基础性的知识、前沿性的研究和最适合在中国应用的理论

结合工商管理内容的本质,以深入浅出、通俗易懂的表达方式全面呈现出来。由于中国的中高层企业管理者用在读书学习上的时间非常有限,这就要求本套文库能让企业管理者花较少的时间,系统地掌握其内容并加以运用。

鉴于此,本人与国内外同行进行了深入的探讨,同时,也与一大批内地、港澳台地区及国外企业家和学者进行了广泛的接触与交流,并实地调研了大量中外企业。在此基础上,仔细查阅了国内外著名大学商学院的有关资料,并结合自己的研究,首次构建并提出了如图Ⅰ所示的工商管理内容模型。该模型经过数十次的修正,直到工商管理理论研究同行与实践中的企业家们普遍认可后才确定下来。它由31本书组成,平均每本200页以上,基本涵盖了工商管理的主要内容,是目前我国较为系统、全面并适合中国企业的工商管理文库。

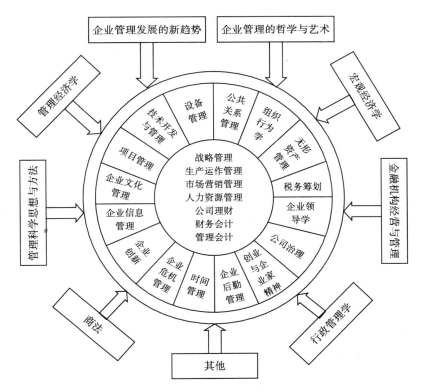

图Ⅰ 工商管理内容模型

该工商管理内容模型共分为如下三个部分：

第一部分为核心内容（图Ⅰ中小圆内部分）。该部分内容共分为7个方面：①战略管理；②生产运作管理；③市场营销管理；④人力资源管理；⑤公司理财；⑥财务会计；⑦管理会计。

以上7个方面的内容是工商管理最基本的部分，也是工商管理最核心的部分，这些内容是任何企业都应该具有的。可以说，工商管理其他方面的内容都是围绕这7个方面的内容展开的。这7个方面的内容各有侧重又彼此关联。

我们称这7个方面的内容为工商管理的核心系统，该系统是工商管理专业的核心课程。

第二部分为辅助内容（图Ⅰ中小圆与大圆之间部分）。该部分内容共分为16个方面：①企业领导学；②公司治理；③创业与企业家精神；④企业后勤管理；⑤时间管理；⑥企业危机管理；⑦企业创新；⑧企业信息管理；⑨企业文化管理；⑩项目管理；⑪技术开发与管理；⑫设备管理；⑬公共关系管理；⑭组织行为学；⑮无形资产管理；⑯税务筹划。

以上16个方面的内容是工商管理的辅助内容。不同行业的企业和企业发展的不同阶段都会不同程度地运用到这些内容。这16个方面的内容与核心系统一起构成了企业管理的主要内容。

我们称这16个方面的内容为工商管理的辅助系统，该系统是工商管理专业的选修课程。

第三部分为支撑内容（图Ⅰ中大圆外部分）。该部分内容共分为8个方面：①宏观经济学；②金融机构经营与管理；③行政管理学；④商法；⑤管理科学思想与方法；⑥管理经济学；⑦企业管理发展的新趋势；⑧企业管理的哲学与艺术。

以上8个方面的内容对企业管理起到支撑、支持或制约的作用，企业管理的思想、方法、环境等都与这些内容密切相关，甚至企业管理的绩效直接与这8个方面的内容有关。

我们称这8个方面的内容为工商管理的支撑系统，该系统是工商管理专业的公共必修课程。

需要说明的是，在该模型中，我们标出了"其他"，这是由于工商管理的内容非常丰富，其模型很难包罗万象，而且工商管理本身也在发展中，无论是核心系统、辅助系统，还是支撑系统，都可能在内容上发生变化。因此，我们将该模型中没有表明的内容用"其他"表示。

综上所述，整个工商管理内容模型是由核心系统、辅助系统、支撑系统三大系统组成。我们也可称之为工商管理的三维系统，其中，核心系统和辅助系统构成了企业管理的主要内容。

我们进一步将核心系统和辅助系统按照关系密切程度划分为 5 个子系统，它们分别是：

子系统 1：战略管理、企业领导学、公司治理、创业与企业家精神、企业后勤管理、时间管理、企业危机管理、企业创新、企业信息管理、企业文化管理。该子系统各部分都会对企业产生全局性的影响。

子系统 2：生产运作管理、项目管理、技术开发与管理、设备管理。该子系统各部分技术性强，偏重定量分析，且各部分之间关系密切。

子系统 3：市场营销管理、公共关系管理。该子系统各部分之间关系密切，公共关系的有效管理有助于市场营销管理。

子系统 4：人力资源管理、组织行为学。该子系统各部分之间关系密切，组织行为学是人力资源管理的基础。

子系统 5：公司理财、财务会计、管理会计、无形资产管理、税务筹划。该子系统各部分之间关系密切，公司理财、财务会计、管理会计构成了企业的财务管理体系，同时也是无形资产管理、税务筹划的基础。

以上 5 个子系统也可以作为企业管理的 5 个主要研究方向：①战略管理方向；②生产运作管理方向；③市场营销管理方向；④人力资源管理方向；⑤财会管理方向。其中，战略管理是企业的定位；生产运作管理是企业的基石；市场营销管理是企业生存的手段；人力资源管理是企业的核心；财会管理是企业的灵魂。

当然，工商管理内容模型中的各个部分不是孤立存在的，它们彼此之间常常是有关联的，甚至有些内容还有交叉。如"采购管理"作为企业管理中非常重要的内容，本套文库在生产运作管理、项目管理和企业后勤管理三本书中均有涉及。虽然三本书中关于"采购管理"的内容均有关联和交叉，但三本书中所呈现出来的相应内容的侧重点又是不同的。

三、《21世纪工商管理文库》的内容本质

通过多年来对国内外工商管理理论与实践的研究，我们认为《21世纪工商管理文库》的内容本质可以精辟地概括成如表I所示。

表I 《21世纪工商管理文库》的内容本质

书名	内容本质
1.战略管理	找准企业内部优势与外部环境机会的最佳契合点，并保持可持续发展
2.生产运作管理	依据市场的需求和企业的资源，为客户生产和提供物超所值的产品
3.市场营销管理	以有限的资源和真实的描述，尽可能让企业的目标客户了解并购买企业的产品
4.人力资源管理	适人适才、合理分享、公平机会、以人为本、真心尊重，创造和谐快乐的工作环境
5.公司理财	使公司的资产保值增值并在未来依然具有竞争力
6.财务会计	合规、及时、准确地制作财务会计报表，并运用财务指标评价企业的经营状况
7.管理会计	让管理者及时、准确地了解其经营活动与各项财务指标的关系并及时改善
8.企业领导学	道德领导、诚信经营，承前启后、继往开来
9.公司治理	以科学的制度保障权力的相互制衡,维护以股东为主体的利益相关者的利益
10.创业与企业家精神	发现和捕获商机并持续创新
11.企业后勤管理	通过企业的间接管理活动，使其成本最低和效率最高
12.时间管理	依重要和缓急先后，合理分配时间，从而达成目标
13.企业危机管理	大事化小，小事化了，转危为机
14.企业创新	快半步就领先，持续保持竞争优势
15.企业信息管理	及时和准确地为管理者提供相关的管理信息
16.企业文化管理	以共同的信念和认同的价值观引领企业达到具体的目标
17.项目管理	以有限的资源保质保量完成一次性任务
18.技术开发与管理	将未来的技术趋势转化为商品的过程与管理
19.设备管理	使设备具有竞争力且寿命最长和使用效率最高
20.公共关系管理	使企业与所有利益相关者的关系最和谐且目标一致
21.组织行为学	科学组建以人为本的有效团队

书名	内容本质
22.无形资产管理	化无形为有形,持续发展无形的竞争优势
23.税务筹划	合法、有道德且负责任的节税手段
24.宏观经济学	保持国民经济可持续和健康发展的理论基础
25.金融机构经营与管理	服务大众,科学监管
26.行政管理学	科学制定"游戏"规则,构建长富于民的政府管理机制
27.商法	维护经济秩序并保护企业或个人的合法权益
28.管理科学思想与方法	以可靠准确的数据为基础,优化各类资源的使用效率和效果
29.管理经济学	微观经济学的理论在企业经营决策中的应用
30.企业管理发展的新趋势	企业未来的管理方向
31.企业管理的哲学与艺术	刚柔并济,共创所有利益相关者的和谐

四、《21 世纪工商管理文库》的特色

(一)《21 世纪工商管理文库》在叙述方式上的特色

1. 每本书的封面上都对该书的内容本质有精辟的描述,这也是贯穿该书的主线,随后对该书的内容本质有进一步的解释,以便读者能深刻领悟到该书内容的精髓所在;并在总序中对整个《21 世纪工商管理文库》的内容本质以表格的形式呈现。

2. 每本书的第一章,即导论部分都给出了该书的内容结构,以便读者能清晰地知道该书的整体内容以及各章内容的逻辑关系。

3. 每本书的每章都以开篇案例开始,且每一节的开头都有一句名人名言或一句对本节内容进行概括的话,以起到画龙点睛的作用。

4. 每本书的基础理论大部分都有案例说明,而且基本上是在中国的应用,尽量使其本土化。

5. 每本书都非常具有系统性、逻辑性和综合性,将复杂理论提炼成简单化、通俗化的语句并归纳出重点及关键点,尽量避免不必要的"理论"或"术语",表达上简洁明了、图文并茂、形象鲜活。

(二)《21 世纪工商管理文库》在内容上的特色

1. 本套文库建立了完整的工商管理内容模型,该模型由核心系统、辅助系统和支撑系统组成。在该模型中,读者能够清晰地看到工商管理内容的全貌以及各

部分内容之间的关系，从而更加有针对性地学习相关内容。这也是本套文库的基本内容框架，从该框架可以看出，本套文库内容全面，具有很强的系统性和逻辑性，且层次分明。

2. 本套文库的内容汇集和整合了古今中外许多经典的、常用的工商管理理论和实践的成果，我们将其纳入本套文库的内容框架体系，使其更为本土化和实用化。可以认为，我们的工作属于集成创新或整合创新。

3. 每本书的内容都以"基础性"、"新颖性"、"适用性"为原则进行编写，是最适合在中国应用的。对于一些不常用或不太适合在中国应用的基础理论没有列入书中。

4. 核心系统和辅助系统（企业管理的主要内容）中的每本书都有对中国企业实践有指导意义的、该领域发展的新趋势，这可以让读者了解到该领域的发展方向，并与时俱进。为了便于读者阅读和掌握各个领域发展的新趋势，我们将本套文库中的所有新趋势汇集为《企业管理发展的新趋势》一书。

5. 核心系统和辅助系统中的每本书都有该领域的管理哲学与艺术，提醒企业不可僵化地运用西方的基本理论，而应该将中国的管理哲学与艺术和西方现代工商管理理论相结合，即将东西方的科学发展观与中国的和谐社会融合起来，这才是真正适合中国本土化的企业管理。为了便于读者阅读和掌握各个领域的管理哲学与艺术，我们将本套文库中的所有管理哲学与艺术汇集为《企业管理的哲学与艺术》一书。

（三）《21世纪工商管理文库》在功能上的特色

1. 有别于程式化的西方MBA、EMBA教材。本套文库具有鲜明的中国本土问题意识，在全球化视野的背景下，更多地取材于中国经济快速增长时期企业生存发展的案例。

2. 有别于传统工商管理的理论教化。本套文库强调战术实施的功能性问题，力求对工商管理微观层面的问题进行分析与探讨。

3. 有别于一般的工商管理教科书。本套文库中的每本书从一开始就直接切入"要害"，紧紧抓住"本质"和"内容结构"，这无疑抓住了每本书的"主线"，在叙述方式和内容上，围绕这条"主线"逐步展开，始终秉承"绝不浪费读者时间"和"以人为本"的理念。

4. 有别于一般的商界成功人士的传记或分行业的工商管理书籍。本套文库以适合在中国应用的基础理论为支撑，着力解决各行业中带有共性的问题，以共性来指导个性。这也体现了理论来源于实践并指导实践这一真理。

5. 有别于同类型的工商管理文库。本套文库系统全面、通俗易懂，在叙述方式和内容上的特色是其他同类型工商管理书籍所不具备的，而且本套文库的有些特色目前在国内还是空白，如工商管理内容模型、本质、趋势与哲学等。另外，本套文库在表达方式上也颇具特色。

五、《21世纪工商管理文库》的定位

1. 本套文库可供中国企业的中高层管理人员学习使用。通过对本套文库的学习，中国企业的中高层管理人员一方面可吸收和运用西方的适合在中国应用的基础理论，同时结合中国的管理哲学与艺术，把中国的企业做精、做强、做大，参与国际竞争，并保持可持续成长。

2. 本套文库可作为中国企业的中高层管理人员的培训教材。本套文库系统、全面、案例丰富，基础理论和中国实际结合紧密，这对于全面提高中国企业的中高层管理者的素质和管理水平是很有帮助的。

3. 本套文库可作为中国MBA或EMBA的辅助教材或配套教材，也可作为其他层次工商管理专业的辅助教材或配套教材。和现有的中国MBA或EMBA教材相比较，该套文库是一个很好的补充，而且更易读、易懂、实用。

明确的定位和清晰的理念决定了我们这套文库自身独有的特色，可以令读者耳目一新。

夏洪胜

2013年12月

目　录

第一章　导论

海尔洗衣机"无所不洗"

1996 年，四川成都的一位农民向海尔投诉洗衣机的排水管堵塞。海尔售后服务员紧急上门为他维修。在维修时，海尔售后服务员发现，原来他用洗衣机洗红薯。红薯很多泥，当然容易堵塞，于是海尔售后服务员为他加粗了排水管，并且告诉他堵塞的原因。这位农民在感激之余觉得是因为自己使用不当，才造成了麻烦，并且他还提到，要是有洗红薯的机器就好了。

海尔人把农民兄弟的需求记在了心上，并且派人赴四川进行实地调研后发现：四川盛产红薯，每当红薯收获的季节，洗红薯就成为当地人的一大难题，为了方便，很多人都用洗衣机来洗红薯，但是洗衣机不能完全满足洗红薯的需求。于是海尔人产生了一个新的想法：专门生产一种洗红薯的机器。1997 年海尔为该洗衣机立项，1998 年 4 月投入批量生产，型号为 XPB40-DS，值得注意的是这款洗衣机不仅可以洗衣服，还可以洗地瓜、水果甚至蛤蜊，价格仅为 848 元。一经投放农村市场就被一抢而空。

2002 年第一届合肥"龙虾节"上，海尔又一次引起轰动——推出一款"洗虾机"，上百台"洗虾机"不到一天就被抢购一空，许多龙虾店老板纷纷交定金预订。许多龙虾店的老板说："以前一个人洗 2 公斤龙虾要花 10~15 分钟，自从有了"龙虾机"，只需 3 分钟就搞定了。"由于其巨大的市场潜力，该款"龙虾机"获得了安徽卫视颁发的"市场前景奖"。

资料来源：http://wenku.baidu.com/view/b8d99dc75fbfc77da269b13d.html.

【案例启示】市场无处不在，机会无处不在，只要有发现市场的眼光，企业就有可能获得成功。海尔人在一次维修中准确地捕捉到市场机遇，并且及时采取行动，为企业产品开辟新的市场领域。对于企业来说，细心观察并挖掘市场需求无疑能使企业打开一片新的天地。

> **本章您将了解到：**
> ● 市场的内涵及类型
> ● 市场营销涉及的核心概念
> ● 市场营销管理的内容

第一节　市场概述

小智者抢占市场，中智者发现市场，大智者创造市场。

——高德康

企业的生存和发展离不开市场这个载体，市场既是企业生产经营的出发点，也是归宿点。只有在了解市场、分析市场的基础上，企业才能更好地把握形势，主动出击；只有抓住市场并不断扩大市场，才是企业赖以生存和不断发展的资本。

一、市场的概念

著名营销学家科特勒指出："市场是由一切具有特定欲望和需求，并且愿意和能够以交换来满足这些需求的潜在顾客所组成"。① 从不同的角度切入，市场又有不同的解释：从产品交换的角度看，市场就是产品进行交换的场所。从经济学的角度看，市场是指商品或劳务在生产领域和消费领域中转移时所产生的一系列交换关系的总和。这种交换关系主要体现为供给和需求的关系。从管理学的角度看，市场由买方与卖方共同构成，双方在一定条件下交换商品或劳务。从企业或卖方的角度看，市场是企业所面对的特定消费者的集合，这些消费者具有特定的需要和欲望，他们有满足自身需要的意愿，同时有能力通过交换来满足这种需要。对于企业来说，企业所应关注的市场就是那些特定消费者的集合。这类消费者集合的大小决定了市场规模的大小。也就是说，市场规模的决定因素包括购买基数、购买力和购买动机。

购买基数可以理解为某一区域的人口数量，在这部分购买基数下，具有购买力且具有购买欲望的消费者就是企业可以"营销"的市场。这三个要素的合力形成了对市场容量及市场潜力的制约。而市场规模也可以概括为产品的实际需求和潜在需求的总和。而对于企业来说，利用营销活动来激发消费者的需求是企业扩大市场的有力方式。

二、市场的类型

市场可以从不同的角度划分为不同的类型。在市场营销管理中，主要根据以下标准来划分：一是根据购买者的身份不同，可以将市场分为消费者市场、生产者市场、中间商市场和政府及非营利性组织市场。二是根据产品的用途，可以将市场划分为消费品市场、生产资料市场、资金市场、技术市场、信息市场、服务市场等。三是根据产品的市场竞争情况，可分为完全竞争市场、完全垄断市场、不完全竞争市场、寡头垄断市场。

---

① 菲利普·科特勒等. 市场营销导论 [M]. 北京：华夏出版社，2001.

第二节　市场营销概述

　　营销并不是以精明的方式兜售自己的产品或服务，而是一门真正创造顾客价值的艺术。

——菲利普·科特勒

　　在现代经营管理中，市场营销可谓处于核心位置。如果说"市场"体现为环境因素的话，那么"营销"就更多地体现为企业对资源要素的运用。如何利用企业自身的资源来实现抓住市场、扩大市场甚至创造环境的目的，才是市场营销的真谛。

一、市场营销的内涵

　　科特勒对市场营销的定义中强调了价值导向，即市场营销是个人和群体通过创造产品和价值，并同他人交换以满足需要和欲望的一种社会活动和管理过程。从这个定义中，我们可以总结出市场营销的三个特点：一是企业市场营销的最终目的是让消费者了解并购买企业的产品，从而满足消费者的需要和欲望。二是交换是市场营销活动的核心。企业对市场营销的管理就是寻找合适的机会促成消费者与企业之间的交换，并最终满足双方需要的过程。三是交换能否顺利实现，由产品价值对消费者需求的满足程度决定，同时交换过程还受到企业营销管理水平的影响。

【拓展阅读】

宝洁的营销理念

作为全球快速消费品行业三巨头之一的宝洁公司，对其员工灌输的营销理念只有三句话："让没有使用我们产品的顾客用我们的产品"，"让使用我们产品的顾客以后用得更多"，"让使用我们产品的顾客永远使用我们的产品"。这三句话为企业认识市场营销提供了更为生动的视角，而如何做到这三句话，就体现了企业之间市场营销"功力"的差异。

二、市场营销涉及的核心概念

（一）需要、欲望和需求

需要是市场营销中最基本的概念，它是指人类自身本能感受到的没有得到满足的状态，是人与生俱来的，而不是被市场营销者创造出来的。需要包括满足人类生理需求的衣、食、住、行等，也包括满足自我价值提升需要的知识、娱乐等。

欲望是指对满足上述基本需要的物品的祈求，是每个人在不同文化及社会环境的影响下所表现出来的特定追求。如吃山珍海味、穿名牌等。

需求是指人们对某种产品有需要、有欲望、有能力且愿意购买的状态。当一个人有能力且愿意购买他所期望的产品时，欲望就形成了市场中的需求。

通过对需要、欲望、需求的阐释，可以帮助企业明确其在营销活动中的方向。需要是人类固有的，它并不能被企业创造出来。企业只能通过向消费者展示何种产品能满足其特定的需要来影响消费者的欲望，进而通过丰富产品的功能、制定合理的价格以及其他一些营销因素来影响消费者的需求。

（二）产品

产品是指能够提供给市场，并引起消费者关注、购买或使用，以满足人们某种需要或欲望的任何东西。一切实体商品、服务、思想或观念等都可以作为产品来营销。产品的价值就在于对人们需要的满足。

（三）顾客满意和顾客让渡价值

1. 顾客满意

顾客满意是指顾客对某种产品的期望值与其所感知到的效用值之间的比较而形成的满意或失望的心理状态。其中，顾客的期望值主要是来自顾客过去的购买经验、其他用户的评价以及企业给出的承诺等。如果产品的实际效用或效果低于期望值，顾客就会不满意；如果效用或效果与期望值相当，顾客就会满意；如果效用或效果超过期望值，顾客就会非常满意。市场营销的任务不仅仅是了解顾客的需要和欲望，更重要的是提供使顾客满意的产品，为重复购买打下坚实的基础。因此，市场营销管理就是围绕着顾客需要的满足而展开的。

2. 顾客让渡价值

顾客让渡价值是指顾客在购买产品时所得到的顾客总价值与花费的顾客总成本之间的差额。顾客总价值是指顾客在购买某一产品或服务时所获得的全部利益的总和，包括产品价值、服务价值、人员价值和形象价值等。顾客总成本是指顾客在搜寻、购买以及使用该产品或服务的过程中所支付的全部成本的总和，包括时间成本、货币成本、精力成本、体力成本等。

企业提高顾客满意度和顾客忠诚度的方法很多，但这些方法的根本都在于，要让顾客感受到较高的顾客让渡价值。顾客让渡价值的高低在很大程度上是影响顾客满意度和顾客忠诚度的关键因素。顾客让渡价值越高，对顾客购买行为的刺激也就越大。

提高顾客让渡价值必须从提高顾客总价值、降低顾客总成本两个方面进行。提高顾客总价值，就是要提高产品和服务给顾客带来的价值；降低顾客总成本，就是要降低顾客搜寻、购买和使用商品时的难度，从而降低顾客的时间成本、精力成本和货币成本。

（四）交换和交易

交换是指用自己的某些东西作为回报，从他人那里获得自己所需物品的行为。这是市场营销产生的最根本的原因，是市场营销的核心概念。交换得以实现必须具备5个基本要素：至少存在交换双方；交换双方都有对方认为有价值的且需要的产品；交换双方能够互相传递信息以及物品；交换双方都有选择接受或拒绝对方物品的权利和自由；交换双方都认为同对方交易是合适的。当上述条件都具备时，交换就有可能发生。但最终交换能否实现还要取决于交换双方的条件，而且只有当双方都认为自己在交换以后会得到利益时，交换才会真正产生。

交易是交换的度量单位。交换与交易的不同之处在于，交换是一个过程而交易是一个事件。例如，双方就某项交易进行洽谈，当他们正在谈判且趋向于达成协议时，就意味着双方正在进行交换活动；而当双方达成协议时，他们就发生了交易关系。

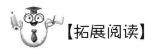

【拓展阅读】

市场中的需要与欲望

需要和欲望是人们产生交换动机的根本原因，从这一角度出发，我们又可以对市场营销产生一种新的理解。如市场中存在着对双面胶的需求，一些企业从中得到的信息是生产更牢固、更方便的双面胶可能更吸引消费者。然而从市场营销的角度来看，企业可以得到的信息并不仅限于此。企业可以通过分析这一举动，发现背后的实际需要。如果消费者是用双面胶粘信封，那么胶水等产品同样可以满足需求，在这部分市场的竞争就会愈加激烈。如果换一个角度——消费者需要的是将信封粘住，那么企业开发一种简便、便宜的自粘信封反而可能使企业更具竞争优势。因此，市场营销的重点应落在对需要和欲望的"满足"上，而并非仅仅是产品。

三、市场营销中涉及的需求

市场中存在着各种不同的需求状况。对于不同的市场需求，企业营销管理的任务和策略也不尽相同。市场需求主要有以下几种情况：

（一）负需求

负需求是指绝大部分消费者不喜欢某种商品的现象。对于市场中负需求的情况，市场营销管理的重点应放在对市场调查和市场分析上面，通过调查分析消费者不喜欢这种商品的原因，重新设计出满足消费者需要和欲望且符合消费者需求的产品。同时还要运用合理的定价策略以及积极的促销手段，将负需求转化为正需求。这种方式称为"改变式营销"。

（二）无需求

无需求是指消费者对某种产品毫无兴趣的现象。这类产品包括消费者陌生或不熟悉的新产品，与消费者传统观念、习惯相抵触的产品，被认为是无价值的废旧物资，或在特定市场上被认为是无使用价值的东西等。对于市场中无需求的情况，市场营销管理的重点应该是通过宣传等促销策略，向消费者展示产品的用处和价值，建立产品与人们的需要之间的联系。这种方式称为"刺激式营销"。

（三）潜在需求

潜在需求是指现有产品或劳务不能满足消费者某方面需求的现象，如人们对无害香烟、节能汽车和癌症特效药等产品的需求。对于潜在需求，市场营销管理的重点应该放在研究和开发新产品上面，从而将潜伏需求转化为现实需求。这种方式称为"开发式营销"。

（四）下降需求

下降需求是指消费者对某种产品的需求逐渐减少的状况，例如，产品进入成熟期后期，市场需求就开始下降。对于下降需求的情况，市场营销管理的重点应在于分析消费者需求下降的原因，进而通过增加产品性能、改变产品特色或寻求新的目标市场等方式来扭转格局。这种方式称为"重振式营销"。

（五）不规则需求

不规则需求是指消费者对某些产品的需求随季节、时期等因素而呈现出波动的情况。这种不规则需求往往导致生产能力的闲置，在这种情况下，市场营销管理的重点应在于灵活运用定价策略和促销策略使需求趋向于规则化、平均化。这种方式称为"协调式营销"。

（六）充分需求

充分需求是指消费者对某种产品的当前需求与企业的预期需求相一致的情况。这时市场中的供需处于平衡状态，对于这种情况，市场营销管理的重点应在于密切关注消费者偏好的变化以及市场中的竞争状况，同时不断改进产品性能、提高产品质量，以实现维持和扩大现有需求的目标。这种方式称为"维持式营销"。

（七）过量需求

过量需求是消费者对某种产品的需求超过了企业供给水平的情况。这时市场出现供不应求的状况，对于这种情况，市场营销管理的重点应该是通过提高产品价格、减少促销活动、减少服务等方式来降低市场的需求水平，使供需恢复到正常状态。这种方式称为"抑制式营销"。

（八）有害需求

有害需求是指消费者对某些有害健康的产品或服务的需求，如对烟、酒、毒品等的需求。对于有害需求，市场营销管理的重点应该是通过一些措施来抑制这些需求，如提高价格、宣传危害性、限制流通量等。这种方式称为"抵制式营销"。

四、市场营销理念

市场营销理念是人们在长期的市场活动中所形成的、用以指导企业营销管理的思想或准则，其本质是企业在处理与消费者、公众等方面的关系时所持有的态度和观念。

随着市场营销学的发展，市场营销的理念经历了 5 个阶段，分别是生产观念、产品观念、推销观念、市场营销观念以及社会营销观念，如图 1-1 所示。

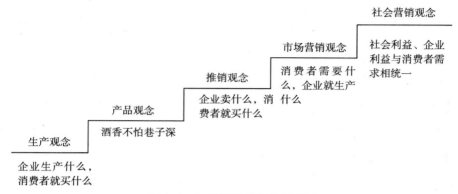

图 1-1　市场营销理念演变过程

（一）生产观念

生产观念源于以卖方市场为主导的市场环境，是一种非常古老的营销观念。在第二次世界大战末期及战后的一段时间里，物资供不应求的现状使得生产观念在企业中非常流行。生产观念认为，消费者关注的是产品的性能和价格，而不是特色或个性。企业的核心任务就是通过改进生产来提高产量、降低成本。在生产观念的指导下，企业的一切经营活动都围绕着生产而展开，认为只要多产就能多销，而没有考虑消费者是否存在不同需求。因此，生产观念并没有真正地涉及市场营销活动。

（二）产品观念

产品观念认为，消费者追求的是高品质、多性能、有特色的产品，只要企业的产品质优价廉，就一定会产生"酒香不怕巷子深"的市场效应。这样，即使企业没有大力开展营销活动，也会吸引大量的消费者。这种观念在商品经济不太发达、供需平衡的情况下成为流行的指导思想。在产品观念的指导下，企业将其重点放在不断提高产品质量、完善产品性能及特色上。与生产观念相比，产品观念的进步在于，它考虑到了消费者在产品质量、特性等方面的需求，然而其本质仍然是以生产者为中心。

（三）推销观念

推销观念产生于由卖方主导转向买方主导的营销环境中。这一时期市场中商品的供应量急剧增加，导致许多产品供过于求的状况出现。推销观念的基本观点是：产品的销路是企业生产和发展的关键，打开销路的重要手段就是进行大规模的推销或促销活动，从而增加产品的销量。其典型用语是"企业卖什么，消费者就买什么"。在推销观念的指导下，企业关注的重点在于如何刺激消费者大量购买产品，而并非关注于消费者的需求。这也是推销与真正的市场营销活动之间的差别。

（四）市场营销观念

市场营销观念形成于 20 世纪 50 年代中期，市场营销观念的诞生是对上述观念的一次"挑战"，它颠覆了以卖方市场为主导的营销环境，创造了以消费者需求为导向的营销理念。市场营销观念认为，企业应以目标客户的需求为中心，寻求比竞争者更有效的方式来满足目标客户的需求。在市场营销观念的指导下，许多企业树立起"顾客就是上帝"、"消费者需要什么，我们就生产什么"的营销思想。企业重视对客户需求的探索以及维持顾客满意，从而实现长远发展。

（五）社会营销观念

随着环境污染加剧、能源危机、消费者意识抬头等现象的出现，越来越多的人开始关注于企业利益、消费者需求以及社会利益的长远发展与统一。社会营销观念认为，企业不仅要通过满足消费者需求来获得利益，还应考虑消费者和社会的长期利益，统筹兼顾企业利益、消费者利益以及社会长远利益。社会营销观念与市场营销观念的区别在于，前者增加了企业承担社会责任的要求。企业不能仅仅考虑对消费者当前需求的满足，还应考虑到对社会及个人的长远影响，如，是否有利于保护环境、是否有利于消费者的身心健康等。企业推行社会营销观念有助于树立企业形象，从而为企业的长期持续发展打下基础。

第三节　市场营销管理概述

市场营销的成功，仅仅依赖某一方面的优势是不够的，它需要整合产品、定价、促销、渠道等各方面的力量形成合力。

——佚名

市场营销管理是指企业通过树立一定的营销理念、设计满足需要的产品，并制定合理的价格水平、完善的分销渠道以及有吸引力的促销策略来建立并维系企业与市场之间的交换的过程，从而为实现企业的目标服务。市场营销的基本任务就是通过营销调研、计划与控制，来管理目标市场的需求水平、需求时机和需求构成，并促成企业与市场之间的交换。企业的市场营销管理主要包括以下活动：

一、市场营销环境分析

市场营销环境分析是企业开展有效营销活动的前提。企业应该对其所面临的市场营销环境进行全面的分析，找出企业可能利用的有利条件，分析及防范可能出现的威胁，确保企业在竞争中立于不败之地。

二、市场营销调研

市场营销调研是为了获得营销所需的资料和信息而开展的采用科学调研手段有计划、有步骤地收集营销信息，并对资料和信息进行整理、分析、研究的一系列活动。任何企业在实施营销活动之前都要做一定的调研工作，这样才能更科学、合理地制定营销策略。值得注意的是，营销调研的内容非常广泛，很多时候企业很难做到全方位的细致，因而企业就要根据自身的需要、行业的特点等因素来选择调研的侧重点，从而保证营销调研能够为营销策略的制定提供指导。

三、市场竞争分析

当今社会，竞争日趋激烈，每一家企业在市场中都不可避免地要受到来自竞争者的压力。在优胜劣汰的竞争法则面前，市场中的每个企业都是平等的，如何在激烈的市场竞争中占据优势地位，是企业市场营销活动所要考虑的核心问题。因此，对市场竞争者的充分研究，是企业全方位参与市场竞争的基础。

四、市场定位分析

在市场营销环境分析、市场调研和市场竞争分析的基础上，企业应开展以下工作：一是市场细分，就是根据消费者的不同特征，将整个商品市场划分为若干个细分市场，并对各个细分市场进行评价的活动。二是选择目标市场，根据企业自身的实力、优势等，在众多细分市场中，确定企业要为之服务的细分市场，即目标市场。三是市场定位。在选定的目标市场上，企业要为自己的产品或品牌树立独一无二的形象，以区别其他同类企业并达到吸引消费者购买。

五、市场营销策略

确定定位后，企业就应对产品（Product）、定价（Price）、销售渠道（Place）和促销（Promotion）制定相应的策略，即 4P 营销组合策略（见图 1-2）。

（一）产品策略

产品是企业营销组合中的核心因素。产品策略直接影响和决定着营销组合中其他因素的决策。设计、生产出一种能切实满足市场需求并具有竞争力的产品，成为企业营销活动的关键。产品策略主要内容有产品组合、产品生命周期、品牌

图 1-2　营销组合的结构及组成

策略和包装策略等。

（二）定价策略

定价是企业市场营销管理中非常重要的一环，价格的高低直接关系着消费者对产品的需求状况、企业的利润以及企业的竞争能力等。制定合理的价格策略必须综合定价的影响因素和定价目标，在此基础上合理运用定价方法，为产品定出基本价格。此外，企业还应根据市场供求情况、目标市场以及交易条件等因素的变动，及时调整价格，以取得更大的经济效益和社会效益。

（三）销售渠道策略

销售渠道是指商品或服务从生产领域向消费领域转移的过程中，所有帮助转移的组织或企业形成的通道。由于生产和消费之间在数量、品种、时间、地域等方面的矛盾，企业为了解决这些矛盾并节约社会劳动，就必须经过中间环节才能将产品及时供应给消费者。制定销售渠道策略必须全面考虑影响销售渠道的因素，进而设计完善的销售渠道，并及时对销售渠道进行管理和维护。

（四）促销策略

促销策略也是市场营销组合的重要组成部分，其实质就是传播与沟通信息。促销活动包括两方面的内容：一是向人们提供有关产品的信息；二是说服、促进人们的购买行动。因此，企业根据自身的实际情况，选择适当的促销手段和促销策略，是企业开展市场营销活动的重要环节。

【拓展阅读】

11P 营销理念

11P 包括产品（Product）、定价（Price）、促销（Promotion）、分销（Place）、公共关系（Public relation）和政治力量（Politic power），以及调研（Probe）、分割（Partition）、优先（Priorition）、定位（Position）和员工（People）这些元素。其中，产品、定价、分销和促销称为战术 4P，调研、分割、优先和定位称为战略 4P。在这两部分的基础之上，公共关系和政治力量可以帮助企业排除障碍，迅速实现目标。

六、客户关系管理

良好的客户关系是企业求得生存与发展的重要资源。随着全球化进程的加快和市场竞争的加剧，企业已逐步由传统的以产品和规模为中心的经营管理模式向以客户为中心、服务至上的经营管理模式转变。客户关系管理的任务首先是建立与客户之间的良好关系，在此基础上通过沟通、反馈、改进等措施来提高客户的满意度和忠诚度，从而实现客户的维护。此外，当发现客户流失时，企业还应主动修复与客户之间的关系，挽回客户。客户关系管理的核心思想是"以客户为中心"，提高客户满意度，改善客户关系，从而提高企业的竞争力。

第四节　本书的内容结构

为了使本书内容的逻辑结构更加清晰，特给出本书内容结构，如图 1-3 所示。

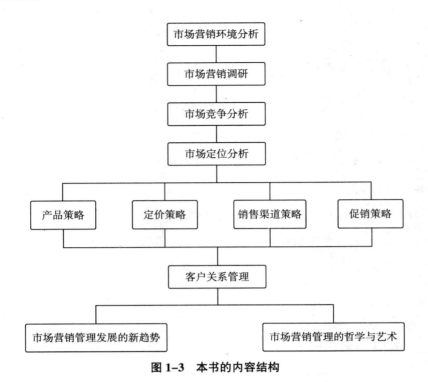

图1-3 本书的内容结构

本章小结

　　本章是市场营销管理的导论，主要对市场营销涉及的概念、市场营销管理的内容进行总体的介绍。市场营销管理是企业经营活动中一个十分关键的环节。有时，营销决策正确与否甚至关系到企业的成败。企业应重视市场营销活动，以需求为导向，在对市场环境进行充分调查和分析的基础上，合理规划和设计4P策略，并结合优秀的客户关系管理活动，从而努力创造"让销售变成多余"的营销。

第二章　市场营销环境分析

看昆仑如何"剥壳"

21世纪初，美孚、壳牌等世界前500强的石油巨头们凭借着强大的实力和品牌优势，占有我国润滑油市场超过75%的份额。在这一外部环境下，中国石油旗下的昆仑润滑油决定从终端着手向安徽市场发起进攻。在当时很多人看来，只要和消费者建立良好关系，终端销售就能很好地运行。但是，实际情况并非如此，市场环境、消费者习惯等许多方面存在的差异，对终端销售模式也会产生很大的影响。在这样的环境这下，昆仑润滑油深知调研的重要性，因此昆仑的营销人员对整个市场环境做了详细的调查，并结合自身产品特征，详细分析了昆仑润滑油进驻安徽市场的优势、劣势、机会以及威胁。

优势	劣势
1. 昆仑隶属中国石油，资源储备、资金等都有相当的实力 2. 拥有目前国内最先进的润滑油制造设备 3. 可以中国石油遍布全国的加油站为依托，来实现战略布局以及展示产品	1. 昆仑的品牌知名度和影响力都较弱 2. 昆仑的产品结构不合理 3. 昆仑润滑油公司在华东地区的销售网络几近空白 4. 昆仑润滑油要想塑造高端品牌形象将会非常困难
机会	**威胁**
1. 我国汽车工业及汽车消费增长较快，对润滑油的需求增大 2. 壳牌等大品牌的服务导向不够，且价格透明度高，经销商利润较少 3. 使用壳牌润滑油的用户反映有积碳生产的现象 4. 消费者重视产品附加价值，即服务	1. 目前市场份额主要由英孚壳牌、美孚、中石化海牌等占据，其中壳牌公司占据了80%的市场份额 2. 壳牌等企业已建立起稳定的客户群 3. 许多消费者对国外的品牌更青睐 4. 壳牌是安徽地区主要车型——奇瑞的装车用油

通过一系列的调查分析，昆仑公司针对竞争对手的弱点推出了有效祛除积碳的产品，降低售价，同时提高润滑油的换油里程数；在营销方面，昆仑通过各类宣传和推广活动，以及成立"昆仑"俱乐部等方式来提升品牌知名度和美誉度。这一系列进攻策略使得昆仑的知名度大大提高，为昆仑润滑油抢占市场奠定了坚实的基础。

资料来源：朱华，吕慧. 市场营销案例精选精析 [M]. 北京：中国社会科学出版社，2009.

【案例启示】任何企业都生存在一定的环境条件下，其成长和发展不可避免地要受到环境的制约，因此，对环境的了解和分析就显得尤为重要。在分析市场营销环境的基础上，结合企业自身的特点和优势，企业才能更好地发现市场机会、增加企业的成功概率。

本章您将了解到：

● 市场营销环境的内涵

● 影响营销的宏观环境和微观环境

● 如何评价营销环境的机会和威胁

第一节 市场营销环境概述

为了能拟定目标和方针，一个管理者必须对公司内部作业情况以及外在市场环境相当了解才行。

——青木武一

一、市场营销环境的含义

市场营销环境是指影响企业营销活动开展以及企业目标实现的各种力量和因素，包括宏观市场营销环境和微观市场营销环境。因而，企业在进行营销的过程中需要考量的环境因素如图 2-1 所示。

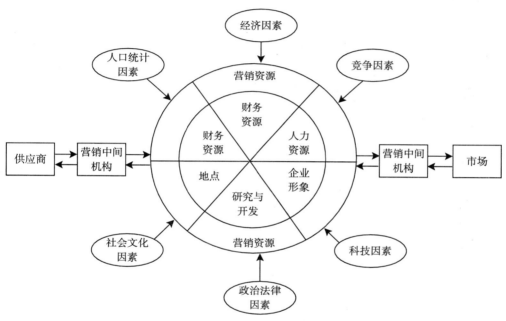

图 2-1　营销环境分析模型

资料来源：金焕明，刘春雄.营销红皮书 [M].北京：企业管理出版社，2009.

宏观环境通常是一些较大的社会力量，它通过影响微观环境从而对企业的营销能力和效率产生一定的作用。宏观环境包括政治法律、经济、社会文化、科学技术、人口及自然生态等因素。由于这些环境因素对企业的营销活动起着间接的影响作用，所以又称为间接营销环境。微观环境是指与企业联系密切、对企业的营销能力产生直接影响的各种力量和因素的总和，主要包括企业自身、供应商、中间商、消费者、竞争者及社会公众等。由于这些环境因素对企业的营销活动有着直接的影响，所以又称为直接营销环境。微观环境受制于宏观环境，微观营销环境中的所有因素均受到宏观营销环境中的各种力量和因素的影响；而宏观营销环境又通过影响微观营销环境间接作用于企业。

二、市场营销环境的特征

市场营销环境变幻莫测，其特征如图 2-2 所示。

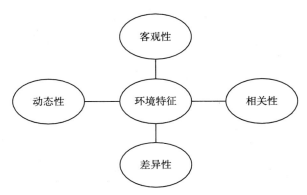

图 2-2　市场营销环境特征

（一）客观性

客观性是市场营销环境的首要特征。构成营销环境的因素是多种多样的，这些因素有着自身运作的规律，是不以人的意志为转移的。作为企业的营销者，在制定营销策略时应懂得适应环境的变化并合理利用环境，在环境的约束下，最大限度地实现企业的目标。如果企业的营销者不能及时认清这一点，妄图违背客观环境，就必然会导致企业营销策略的失败。

（二）差异性

市场营销环境的差异性不仅表现在不同的环境因素会给不同的企业带来不同的影响，而且表现在，同样的环境因素也会给不同企业带来各种不同的影响。市场营销环境所具有的差异性要求企业必须从实际出发，认真分析自身所处的环境特点，制定切合实际的营销策略，以取得营销活动的成功。

（三）相关性

相关性是指市场营销环境中的各个因素都不是孤立的，而是相互联系、相互渗透、相互作用的。如企业在制定产品价格时，要考虑目标市场的总量、市场上的供需状况以及国家政策的制约等。产品投入市场后，还要考虑技术进步、社会文化等因素，进而对产品价格作出调整。因此，企业的营销者要综合考虑环境因素对企业营销策略的作用。

（四）动态性

事物都是处于不断的发展变化中的，企业的营销环境也不例外。营销环境中的各个因素时刻都在发生变化，如人口结构的变化、消费需求的变化、竞争态势的变化、国家产业结构的变化、政策法律的变化等。企业要想在市场中获得长远的发展，就必须意识到营销环境的动态性，针对环境的变化不断调整自身的营销策略，否则企业的繁荣将只会是昙花一现。

第二节　宏观市场营销环境分析

经营企业，是许多环节的共同运作，差一个念头，就决定整个失败。

——松下幸之助

宏观市场营销环境是指会给企业营销活动带来机会和威胁的一些不可避免和不可控制的外部社会力量，包括政治法律环境、经济环境、社会文化环境、技术环境、人口环境以及自然环境等。企业及其微观营销环境，无不处于宏观营销环境当中。

一、政治、法律环境

政治、法律环境的变化会在很大程度上影响企业营销决策的制定和实施。这一环境主要由政府、法律、社会团体等组成。

（一）政治环境

政治环境主要是指企业所处的政治局势和国家的政策方针等因素。企业对政治环境的分析，主要是分析政治因素的变化给企业的市场营销活动带来的或可能带来的影响。这些政治因素包括国家的政权、国家的经济体制、政府的路线方针等。同时，国家之间的政治权力和政治冲突，或者国家制定的用来约束外来企业的措施，如进口限制、外汇管制等，或者国际上的重大事件与冲突事件等也是影响企业营销的政治环境。

（二）法律环境

法律环境是指企业进行营销活动时所在的国家或地区的各项法律、法规和条例等，它对营销市场起着一定的规范和调节作用。随着法制建设的不断完善，企业的经营活动将越来越多地受到法律环境的影响。企业必须认识到法律环境的重要性，熟悉各种法律并遵守法律制度，才能有效地开展营销活动。

一般来说，政治和法律环境会对企业的营销活动产生一定的制约，然而，新的政策及法律法规的出台，也可能为企业带来新的市场机会。

二、经济环境

经济环境是指那些影响企业营销方式、规模的经济因素。经济因素决定了市场的购买力，而购买力则决定着市场的需求状况。经济环境主要包括某国或某一地区的经济发展水平，消费者的收入与支出、储蓄与信贷等因素。

（一）经济发展水平

企业的市场营销活动会受到一个国家或地区的整体经济发展水平的制约。经济发展水平不同，消费者对产品的需求也不一样，从而会在一定程度上影响企业的营销状况。经济发展水平较高的地区，消费者更关注产品的品质、特性，企业的市场营销活动多侧重于产品特色、款式及性能的宣传。而经济发展水平较低的地区，消费者则侧重于产品的实用性及耐用性，以及产品的价格因素。

（二）消费者的收入

消费者的收入是指包括工资、奖金、退休金、出租收入、赠与及其他劳动收入在内的所有货币收入，它是形成社会购买力的主要因素。在分析消费者收入时，尤其要注意区分消费者可支配收入与可任意支配收入这两个概念。可支配收入是指扣除各项应缴税款以及非商业性开支后剩余个人收入，可支配收入是消费者实际购买力的体现。可任意支配收入是指在可支配收入中扣除消费者用于生活必需品的开支后所剩余的部分，如房租、水、电等。这一部分收入是引导消费需求变化的最活跃因素，一般用于奢侈品、娱乐、教育、储蓄等非基本生活必需的消费。企业在制定营销策略时应主要考虑这一部分。

（三）消费者的支出

消费者的支出实际上就是指消费者的支出模式或消费结构，即消费者收入中用于衣、食、住、行、娱乐、教育、保健等支出的比例。消费结构在很大程度上受到收入的影响。随着收入的变化，消费者的支出模式与消费结构也会发生相应的变化。因此，企业必须了解目标市场的支出模式与消费结构，以便制定出更有效的针对目标市场的营销策略。

（四）消费者储蓄与信贷

消费者收入分为两部分：一部分是作为消费者支出，形成现实的购买力；另一部分则作为储蓄，形成未来的购买力。个人储蓄形式包括银行存款、公债、股票和不动产。在正常情况下，银行存款随国民收入的增加而稳定增长，两者是成正比例的关系。但是如果发生通货膨胀，消费者就会取出存款，争购保值商品。

消费者信贷是一种超前的消费方式，即个人凭借自身的信用通过信贷方式预支未来的购买力。消费者信贷使人们能够购买超过自身现实购买力的商品，从而影响着市场中的消费需求。

三、社会文化环境

社会文化环境是指人们在一定的社会形态下，经过长期的积累而形成的某种特定的信仰、价值观、生活方式、道德准则和风俗习惯等。社会文化环境中有许多因素都会对消费者动机、消费行为、消费方式等产生重要影响，如教育水平、风俗习惯、宗教信仰、价值观念等。美国向日本推销面包时就遭遇了极大的环境阻力。长期以来，日本人形成了以大米为主食的饮食习惯，很少甚至没有吃过面粉类食物。美国人并没有直接将自身的饮食习惯强加于他人，而是派一大批营养学家去日本宣传和推广面粉类食物的营养价值，最终成功地打开了日本的市场。企业必须重视对文化环境的研究，针对不同的文化环境制定不同的营销组合策略。

四、科学技术环境

邓小平曾说过："科学技术是第一生产力。"人类历史上的每一次科技革命，都会大幅度改变甚至摧毁现有行业，促生新的行业，刺激新兴市场的产生，给社会和人们的生活方式带来巨大的变革。同时它还与经济环境、政治环境联系密切，带来产业结构等方面的变化，改变当前市场的消费需求、消费方式以及消费习惯等，因而能直接影响企业在市场上的竞争力，使企业的市场营销面临新的机遇和挑战。

五、人口环境

人口环境是指人口总量、人口结构、人口密度、地理分布、出生率、死亡率以及文化教育程度对企业营销活动的影响。探索人口环境的变化对于市场营销有着重要的意义。对人口环境的分析可包括以下几方面的内容。

（一）人口总量

一个国家或地区的总人口数量的多少，是衡量市场潜在容量的决定性因素。市场是由有购买欲望同时又具有支付能力的人构成的。人口越多，市场的潜在需求就越大。

（二）人口结构

人口结构包括年龄结构、性别结构、家庭结构、教育结构等，其现状及发展趋势直接影响着消费者的购买行为。对人口结构的分析有助于企业确定其目标市场，以及制定相应的营销策略。

1. 年龄结构

不同的年龄层次会产生不同的需求特点。例如，老年人对于营养品、医疗保健品、休闲设施等方面会有较多的需求；而年轻人则可能对一些奢侈品、娱乐设施、体育运动等方面更感兴趣。在我国，随着社会的发展，人口老龄化的形势已经越来越显著，这无疑也会对企业的营销方向产生一定的影响。

2. 性别结构

不同性别的人群由于生理和心理等差异，其消费偏好也存在着明显的差异，从而影响着市场中的消费需求。一般来说，女性的消费需求较为感性，男性的消费需求较为理性。企业可针对不同性别的消费群体的特点，制定不同的营销策略。

3. 家庭结构

家庭是社会的细胞，是商品的主要采购单位，一个国家或地区的家庭数量、家庭平均成员的多少以及家庭组成状况等，都直接影响着企业产品的市场需求。

4. 教育结构

人口的受教育程度不同，其消费需求也会产生较大差异。如文化程度较高的消费者在消费需求上更注重产品的品质、特色、性能及外观；而文化程度较低的消费者则更关注产品是否实用、廉价等。在我国，随着高等教育的普及，人口受教育的程度普遍提高，这对于企业在产品、定价、分销等方面都提出了更高的要求。

（三）地理分布

人口在地理分布上的差异，也会造成需求的不同。居住于不同地区的人群，由于地理环境、气候条件、自然资源、风俗习惯等的不同，其消费需求的内容和数量也存在着差异。

六、自然环境

自然环境主要是指那些直接由自然界提供给人类的各种物质财富，如矿产资源、森林资源、土地资源、水力资源等。自然环境也处于发展变化之中。目前，随着我国工业的迅速发展，自然资源日益呈现出短缺的趋势，同时环境污染的加剧也使得人们对环境问题更加关注。这些都会直接或间接地对企业产生影响，给企业带来威胁或机会。因此，企业必须积极从事研究开发工作，寻求新的资源或替代品。同时，企业在经营中要有高度的环保责任感，善于抓住环保中出现的机会，推出"绿色产品"，倡导"绿色营销"，以适应世界环保的潮流。

【案例2-1】

旌晶公司的宏观市场营销环境分析

旌晶公司是四川德阳的企业，其主要产品为黑芝麻糊、麦片等冲调食品。旌晶公司在推出产品之前，对市场营销宏观环境做了详细的调查，具体如下：

1. 政治法律环境

国家农业部等部门还做出了扶持重点龙头企业开展农业产业化经营的指示。重点强调要大力扶持那些具备自主创新能力、具有持续发展潜力且能够带动相关产业的绿色食品企业。同时，四川省德阳市政府也出台了一系列政策以支持绿色食品生产企业的发展，如投资建立绿色农业生产基地、鼓励农户生产等。这些政策为旌晶公司生产绿色食品提供了很大的政策保证和支持。

2. 经济环境

国际金融危机的发生对我国的经济带来了一定的冲击，但政府出台的极具扩张性财政和货币政策使得我国的经济仍然保持着令人瞩目的增长速度。而我国经济高速增长的同时也带来较高的通货膨胀。其中食品行业的消费价格上涨幅度约为 12.3%，是所有消费品中涨幅最高的。食品价格持续上涨，就会导致人们手中可用于购买其他产品的收入减少，进而造成市场购买能力的下降、市场需求的减少。另外，食品价格的上涨也会带动其上游产业的波动，造成原材料的价格也会上涨，从而给企业带来一定的挑战。

3. 社会文化环境

随着物质条件和教育水平的提高，人们对生活品质的要求越来越高，健康问题也越来越多地成为人们谈论的话题。对于食品的消费，人们已经不再是单纯地停留在"吃饱、吃好"的水平上，而是更多地要求"绿色食品、健康饮食"。这种社会文化环境为旌晶公司的绿色食品创造了极为有利的营销环境。

4. 科学技术环境

旌晶公司在冲调食品的工序流程方面有一定的技术基础，其先进的生产技术、成熟的生产线等为企业创造了一个良好的科学技术环境。

此外，为保证该企业的产品是绿色无污染的，在原材料方面，先进的种植技术也为旌晶公司提供了保障。目前的科学技术已经能够实现绿色生态无污染种植，从而保证从品种选育、作物栽培到耕作制度，从原材料到产成品都能实现绿色无污染的要求。

5. 人口环境

我国是世界上人口最多的国家，2008 年末我国大陆人口 13.28 亿，占世界人口的 22%、亚洲人口的 33%。当快速增长的中国人口给社会经济带来巨大压力的同时，人口老龄化问题成为我们要面临的另一个严峻的挑战。老年人对黑芝麻糊、麦片等冲调食品的消费较多，因此，人口老龄化现象反而可能会使旌晶公司的市场需求量有所扩大。

6. 自然环境

近年来，伴随着我国经济的飞速发展，资源的过度开发和能源的消耗对我国的生态环境造成了严重的破坏。自然资源的短缺会给企业的发展产生一定的限制。企业在经营过程中必须考虑到保持生态平衡、实现可持续发展等方面的问题，并以此来制定相应的营销策略。

资料来源：王卓. 旌晶黑芝麻糊宏观环境分析 [J]. 经营管理者，2009 (15).

第三节　微观市场营销环境分析

利人为利己的根基，市场营销上老是为自己着想，而不顾及到他人，他人也不会顾及你。

——梁宪初

微观市场营销环境是指与企业联系密切、对企业产生直接影响的一系列因素，主要包括企业自身、供应商、营销中介、顾客、竞争者及公众等。这些因素与企业有着双向的运作关系，在一定程度上，企业可以对其进行控制或施加影响。

一、企业自身

企业自身包括采购、生产、市场营销、财务、人力资源等相关职能部门。企业要想有效地开展营销活动，就必须依赖于各部门的配合和支持。各部门的工作相互关联、相互影响，从而形成了企业的内部环境。

二、供应商

供应商是指提供企业生产所必须的原材料、能源、设备等资源的企业或个人。供应商对企业的营销活动有着重大的影响，其影响主要体现在以下几个方面：第一，如果不能及时获取必需的资源，企业的生产活动就不能开展，也就无法实施营销活动。第二，供应商对资源价格的变动会给企业的成本、销量以及利润等方面都带来一定的影响。第三，供应商所提供的资源的质量水平将直接影响着企业产品的质量，也会对企业在市场上的竞争力产生一定的影响。

三、营销中介

营销中介是指为企业的营销活动提供各种便利的机构，包括中间商、实体分配公司、营销服务机构、金融中介机构等。它们是企业进行营销活动的中间环节，企业的营销活动需要它们的协助才能顺利进行，如生产和消费的矛盾需要借助于中间商的分销予以解决，广告策划需要与广告公司合作等。

（一）中间商

中间商包括代理中间商和经销中间商，他们的任务是协助企业将产品从生产地转移到消费者手中。代理中间商不拥有商品所有权，负责向企业介绍客户或代企业与客户洽商签订合同，企业向其支付佣金作为报酬，主要包括代理商、经纪人和生产商代表。经销中间商则先从生产企业处购买商品，从而拥有商品的所有权，再进行销售，赚取差价，主要包括批发商和零售商两类。

（二）实体分配公司

实体分配公司即物流公司。实体分配公司的主要职责是指协助企业储存产品并将产品从生产地运往销售地。实体分配主要包括订货、仓储、存货和运输四个方面。实体分配公司的基本功能是调节生产与消费之间的矛盾，弥合产销在时间和空间上的背离，以便适时、适地和适量地将商品提供给消费者。

（三）营销服务机构

营销服务机构主要是指为企业提供市场调查、市场定位、促销产品、营销咨询等方面服务的组织，包括市场调研公司、广告公司、传媒机构及市场营销咨询公司等。

（四）金融中介机构

金融中介机构主要包括银行、信贷公司、保险公司以及其他对货物购销提供融资或保险服务的各种金融机构。

四、顾客

顾客是企业服务的对象，也是营销活动的出发点和归宿，企业的一切营销活动都应围绕客户的需求而展开。按照顾客的购买动机，可将顾客市场分为消费者市场、生产者市场、中间商市场、政府市场和国际市场五种类型。

五、竞争者

竞争者是指与企业存在利益争夺关系的其他经济主体。竞争者的目标、资源、客户群以及战略方向等对企业的目标市场、产品定位、定价、分销渠道等都有极大的影响，企业的营销活动也常常受到各种竞争者的影响和制约，因此，企业必须从战略层面出发，识别各种不同的竞争者，并采取相应的竞争对策，以突出自身的竞争优势。

六、公众

一般来说，企业的营销活动会受到各类公众的关注，既可能有支持的，也可能有反对的。公众的关注会对企业的营销活动产生巨大的影响。因此，处理好与公众的关系是精明的企业应上的必修课。企业所面临的公众主要有以下几种：

（一）融资公众

融资公众主要是指对企业融资水平、融资速度等方面产生影响的组织，包括银行、保险机构、投资机构等。

（二）媒体公众

媒体公众主要包括电视、广播、网络以及报纸、杂志等传媒机构，它们对企业的形象及声誉具有重要的影响。

（三）政府公众

政府公众是指与企业经营活动相关的管理部门、监督部门，如工商、税务、物价等。企业在制订营销计划时，应充分考虑政府的政策，研究政府颁布的有关法规和条例。

（四）社团公众

社团公众是指一些对社会具有公益性的组织，例如消费者协会、提倡环保组织等。社团对于其他公众有一定的影响力。随着企业的营销活动越来越多地与社会公共利益相联系，企业应更多地关注来自社团的意见，维持好与社团公众的关系。

（五）社区公众

社区公众是企业所在地附近的居民和社区组织。企业的生产经营活动可能会对他们造成影响，如噪声、空气污染等，企业应与社区公众保持良好的关系，争取社区公众对企业经营活动的支持。

（六）一般公众

一般公众是指除以上各种公众之外的社会群体。企业形象会影响一般公众的消费倾向。

（七）内部公众

内部公众主要是指企业内部的员工、股东等。内部公众对企业的凝聚力、责任感等产生影响，从而影响着企业的对外形象。

所有这些公众，均对企业的营销活动有着直接或间接的影响，处理好与广大公众的关系，是企业营销管理的一项极其重要的任务。

【案例 2-2】

DF 通信公司的微观市场营销环境分析

2001 年以来，全球手机市场以 10%的年增长率稳定增长。中国的移动通信用户数量也迅速增加，成为世界上最大、最活跃且最具潜力的移动通信市场。中国移动通信市场的竞争越来越激烈。DF 通信公司是中国通信行业的中流砥柱，也是国内手机生产厂商中的佼佼者。为了更好地发现竞争优势，DF公司对市场环境进行了详细的调研和分析。

1. 国产手机市场的现状及趋势

据调查显示，截至2002年底，国外手机品牌在中国手机市场上的知名度仍然较高，但国内手机品牌的提及率也有明显提升：国内手机市场份额由1999年的1%提升到2003年的50%。这就给手机生产企业带来了更多的市场机会。另外，手机市场的需求也有了很大的变化。随着手机核心技术的成熟，手机的价格呈下降趋势；手机的普及使得消费者更加关注产品的时尚化、个性化，因此对品种、款式的需求也大大增加。

2. 国内手机制造商的比较

（1）以中兴为代表的邮电系统企业：以成熟的技术、丰富的生产经验形成核心竞争力；

（2）以TCL、海尔、夏新等为代表的家电企业：成熟的营销渠道、良好的品牌形象、丰富的生产设计及成本控制经验；

（3）以联想为代表的IT企业：较好的品牌形象、成熟的营销渠道、丰富的市场经验等；

（4）以波导为代表的其他类企业：专注于手机领域的投入、专一的品牌形象、主营贴牌生产和来件装配，通过与国外厂商的合作获得技术。

3. DF通信公司

DF公司在20世纪90年代主要通过与摩托罗拉合作，引进技术发展国内手机制造行业。1998年，DF公司成功研发自主知识产权产品；2002年，DF公司的CDMA手机居国产手机榜首。与其他手机生产厂商相比，DF公司的竞争优势主要体现为拥有自主知识产权、丰富的经验和多年的经营优势。

由于长期依赖摩托罗拉，导致公司自身在品牌、营销网络、服务方面都受到了制约。随着摩托罗拉生产基地的转移、GSM系统国内容量的过剩，DF通信面临着巨大的挑战。

4. DF 的营销渠道

DF 公司在营销渠道的设置方面存在许多问题,如图 2-3 所示。首先,DF 公司的营销渠道层级多,导致渠道成本较高,企业和供应商的盈利空间都较小;层级多的营销渠道使得企业对市场的变化不能及时反应,容易错过市场机会。第二,DF 公司的营销渠道种类多且混乱,如分公司既要面对分销商又要面对零售商,加大了管理难度。此外,DF 代销摩罗拉的产品,也对自身产品的销售产生一定的竞争压力。

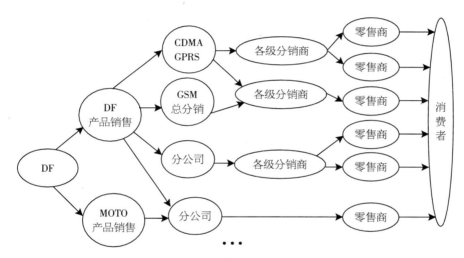

图 2-3　DF 公司的分销体系

由于代理商的选择不够慎重,2002 年 DF 公司与供应商之间共发生了 9 起销售回款纠纷,涉及金额约 5000 万元。这给 DF 的运作也造成了一定的影响。

基于这些分析和研究,DF 通信公司从营销战略、营销渠道、营销管理三个方面对企业进行诊断,并确定下一阶段要开展的工作。

在营销战略方面,DF 公司要在分析中国手机市场环境的基础上制定手机的营销战略;在营销渠道方面,DF 公司要制定合适的渠道策略,制定与各分销商、零售商的合作策略和计划;在营销管理方面,DF 公司要对目前的营销体系进行评估并制定改革方案,提升企业的整体形象和竞争力。

资料来源:方少华.市场营销咨询 [M].北京:电子工业出版社,2006.

第四节 市场营销环境的评价

进攻是最好的防御，而进攻就必须寻找最有利的机会。

——佚名

评价市场营销环境一般从两个方面入手：一是评价营销环境对制定营销策略的积极作用，即机会；二是评价营销环境对制定营销策略的消极作用，即威胁。通过对机会和威胁程度的不同进行评估，企业才能更好地制定相应的策略，从而促使营销策略能够顺利地实施。

一、市场机会的分析与评价

（一）寻找新市场机会

市场机会是指市场上存在的对企业有很强吸引力并极具盈利空间的领域。这些领域目前是存在的，但是却因为某些原因而没有得到开发。因而，这对任何企业来说都是巨大的机会。在这种情况下，企业可以利用"产品—市场扩展方格图"，从中寻找市场机会，并针对不同的情况采取相应的策略，如图 2-4 所示。

1. 市场渗透

重点分析在现有市场中，对现有产品的需求是否得到充分满足。如对于某些针对年轻人的电子产品，部分消费者由于价格因素只能"望洋兴叹"。这时，当前市场仍有一定的需求空间，企业就可以采取降低价格的渗透策略以扩大销量。

2. 市场开发

重点分析企业的现有产品有没有新的市场可以开发，如不同的地理区域、新的目标市场等。如一些家电产品在城市的市场已经饱和，而在农村市场中还存在

	现有产品	新产品
现有市场	**市场渗透** • 吸引竞争者的顾客 • 增加顾客的消费忠诚度 • 鼓励顾客增加购买次数与数量	**产品开发** • 开发具有新特性的产品 • 创造不同等级品质的产品 • 改变原有产品的模式或大小 • 不同产品的捆绑销售
新市场	**市场开发** • 开发新的地理市场 • 开发新的目标市场 • 不同目标消费者的交叉销售	**多元化经营** • 同心多元化：开发与现有产品相关的新产品 • 水平多元化：开发与现有产品关系不大的产品 • 混合多元化

图 2-4 产品—市场扩展方格

大量的需求，那么企业就可以采用一些宣传、促销措施来拓宽现有产品的市场。

3. **产品开发**

重点探索现有市场的其他需求。如果现有市场的需求没有得到充分满足，而企业又有能力去满足，那么企业就可以采取产品开发策略，开发出新产品来满足这一部分市场需求。

4. **多元化经营**

重点考察新市场的需求，根据企业的实力开发出相应的产品来满足需求。

（二）分析市场机会

企业在发现了营销环境变化所带来的市场机会后，应当对市场机会进行分析和评价。只有与企业自身资源和能力相匹配的市场机会才是有效的市场机会。

对市场机会的分析评价主要有两方面因素：一是考虑机会给企业带来的潜在利益的大小；二是考虑市场机会出现概率的高低（见图 2-5）。

根据出现概率和潜在利益的大小将市场机会分为四类：

1. **Ⅰ——稍加注意**

潜在利益大，但出现概率小。一般来说，企业不会将太多精力放在这部分市场机会上，但是企业应关注内外部环境的变化对这一部分市场机会所产生的影响，以便当其可行性变大时企业能迅速反应。

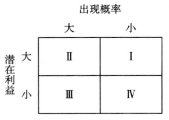

图 2-5   市场机会分析

2. Ⅱ——充分利用

潜在利益大，且出现概率大，是企业营销的最理想状态。通常这种市场机会非常稀缺，企业应及时发现并抓住此类市场机会，充分利用。

3. Ⅲ——稍加注意

潜在利益小，但出现概率大。这类市场机会的获利能力较小，但优势在于企业所需承担的风险也较小，因而比较适合实力薄弱或期望稳中求胜的企业予以利用。企业应注意这一部分市场的需求规模、发展情况，以便往更有利的方向发展。

4. Ⅳ——观察

潜在利益小，且出现概率小。企业很少关注于这类市场机会。

二、环境威胁的分析与评价

环境威胁是指那些会给企业营销策略的制定和实施带来不利影响的因素。在分析和评价环境威胁时，企业可以从两个方面着手：一是分析威胁出现的可能性大；二是分析威胁对营销活动的影响程度，如图 2-6 所示。

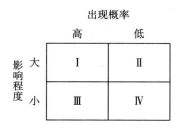

图 2-6   环境威胁分析矩阵图

在Ⅰ区域内，环境威胁出现的概率很高，对营销活动的影响程度也很高。警惕，并制定相应的应对措施，避免环境变化造成的损失。

在Ⅱ区域内，环境威胁出现的概率较低，但对营销活动的影响程序却很高。虽然出现的概率低，但是企业依然不能忽视，必须时刻关注环境的发展趋势，力求避免威胁对营销活动的危害。

在Ⅲ区域内，环境威胁出现的概率很高，但是对企业影响程度较低。在这种情况下，企业也需要对其加以重视，因而如果这些小的威胁经常出现，也会在一定程度上影响企业营销活动的整体规划。

在Ⅳ区域内，环境威胁出现的概率和影响程度都很低，这时企业就不需要花费太多时间来关注环境，但是也要对其发展动向有一定的把握。

三、综合分析与营销对策

通过对市场机会及环境危险的分析，企业可得出四种不同类型的业务，分别是理想业务、冒险业务、成熟业务和困难业务，如图 2-7 所示。企业对这四种机会与威胁水平不等的营销业务，应采取不同的策略来应对。

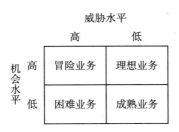

图 2-7　环境综合分析

理想业务，即机会水平高，威胁水平低，应迅速行动；冒险业务：机会水平高，威胁水平也高，应及时行动；成熟业务，机会水平低，威胁水平也低，应正常行动；困难业务，机会水平低，威胁水平很高，应改变或脱离环境。

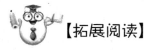 **【拓展阅读】**

市场营销环境分析方法

（1）PEST 分析——宏观环境分析工具。PEST 分别代表 Political（政治环境）、Economic（经济环境）、Social（社会环境）、Technological（技术环境）。通过分析每个领域中与企业密切相关的因素来分析环境形势。

（2）波特五力模型——市场竞争环境分析工具，也可以用于企业的微观营销环境分析。波特五力主要是指行业现有的竞争力量、潜在进入者的竞争力量、替代品的竞争力量、供应商的竞争力量和买方竞争力量。

本章小结

本章主要介绍了企业的市场营销环境。市场营销环境是影响企业营销活动的各种因素的总和，主要包括宏观营销环境和微观营销环境。通过分析市场营销环境，并结合企业自身的情况，企业可以发现环境中存在的机会、威胁，从而使企业能够更好地确定营销动向。

第三章　市场营销调研

可口可乐：一次市场调研失败的教训

20世纪70年代中期以前，可口可乐一直称霸于美国饮料市场，市场占有率一度高达80%。然而，70年代中后期，百事可乐迅速崛起，1975年，可口可乐的市场占有率仅比百事可乐多7%；9年后，差距更缩小到3%。在与百事可乐的长期争斗中，可口可乐发现百事可乐一种有效的营销策略，即口味对比——请毫不知情的消费者分别品尝没有贴任何标签的可口可乐与百事可乐，同时百事可乐会将实况进行现场直播。结果是，有八成的消费者回答百事可乐的口感好过可口可乐，这一举动直接促进了百事可乐的销量。因此，可口可乐认为百事可乐是以口味取胜。

面对对手强势的营销策略，可口可乐压力重重，为了尽快摆脱这种尴尬的境地，1982年，为找出可口可乐口味不如百事可乐的真正原因，可口可乐决定在全国10个主要城市进行一次深入的消费者调查。

可口可乐设计了"您认为可口可乐的口感如何？""您想尝试一种新的饮料吗？""您是否喜欢口感变得更温和的可口可乐？"等问题，希望了解消费者对可口可乐口感的评价并征询对新可乐口味的意见。调查结果显示，大多数消费者愿意尝试新口味可乐。因此可口可乐的高层决定开发新可口可乐。不久，口感更柔和、口味更甜的新可口可乐样品便出现人们面前。在正式批量生产前，可口可乐公司又花费数百万美元在13个城市进行口味测试，邀请了近20万人品尝无标签的新/老可口可乐。结果让可口可乐更加放心：六成的消费者回答说新可口可乐味道比老可口可乐好，更有半数的人认为新可口可乐的口感好过百事可乐。至此，可口可乐更坚定了推出新可乐的信念，并开始不惜血本协助瓶装商改造生产线，而且，为配合新可乐上市，可口可乐还进行了大量的广告宣传。

但让可口可乐的决策者们始料未及的是，市场上并没有出现想象的购买热潮，反而是越来越多的忠实消费者开始抵制新可乐。在他们心中，老可口可乐不仅是一种饮料，它还融入了美国梦想和美国精神，放弃传统配方就等于背叛美国精神。他们认为，"只有老可口可乐才是真正的可乐。"有些消费者甚至扬言将再也不买可口可乐。在巨大的压力面前，可口可乐不得不作出让步，在保留新可乐生产线的同时，再次启用近100年历史的传统配方，生产让美国人视为骄傲的"老可口可乐"。

资料来源：http://wenku.baidu.com/view/483c35c69ec3d5bbfd0a743f.html.

【案例启示】一方面，可口可乐的市场调研是成功的，它发现了消费者对新口味的需求。但是另一方面，可口可乐忽视了对许多忠诚客户的调研，忽视了他们对可口可乐文化的认同。因而，企业在利用市场调研寻找顾客新的消费需求的同时，也要注重调研群体要更具代表性，尤其注意不要抛弃企业本身的实际情况。本章就将详细介绍市场营销调研的相关内容。

本章您将了解到：

市场营销调研的内容与步骤

市场调研的具体方法

第一节　市场营销调研概述

春江水暖鸭先知。

——苏轼

一、市场营销调研的内容

市场营销调研是为了获得营销所需的资料和信息而开展的采用科学调研手段有计划、有步骤地搜集营销信息，并对资料和信息进行整理、分析、研究的一系列活动。市场营销调研的内容和范围复杂多变，归纳起来，主要包括以下几个方面（见图3-1）。

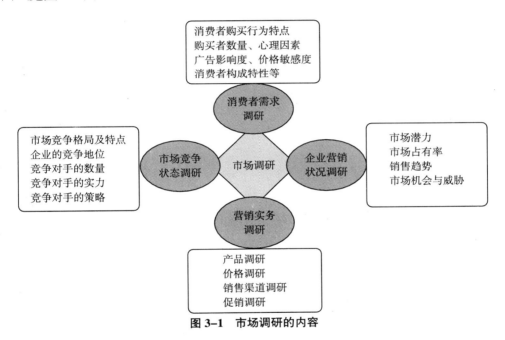

图 3-1　市场调研的内容

（一）消费者需求调研

企业营销活动的对象是消费者，消费者需求的变化直接影响着企业营销活动的方向。所以，市场调研首先是消费者需求调研，它包括消费者购买行为特点、购买者数量、购买心理因素、广告影响度、价格敏感度、消费者构成特征等。

（二）企业营销状况调研

企业的营销活动是建立在对市场和销售状况认识的基础之上，只有充分了解目前的销售现状，企业才能有更有针对性地制定营销策略。企业销售状况的调研一般包括调研市场占有率、市场潜力、销售趋势、市场机会与威胁等。

（三）市场竞争状态调研

常言道："知己知彼，百战不殆。"市场是一个竞争环境，要想在竞争中取得优势、掌握主动权，就必须做到知己知彼。因此，通过进行市场调研来确切地掌握企业当前的竞争能力及地位、竞争对手的现状及发展动向是企业开展营销活动的必备功课。市场竞争状态调研包括市场竞争格局和特点，企业的竞争地位，竞争对手的数量、实力、营销策略等。

（四）营销实务调研

营销实务调研主要是针对营销组合的4P来进行的，分别是产品调研、价格调研、销售渠道调研以及促销调研。产品调研包括产品构思测试、现有产品的市场测试、竞争产品情况等；价格调研包括竞争者的定价策略、商品的供需弹性等；渠道调研包括渠道结构调研、渠道的覆盖面调研、渠道绩效调研；促销调研包括媒介选择调研、广告效果评估、企业或产品形象调研等。

二、市场营销调研的步骤

市场调研的过程可分为五个步骤，如图3-2所示。

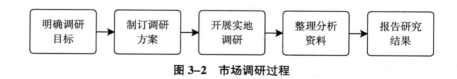

图3-2 市场调研过程

（一）明确调研目标

在市场调研之初，首先要明确目标。也就是要弄清楚：为什么要调研？需要调查的信息是什么？调研结果有什么用？

（二）制订调研方案

调研方案中应包含收集信息的方法、调研的程序、调研成本预算、人员配备等情况（见表3-1）。

表 3-1　调研方案的主要内容

明确调研内容	详细描述调研目标和调研问题
选择资料来源	一手资料或者二手资料
确定调研方法	询问法、观察法、实验法、案头法
准备调研工具	调查表、问卷、仪器设备等
制订抽样计划	定义调研目标的总体、选择抽样方式
制订实施计划	时间安排、预算计划、人员选择、培训计划

（三）开展实地调研

开展实地调研就是调研人员按计划规定的时间、地点、方法、内容开展具体的调研，收集有关资料。开展实地调研之前对调研人员的培训也是十分有必要的。

（四）整理分析资料

市场调研的目的是通过搜集的资料来解释现状或预测未来，而分析资料就是实现这个目标的重要环节。

（五）报告研究结果

最后一步是将调研所得的结果以报告的形式呈现给管理者，从而为管理者制定决策提供一定的支持。

【案例 3-1】

某汽车广告效果的评估研究

1. 研究目的

通过调查了解该品牌的知名度，了解企业对该产品所做的广告在公众中的接受率，了解广告宣传要向公众传达的信息是否被消费者正确理解，了解消费者对广告宣传的评价，了解广告活动给消费者传递的品牌形象等。

2. 研究方案

研究采取定量与定性结合的方法，分三个阶段来进行。

（1）定量调查。通过随机抽样中的简单随机抽样，调查企业品牌、广告的知名度以及消费者对广告的接受程度。

（2）定量调查。通过非随机抽样中的配额抽样，对各种媒体广告，如电视广告、平面广告以及互联网广告进行评估。

（3）定性研究。通过对定量调查搜集来的资料进行分析、比对，对企业的广告效果进行评价，为该企业制定以后的广告宣传策略提供依据。

3. 调研计划

（1）在第一阶段的定量调查中，分别对北京、上海、广州、武汉、长沙五个城市调查。通过各汽车销售店的记录对现有用户和潜在用户进行随机抽样并进行电话调研。样本容量暂定为 100 人/市。第一阶段中有效的样本将作为第二阶段的样本总体。第一阶段调研时间为 4 周，整理数据、形成报告时间为 2 周。

（2）在第二阶段的定量调查中，将五个城市的现有用户和潜在用户的样本作为总体，进行配额抽样，现有用户和潜在用户各为 50 人，观看电视广告和平面广告的被访者不少于 30 人。对配额抽样的样本可进行面谈调研和留置调研的方式，搜集用户对电视广告和平面广告的意见。第二阶段调研时间为 2 周，统计数据、形成报告时间为 2 周。

（3）在第三阶段的定性研究中，从五个城市中随机抽取三个城市，每个城市随机抽取现有用户和潜在用户各 10 人，采用小组访谈的方式对该汽车广告宣传的创意、形式、效果等作深度调研。第三阶段调研时间为 1 周，整理报告时间为 1 周。将三个阶段的调研资料进行整理形成综合报告，时间为 2 周。

资料来源：赵伯庄，张梦霞. 市场调研 [M]. 北京：北京邮电大学出版社，2004.

第二节　市场营销调研的方法

营销是一门科学。它包括实验、测量、分析、提炼和反复，你必须愿意更新观念。

——塞尔希奥·齐曼

人们常说，好的方法可以达到事半功倍的效果。对于市场调研也是一样，不同的情境下需要采用不同的调研方法。如当企业进行消费者的喜好研究时，会采取邮寄问卷或当场询问来收集资料；当企业进行新产品的测试时，会邀请消费者进行焦点访谈；当企业研究竞争者的策略时，会采用观察法和深度访谈。调研方法是否合理对调研结果有着重大的影响。那么究竟该如何选择调研方法呢？

了解每种方法的特点是正确选择的第一步。由于市场资料可以分为一手资料和二手资料，调研方法也可以据此分为现场调查法和资料调查法。现场调查法主要用于搜集一手资料，资料调查法则主要用于收集二手资料。

一、现场调查法

现场调查法也就是直接取自调研对象的收集方法，主要包括定性调查法、询问法、观察法和实验法。

（一）定性调查法

定性调查法包括焦点访谈、深度访谈和投射调查，如表 3-2 所示。

表 3-2　定性调查法的主要方式

方法	形式	内容	适用情况
焦点访谈	8~12 人的小组，在主持人的引导下就某一主题进行讨论	通过讨论，了解受访者对某种产品、观念或创意的看法、态度以及相关原因	新产品、新包装的测试 了解人们抱怨的原因及解决办法 了解人们对品牌、包装等的看法
深度访谈	一对一的、非结构化的、直接访问	深入了解被访者对某问题的态度、情感和潜在动机	测量品牌形象 了解消费者的购买习惯、使用习惯 帮助调研人员设定调研问题
投射调查	被调查者单独进行	让被调查者画图、讲故事、完成句子、完成搭配等	了解被调查者内心对产品、品牌或企业的潜在态度

（二）询问法

询问法是指通过向被调查者询问问题来收集资料的一种调研方法。根据调查人员与被调查者的接触方式，询问法又可以分为面谈调研、邮寄调研、电话调研和留置调研。

1. 面谈调研

面谈调研是指调查人员同被调查者当面交谈，直接询问有关问题，以便听取意见以及收集信息的一种方法。

面谈调研能够直接接触被调查者，可根据其具体情况进行深入询问，因而可以取得良好的调研效果。同时，调查人员可以直接观察被调查者，便于判断被调查者回答问题的可靠性。主要缺点体现在调研成本高、花费时间长、不利于监督等方面。另外，面谈调研要求调查人员具有熟练的谈话技巧、善于启发引导谈话对象、善于归纳谈话记录等，如果不具备这些条件，调研效果会受到一定影响。

2. 邮寄调研

邮寄调研是指由调查人员事先设计，并印制好调查问卷，然后通过邮寄的方式将问卷给被调查者，由其自主填写后寄给调查人员的调研方式。

邮寄调研的优点在于调查的空间范围大；调查的样本数目多，而费用开支少；被调查者自由度大，有充裕的时间来考虑问题。但是缺点也十分的明显：问卷回收率低；不直接接触被调查者，被调查者可能出现理解偏差。

3. 电话调研

电话调研是指通过电话向被调查者询问，了解有关信息资料的一种调研方法。电话调研的优点是成本较低、反馈速度快；但电话访谈的拒访率也日益增高，给电话调研带来一定的阻力。

4. 留置调研

留置调研是指首先由调查人员将问卷当面交给被调查者，并向被调查者说明填写问卷的相关事宜，然后将问卷交由被调查者独自填写，最终由调查者收回问卷的方法。

留置调研的优点是调查问卷回收率高；被调查者可当面了解填写要求，澄清疑问，避免了由于误解内容而产生的误差；填写时间充裕，便于思考，并且不受调查人员意见的影响。其主要缺点是调查地域范围有限、费用较高。

【案例 3-2】

美国航空公司提供飞行通话服务的调研

美国航空公司致力于探寻消费者的新需求。在探寻需求的过程中，集团经理提出为乘客提供高空电话服务的想法。于是，公司的调研人员开始着手进行调研。他们与提供通话服务的公司进行了接触，了解到高空通话在技术方面具有可行性。但是由于操作的难度和研发的成本，这使得航空公司的每次飞行成本将增加 1000 美元左右。更重要的是，要想收回成本，每次航班中至少要有 40 人使用这项服务，并且愿意为每次通话支付 25 美元。为了进一步验证该项服务的可接受性，调研人员开始研究乘客对该服务的反应。研究过程如下：

1. 明确问题

（1）为什么乘客需要在飞机上打电话？

（2）哪类乘客需要在飞机上打电话？

（3）每次航班大概有多少乘客会打电话？他们对价格的接受程度？

（4）有了这项服务，航空公司能获得多少新顾客？

（5）新服务是否有利于为公司树立新的形象，并且是否有战略层次的影响？

（6）提供电话服务相较于其他服务，诸如改善食物、提高行李处理效率等是否更加重要？

2. 确定调研计划

调研计划的内容包括：明确资料来源、确定调研方法、采用何种调研工具、抽样方法、怎样与乘客接触。

3. 调研资料汇总

4. 分析调研信息

5. 得出调研结论

（1）乘客在飞机上打电话的主要原因是：遇到紧急情况；有紧急的商务谈判和交易等等。"煲电话粥"的现象不会发生。

（2）需要这项服务的乘客多是商务人士，并且通话费用可在公司报销。

（3）每 200 位乘客中，大约有 20 人愿意花 25 美元打一次电话；而大约 40 人希望每次的通话费用降为 15 美元。因此，每次收 15 美元（40×15=600）比收 25 美元（20×25=500）有更多的收入。然而，这些收入都大大低于提供飞行通话所需的 1000 美元成本。

（4）推行电话服务可为公司带来两位新顾客，并且从这两位新客户身上，可以获得 400 美元的利润。然而，这也不足以帮助抵付成本。

（5）提供飞行通话服务赋予了航空公司创新和进步的公众形象。

（6）相较于其他服务，在大多数人看来，飞行通话不是特别重要。

资料来源：菲利普·科特勒.营销管理（新千年版）[M].北京：中国人民大学出版社，2001.

（三）观察法

观察法是指调查者通过观察被调查人员的行为、反应、活动等来获得取调研所需资料的一种方法。观察法的适用情况如表 3-3 所示。

表 3-3　观察法适用的情况

适用情况	举例
行为和痕迹	消费者的购买行为、观看电视的行为
语言	消费者与销售员之间的对话
表情	消费者看到商品或广告时的面部表情、神态
特殊关系和位置	交通路口的车辆往来次数、消费者光顾商店的频率
时间数据	消费者购物所花费的时间

观察法是一种较为难以掌握的调研方法，同时，观察法所得的结果可能受到调研人员主观意识的影响。

观察法的优点在于调查者不正面接触被调查对象，在被调查者未意识到自己被观察的情况下获取信息，结果比较真实、自然、客观。但是观察法的调查成本较高，通常需要反复调查；而且观察法无法回答被观察者为什么会有这样的行为和态度。

（四）实验法

实验法是指选择一个或几个与调研对象相关的因素作为实验因素，控制不相关的因素，从而核查各实验因素变化对调研对象的影响及影响程度的大小。简而言之，就是在改变 A 的情况下，看对 B 是否产生影响以及影响的大小。常用的实验法主要有以下几种：

1. 事前事后对比实验

在确定的实验期间，选择与调研对象相关的一组实验单位，并记录该实验单位的数据，在引入实验因素后记录实验后的情况，通过实验前和实验后的数据对比分析，确定实验因素对调研对象的影响情况。

2. 控制组同实验组对比实验

在同一实验期内，分别确定相同的两组调研对象，一组引入实验因素，另一组不引入实验因素，观察和记录这两组不同情况下的实验结果，通过比较分析确定实验因素对调研对象的影响情况。

3. 有控制组的事前事后对比实验

将事前事后方法与控制组方法结合起来，即是在获取采用控制组实验法的结果后，再对比同实验组事前事后的情况，以了解实验因素的影响作用。有时实验组的数据变动无法确定是由实验因素还是由外来因素引起的，因此引入控制组的事前事后对比就可以排除外来因素所产生的影响。

实验法应用范围较广，一般来说，改变商品品质、变换包装、调整商品价格、推出新产品、变动广告的内容或商品陈列等，都可采用实验法测试其效果。其优点是调研人员可以有控制地分析、观察某些市场现象之间是否存在因果关系以及相互影响的程度；且实验取得的数据较客观，有较高可信度。其缺点是实验所需的时间较长，而且在实验中实际销售商品，费用也较高；另外，影响市场变化的因素错综复杂，很多因素无法严格控制，在一定程度上影响了实验结果的准确度。

【案例 3-3】

事前事后对比实验

某饮料公司打算对其下一种茶类饮料改换包装，为检验消费者对改换包装后的产品的接受程度，该公司决定以该茶类饮料中的红茶和绿茶为实验单位，在市中心一家超市进行实验。

实验过程：首先记录在原包装情况下，一个月内该茶类饮料的红茶与绿茶饮料的销售量，然后将更换包装后的茶类饮料上市，记录一个月后新包装的红茶与绿茶饮料的销售量。

实验结果如表 3-4 所示。

表 3-4　事前事后对比实验结果

单位：瓶

实验单位	原包装（事前）	新包装（事后）	实验结果
红茶	1500	1700	+200
绿茶	1700	2000	+300

实验总结：该茶类饮料的两种产品在更换包装后，销售量都有不同程度的增加，总的实验效果增加了 500 瓶。由此可见，更换包装对该企业茶类饮料的销售没有不利影响且对销量有一定的促进作用，企业可以更换包装。

【案例 3-4】

控制组同实验组对比实验

以 [案例 3-3] 中的饮料公司为例，为避免事前事后对比实验中对比时间不同可能带来的误差，公司采用控制组与实验组对比实验来观察改换包装对该茶类饮料销售量的影响。该公司选取 4 家规模相当且市场潜力接近的超市为实验单位，A、B 为控制组，C、D 为实验组。

实验过程：控制组 A、B 销售原包装的茶饮料，实验组 C、D 销售新包装的茶饮料，在一个月时间内，记录各实验单位的销售量。

实验结果如表3-5所示。

表3-5　控制组与实验组对比结果

单位：瓶

控制组（原包装）	销量	实验组（新包装）	销量
A	1500	C	1700
B	1700	D	2000
合计	3200	合计	3700

实验总结：在实验组条件相似、实验时间相同的情况下，原包装的销售量为3200瓶，更换包装后销量为3700瓶，实验效果为500瓶，因此企业更换包装的决策是有效的。

【案例3-5】

有控制组的事前事后对比实验

仍以［案例3-3］中的饮料公司为例，公司采取有控制组的事前事后对比实验来观察包装对该茶类饮料销售量的影响。

该公司选取2家规模相当且市场潜力接近的超市为实验单位，A为控制组，B为实验组。

实验过程：第一个月A、B两组均销售原包装的茶饮料，并记录销售量。第二个月A、B两组均销售新包装的茶饮料，并记录销售量。

实验结果如表3-6所示。

表3-6　事前事后对比实验结果

单位：瓶

实验单位	原包装（事前）	新包装（事后）	变动	实验结果
控制组A	1700	1800	+100	+200
实验组B	1700	2000	+300	

实验总结：控制组茶饮料的销售量增加了100瓶，可以看作外来因素所带来的影响。将这一影响从实验组的销售量变动中排除，就得到实验因素产生的效果，即更换包装使该茶类饮料的销售量增加了200瓶。因此企业更换包装的决策是有效的。

二、资料调查法

资料调查法是指调研人员对现有的信息资料进行搜集、分析、研究和利用的一种调研方法，主要用于搜集二手资料。二手资料的主要来源包括企业的内部数据、政府的统计报告、商业调查资料、网络资料等。

资料调查的特点是获取资料速度快、费用省，但针对性、准确性和客观性不高，因此必须对业已存在的二手资料进行严格的审查与评估。

【拓展阅读】

新时代的调研方式——网络调研

随着互联网的发展和成熟，越来越多的企业开始利用网络来进行市场调研。网络调研有以下几种方式：

（1）网络搜索，通过搜索引擎，可以获得大量的一手资料。

（2）电子邮件调研，类似于邮寄调研，但大大降低了企业和被调查者的成本。

（3）网页调研，对访问网页的用户进行问卷或调查表调研，样本数量大，针对性强。

（4）访问统计，通过统计访问量和访问频率来获取信息。

本章小结

本章主要介绍了市场营销调研的相关内容。市场营销调研主要是针对消费者需求、企业销售状况、市场竞争状态以及营销实务进行调查，为决策者制定营销策略提供了重要的依据。市场营销调研有许多方法，根据不同的调研目标，企业可以选择用现场调查法搜集一手资料或者用资料调查法搜集二手资料。

第四章　市场竞争分析

硝烟四起的"卡战"

随着人们生活水平的提高，消费习惯也渐渐发生改变。随着个人信贷消费的引入，信用卡的发展也就顺理成章。目前所说的信用卡是银行或其他财务机构发给信用状况良好人士、用于消费及现金存取的特殊信用凭证，是一种狭义的信用卡。它有着"免担保、免储备金、信用消费"等特点。从 2002 年招商银行正式对外发行真正意义上的信用卡开始，中国银行、中国工商银行、中国建设银行等也先后开始发展信用卡业务。一场围绕中国最具消费力人群的信用卡用户争夺战就此拉开帷幕。

虽然中国的信用卡业务刚刚起步，但同质化的倾向使得信用卡销售的竞争非常激烈。只有抢先推出新的销售点，才有可能吸引潜在客户的注意。因此，各大银行都突出自身信用卡的特点以与其他银行进行区分。例如，交通银行主推"以外币结算、可境外使用"功能；招商银行则大力宣传其"一卡双币、全球通用"的特点；深圳发展银行以"国内首张刷卡使用密码的贷记卡"为宣传点，强调其信用卡信用额度高、异地存取款不收费等功能。除了强调各自的 USP（独特卖点）之外，许多银行开始对信用卡市场进行细分，集中攻占一个子市场。例如，广发银行就以高素质、具有一定消费能力的都市白领女性为目标市场，推出了"广发女性真情卡"；而招商银行也迎头赶上，推出了与中国国际航空公司合作的

"国航知音卡"，目标直指经常乘坐飞机的高端客户。

信用卡刚刚进入市场，就引起了众多银行和财务机构的竞争。然而，这些仅仅是开始，我国庞大的消费者群体可谓"兵家必争之地"。在这场信用卡之争中，战势将愈演愈烈。

资料来源：中国中企资料网. 卡战"枪声渐起"——中国信用卡市场竞争分析. http：//www.zqzl.cn.

【案例启示】从物种竞争到人类生活的各个行业及领域，竞争无处不在。竞争是推动"优胜劣汰"的关键因素，而对于市场经济来说，其核心也在于竞争。企业要想在激烈的市场竞争中求生存、谋发展，就必须时刻关注市场竞争态势，不断调整自己的策略和方向，使企业与竞争对手区别开，并使自身的实力得到最大化的体现。只有这样，才能在残酷的商战中取胜。

本章您将了解到：
● 波特五力竞争模型
● 市场竞争者的类别
● 竞争者分析框架
● 市场竞争的基本战略

第一节　行业竞争结构分析

真正的问题不在于你比过去做得更好，而在于你比竞争者做得更好。

——唐纳德·克雷斯

迈克尔·波特在进行行业竞争结构分析时列出了影响行业竞争的五种基本力量：潜在竞争力量、同行业现有竞争力量、买方竞争力量、供货者竞争力量和替代品竞争力量，^① 如图 4-1 所示。

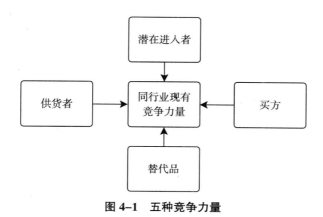

图 4-1　五种竞争力量

一、同行业现有竞争力量

同行业现有企业之间的竞争是最明显的竞争力量，往往采用价格竞争、广告战以及增加额外的服务等方式来参与竞争，从而获取更多的市场份额。这种力量间的企业相互之间具有同质性，因而其竞争手段也大多相似，竞争过程是残酷的。

（一）行业内竞争状态

行业内的竞争状态一般有四种基本情况，如图 4-2 所示。

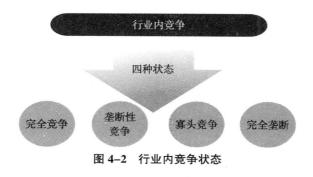

图 4-2　行业内竞争状态

① 迈克尔·波特. 竞争优势 ［M］. 北京：中国财政经济出版社，1988.

1. 完全竞争

完全竞争行业由那些产品或服务差异性较小的企业构成，各个企业的交易只占市场份额中的一小部分。在完全竞争的市场中，生产者与消费者的信息是完全对称的，企业的进入和退出有较高的自由度，基本上不存在壁垒。同时，完全竞争市场的产品价格只受供求关系的影响。在完全竞争的市场中，企业一般通过降低成本来扩大市场份额，其竞争优势体现在成本控制方面。

2. 垄断性竞争

垄断性竞争行业中包括数量众多的小企业，这些企业提供的产品或服务是有差异的，但是产品之间的替代性较大。一些企业由于其产品或服务的差别特点而获得一定的垄断地位。在垄断竞争的态势下，企业可以通过提升产品质量、加强促销及优化销售渠道来提升其竞争力。企业也可以利用"差异性"增加产品的特色、提升产品的性价比，从而吸引消费者。行业中的企业也可以通过"强强联合"的方式，集合各自的专长来形成竞争优势。

3. 寡头竞争

在寡头竞争的行业内，市场被少数几家大企业控制，其他企业只能处于一种从属地位。寡头竞争的行业一般有较高的进入壁垒，大量的专利权垄断以及行业内部企业的联合控制等对新企业的进入形成了巨大的障碍。同时，寡头之间也存在着竞争，任何一家企业的独立活动都会导致其他企业的迅速反应，因而难以达到预期的效果。

4. 完全垄断

完全垄断是指市场被一个或少数几个大型企业控制。完全垄断一部分是由于政府的政策性因素形成的，其余大部分都是因为拥有技术上或资源上的垄断优势而形成的。完全垄断的进入壁垒非常高，而且，由于完全垄断市场中只有唯一的供给者，产品价格完全不必考虑竞争者或其他替代品。

(二) 行业内竞争的影响因素

一般而言，同行业之间竞争的激烈程度与以下行业特点相关联：行业发展阶段、行业集中程度、产品差异程度以及行业规模状况，如图4-3所示。

图 4-3　行业内竞争的影响因素

二、潜在进入者的竞争力量

任何企业都会对前景乐观、盈利丰厚的行业感兴趣，都会想办法进入该行业。潜在进入者会要求瓜分企业的市场份额，还会导致行业成本的上升、产品价格的下降以及利润的降低。要想减少和避免潜在进入者的进入，企业就要充分了解行业的进入壁垒以及行业内成员的准备和抵抗措施。研究新进入者与竞争对手之间的抗衡情况，应重点注意以下三个因素：

（一）卖方密度

卖方密度是指经营同种商品的市场或同行业中卖方的数量。在市场需求稳定的市场中，新进入者的加入会使原有企业的市场份额被稀释。因此，卖方密度越大，竞争就越激烈，新进入者所面临的来自竞争对手的障碍就越多。

（二）产品差异

产品差异是指同行业中，企业所经营的同类产品的差异。这些差异一般是消费者易于察觉的，如企业塑造的品牌形象、产品的品质特征、产品的服务特征等。产品差异体现了企业产品的特色，从而与其他企业的产品区别开来。如果新进入者的产品在某方面的特性、特点能够赢得消费者的青睐，那么企业的竞争力也会大大提升。

（三）进入难度

进入难度是指潜在进入者进入一个行业的难易程度。潜在进入者一般会遇到技术壁垒或资金规模上的障碍。对于不同的行业，其进入难度也有所差异。如高新技术产业的技术壁垒就较高；而对于一些服装、小家电等生活用品来说，其进入难度就不大，因为这类产品所要求的投资不高，技术水平也较低。一个行业的进入难度往往和其竞争状况有着高度的相关性。进入难度越大的行业，其竞争相对较小；而进入难度小的行业则可能面临激烈的竞争。行业进入与退出障碍如图4-4所示。

图 4-3　行业进入与退出障碍

三、替代品的竞争力量

替代品是指能满足相同需求的不同行业的其他产品。替代品的出现，造成了原有产品的价值被替代品转移，因此对于现有行业来说就构成了一种威胁。这种替代品所产生的竞争会以各种形式影响行业中现有企业的竞争战略。首先，现有企业产品售价及获利潜力的提升，将受到那些容易被消费者接受的替代品的限制。其次，要应对替代品的竞争，现有行业的企业就必须通过提高产品的质量，增加产品的性能使产品更有特色，或降低产品价格等途径来实现企业销量和利润增长的目标。最后，现有行业的压力还来自于替代品价格方面的竞争优势。由此可见，决定替代品对现有企业威胁大小的因素主要有：

（一）购买者转换成本的高低

转换成本指的是当消费者从一个产品或服务的提供者转向另一个提供者时所产生的一次性成本。这种成本不仅仅是经济上的，还包括时间、精力和情感上的。如果消费者对现有企业具有相当高的忠诚度，那么他就不容易选择替代品。

因此转换成本越低，替代品生产企业对现有企业的威胁就越大。

（二）替代品的价格优势

如果替代品的价格更具优势，则意味着消费者更容易接受此类产品，从而对现有企业的威胁就越大。

（三）替代品的产品优势

如果替代品在产品质量、服务质量、技术含量、使用的便利程度方面比较有优势，那么对现有行业中企业的威胁就越大。

四、买方竞争力量

买方是那些直接购买和使用企业产品或服务的单位或个人。他们直接影响着企业营销目标的实现情况。具有较强竞争力的买方会追求较低的价格以及更好的产品质量，同时还希望得到更全面的服务，这会对企业的盈利情况产生一定的影响，从而对企业产生一定的竞争威胁。

决定买方竞争力量大小的因素有以下几个：一是购买数量。如果买方的购买量较为集中，且购买量占卖方企业销售业绩的较大比例时，那么就相应地提高了买方对卖方的议价能力。二是替代品的可获得性。如果买方面临的产品供应者是多源的，而且可供选择的替代品较多，那么买方就倾向于利用供应者之间的竞争来提高自身的议价能力。三是买方掌握的信息。如果买方对市场需求、价格以及供应商的成本都很了解的话，就会相应地提高买方的竞争能力。

为了减少买方竞争力量对企业的影响，企业的理想客户应该具有以下特点：客户的需求与企业的供给能力相匹配；客户的议价能力以及客户所要求的服务成本相对较低；同时，客户与企业的合作可以有较大的发展空间。

五、供货者竞争力量

企业正常的营销运转的实现依赖于一些原材料、零配件、设备、资源等的及时供应，因此，供货者对企业营销目标的实现有着相当程度的影响。供货者的质量因素、价格因素、供货及时性以及稳定性程度都会对企业的成本及产品质量有显著的影响，从而对企业的盈利能力及产品竞争力产生一定的威胁。

影响供货者竞争力量的主要因素有以下几个：

（一）供货商在行业中的市场地位

如果企业面临着实力强大、处于垄断地位的供货者，那么通常是供货者在交易的各个方面都占有较大的主动权，例如产品的质量、服务的质量以及交易价格等，购买者则处于劣势地位。而当企业可以选择提供同类原材料或替代产品的其他供应商时，供货者就会面临来自竞争者的压力，从而使供货者的议价能力受到限制。

（二）供货量

如果供货者对某一企业的产品供应量非常大，那么这个企业就明显地成为供货者的重要客户，供货者会倾向于利用合理的价格以及服务方面的提升来促进彼此关系的协调发展。

（三）供货商提供的产品对买方企业的影响程度

当供货者的产品对于购买企业来说是关键因素时，供货者相对于购买企业的地位自然就会提升，从而也提高了供货者的议价能力。

因此，为了削弱供货者对企业竞争力量的影响，企业应该在保证供货稳定的基础上，多元化地选择供货商，从而利用供货者之间的竞争，为企业争取有利的竞争地位。

【案例 4-1】

中式快餐的行业竞争结构分析

中式快餐是我国饮食业中的重要组成部分，它具有制售快捷、食用便利、质量标准、营养均衡、服务简便、价格低廉的特点。然而随着国外快餐品牌的强势进驻，中式快餐行业的竞争态势日益严峻。中式快餐的行业竞争力量分析如图4-5 所示。

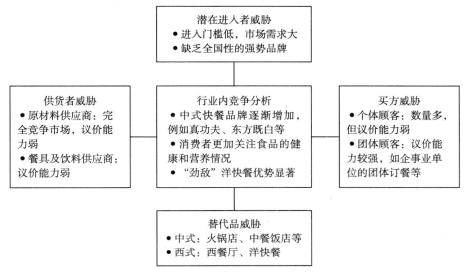

图4-5 中式快餐的行业竞争力量分析

1. 同行业现有竞争力量

中式快餐业面临两种不同性质的竞争。一是来自现有中式快餐之间的竞争，目前国内已产生许多中式快餐品牌，行业内竞争非常激烈；二是来自"劲敌"洋快餐的竞争，肯德基和麦当劳等洋快餐具有先天的品牌优势、强大的研发优势和高素质的管理人员，在未来一段时间内，中式快餐要超越洋快餐仍非易事。但中国消费者开始越来越关注健康和营养搭配，在这一点上中式快餐业仍具备比较优势。

2. 潜在加入者的竞争力量

由于中式快餐在技术上的门槛较低，资金规模要求不大，同时市场需求较大，而全国性的中式快餐中缺乏一些具有强势品牌的企业，这势必会吸引越来越多的企业进入中式快餐行业，对现有的快餐企业形成不小的冲击。

3. 替代品竞争力量

中式快餐属于餐饮的一个部分，而餐饮类品种包罗万象，可供顾客选择的种类非常多。因此中式快餐业面临着很强的替代效应，如中餐馆、西餐馆、火锅店、海鲜楼、洋快餐等都对中式快餐的发展产生很大的竞争。

4. 买方竞争力量

顾客的议价能力主要从个体顾客和团体顾客来区分。作为个体顾客,通常都是价格的接受者,个体消费者选择某家中式快餐,通常已经表示已默认接受企业制定的价格。但是团体顾客议价要求的意识一般比较强,这主要是指数量较大的团体膳食,如针对企事业单位的集体订餐或会议用餐等,此时买方的讨价还价能力就会提高。在针对团体顾客议价时,快餐企业必须根据不同的目标市场、价格需求弹性来确定具体的价格,以确保大客户的稳定。

5. 供货者竞争力量

中式快餐的供应商有两个群体:一是可控性较高的餐具供应商和饮料供应商。基于市场竞争的完全性,餐具和饮料供应商与企业的讨价还价能力较弱,使中式快餐企业对其具有较高的控制性。二是原材料供应商,中式快餐的主要原材料为瓜果蔬菜、肉类、水产品、油脂、调味料等,这些也基本上属于是完全竞争市场上的消费品,因此对于中式快餐的讨价还价能力就相对较弱。

资料来源:王军,王海燕.基于波特五力模型对中式快餐业发展的研究 [J].黑龙江对外经贸,2009 (1).

第二节　市场竞争者分析

知己知彼,百战不殆。

——《孙子·谋攻》

企业面临的竞争者力量不同,所产生的压力以及采取的应对措施也各不相同。面对不同的竞争对手时,企业要选择不同的竞争策略才能保证自己的利益不受损害。因此,对市场竞争者的充分研究,是企业全方位参与市场竞争的基础。企业的市场竞争者包括现有的竞争对手以及潜在的竞争对手。企业在分析竞争对手时,首先应从战略高度出发,识别可能会对企业造成威胁的各类竞争者,再对竞争者进行分析，从而对企业的主要竞争者有一个全面的了解，进而根据自身的竞争优势和竞争者的情况制定有效的营销策略。

一、竞争者识别

识别竞争者是企业进行竞争者分析的第一步。通过识别竞争者，企业能够明确该行业中的主要竞争者以及竞争态势，从而为企业的竞争决策提供方向。企业竞争者的类型主要有四类，包括愿望竞争者、类别竞争者、产品形式竞争者、品牌竞争者，如图 4-6 所示。

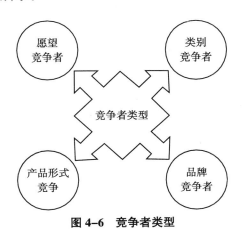

图 4-6　竞争者类型

愿望竞争者是指向消费者提供不同产品以满足消费者不同需求的竞争者。例如，对于生产食品的企业来说，生产服装的企业就属于它的愿望竞争者。如何使消费者更多地购买食品而不是服装，就是这两个企业之间的竞争关系。

类别竞争是指针对同一需求的替代产品之间的竞争。类别竞争是消费者在决定需要的类型之后出现的次一级竞争，也称平行竞争。例如，消费者产生了对食物的需求，那么提供中式炒菜的企业和提供西式快餐的企业就互为类别竞争者。

产品形式竞争是指满足同一需求的同类产品不同产品形式之间的竞争。消费者在决定了需要的属类产品之后，还必须决定购买何种产品。如消费者产生了对中式炒菜的需求，那么提供湘菜、川菜、粤菜、沪菜的企业就互为产品形式竞争者。

品牌竞争者是指提供满足同一需求的同种产品形式但不同品牌的竞争者。如消费者选定了吃湘菜，那么湘菜中不同品牌的企业就互为品牌竞争者了。

二、竞争者分析

竞争者分析的目的在于了解竞争者可能做出的战略选择的方向和其成功的可能性，以便企业对竞争者某个战略的执行做出快速的反应。竞争者分析一般需要回管以下问题：竞争对手的战略目标和能力如何？竞争对手的优势和劣势是什么？竞争对手面临竞争可能采取哪些措施等。概括起来，对竞争者的分析主要可以从营销战略、营销目标、营销假设、优势和劣势以及反应模式五方面进行，如图 4-7 所示。

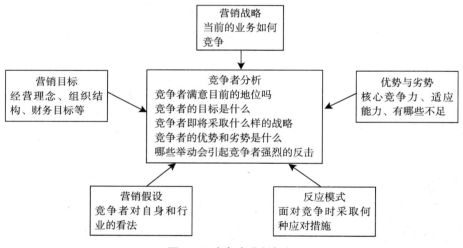

图 4-7 竞争者分析框架

（一）营销战略

营销战略是企业为实现营销目标在一段时间内设立的营销发展的总体规划。了解竞争对手的营销战略可以帮助企业在营销过程中明确如何面对竞争、如何设立营销目标、在实施营销目标时可采取什么措施以及需要注意哪些问题等。一般来说，对竞争对手营销战略的分析可以从以下几点着手：

1. 明确竞争者属于哪一个战略群体

任何企业都可以划归到一个战略群体中去，战略群体是指在一个特定市场中，推行相同战略的一组企业。分析竞争者所属的战略群体就可以通过观察战略群体的营销措施来分析竞争者的营销状况。

2. 了解竞争对手采取的营销战略

分析竞争对手究竟采用低成本、差异化或者集中这三种战略中的哪一种。如果竞争对手采取的是低成本的营销战略，那么企业可以根据产品的特点选择与竞争对手相同的战略，或是选择"质优价高"的路线来与竞争对手形成差异化。总之，竞争对手的营销战略是企业制定营销战略的一个指引。

3. 熟悉竞争者的战略历史

竞争者曾经采取了怎样的营销战略能清晰地反映竞争者营销战略的方向，企业要尤其关注那些使竞争者遭受失败的战略，因为失败的原因可能就是竞争者的劣势所在。

（二）营销目标

企业在辨别了竞争者的战略后，就需要进一步明确竞争者追求的是什么？是什么促使竞争者不断地行动？这些问题概括起来就是要对竞争者的营销目标进行分析。对竞争对手的营销目标进行分析有助于帮助企业推断竞争者是否对目前行业内所处的地位和经营成果感到满意，并由此判断竞争者做出战略调整的可能性和战略调整的方向。营销目标分析一般包括以下几个方面：

1. 营销理念

营销理念是企业实施营销规划的指导思想，不同企业其营销理念各不相同。在分析竞争者时，就要明确竞争对手的营销理念，即分析竞争对手是为了追求利润最大化还是顾客满意最大化或是股东利益最大化等。营销理念的确定直接影响着企业营销策略的制定。

2. 财务

财务方面需要解决的问题主要包括竞争对手对长期和短期财务绩效的追求；竞争对手如何处理盈利；如何看待风险；如果财务目标主要由利润、市场占有率、所承担的风险水平决定，那么竞争者一般倾向于如何平衡这些指标。

3. 组织

组织方面的分析一般需求解答以下问题：竞争者的组织观念是否与营销目标相适应？竞争者的组织结构如何，即怎样将资源、价格、产品变化、渠道变化等与营销目标相关的因素进行分配？这有利于了解竞争者的组织内部各部门的关系和侧重点。竞争者的薪酬、绩效标准是怎样的？竞争者领导集团的管理人员的背景和经历？竞争对手企业的管理者对未来发展方向的规划是否协调一致？

4. 控制系统

控制系统方面的分析主要着眼于竞争对手企业内部的会计系统、库存管理、成本分配、业绩考核指标等方面。

（三）营销假设

任何企业所面临的都是一个复杂的市场环境，因而每个企业都会对自己所处的环境进行一系列假设。这些假设直接反映出企业的自我认知和对整个市场的看法。营销假设分析一般包括竞争对手对自我的认识、对市场竞争的认识以及对整个行业的认识。

（四）优势和劣势

竞争对手能否实现营销目标取决于竞争者所拥有的资源和能力。因而，企业要辨认竞争者的优势和劣势，进而找到自己与竞争者的差别，从而赢得竞争的胜利。分析竞争对手的优势和劣势一般从三个变量出发，即市场份额、心理份额和情感份额。

分析竞争对手的市场份额可以根据其所占市场销售额的比例来进行确定；心理份额的调查可以通过问卷的方式，提出"该行业内你最先想到的公司"这一问题后，统计提名竞争对手的顾客占所有顾客的百分比；评估情感份额则是通过调查最喜欢购买竞争对手的产品的顾客占所有顾客的百分比。这三个变量可以全面地挖掘出竞争对手目前的优势和劣势所在，帮助企业确立要从何处着手去超越竞争对手。如竞争对手目前所占市场份额很高，但是其所占的心理份额和情感份额正日益减少，在这种情况下，企业就可以在制定营销策略时加入心理和情感的因素，帮助企业与顾客达成心理和情感上的一致性，进而最终实现营销目标。

（五）反应模式

仅分析竞争对手的战略、目标等方面的情况，还不足以真正了解竞争对手。因为每个竞争者都有自己独特的经营之道，并且会受到自己所认可的文化的影响，这些内在的东西是很难分析的。因而，要想深入了解竞争对手，就要分析竞争对手在竞争中的反应。在面对竞争时，大多数企业的反应主要有以下几种情况：

1. 从容型

这类竞争者对所面临的竞争没有过于强烈的反应，在竞争来临时，多数采取观望的态度，因为他们坚信顾客是忠诚于自己的。在遇到这种类型的竞争者时，企业要明确是什么原因让其可以如此从容不迫。

2. 选择型

这类竞争者只会有针对性地选择某一方面来做出反应。例如，竞争者可能会对促销做出反应，但却忽略广告成本的增加。弄清楚竞争对手一般比较重视哪方面的竞争，可以为企业的竞争策略提供指导。

3. 凶狠型

这类竞争者只要遇到竞争，就会不惜一切地做出快速而强烈的反应。在面对这类竞争对手时，企业就要深入分析自己是否具有与竞争对手展开全面竞争的实力，以免在竞争中遭受巨大损失。

4. 随机型

这类竞争者对竞争的反应无迹可循，不会明显地表露出自己对竞争的反应模式。面对这样的竞争对手，企业只有做好自己应做的。

【案例 4-2】

iPhone5 道路艰辛

iPhone 缔造的神话始终未被超越，而如今 iPhone5 能否继续延续神话，成了人们关注的话题。目前 iPhone5 遭遇几大实力不俗的挑战者，其竞争对手分析如下：

1. 自成体系的三星

GALAXY SⅢ是三星 2012 年的重磅机型，目前这款机型的销量惊人，已达到 1000 万部，气势不亚于当年的苹果 iPhone4。其实 GALAXY SⅢ最吸引消费者的，还是它强悍的硬件配置：Exynos 四核处理器芯片、Super AMOLED Plus 显示屏等完美组合，无疑让它在 2012 年大放异彩。

2. 闭关中的诺基亚

Windows Phone 8 是诺基亚与微软在 Windows Phone 7 合作后的又一重点。这场合作给诺基亚带来了更丰富的想象空间，如设计属于自己的系统 Windows Phone 8 OS。

3. 历练中的 HTC

目前 HTC 将要发布的新机型——One X+采用了 Android 4.1.1 的系统，搭载了主频 1.7GHz 的 Tegra 3+四核处理器，配备的是 4.7 寸 720p 触摸屏，内置容量更大的电池（相比 One X 1800mAh 容量来说）和 800 万像素摄像头等。虽说在操控体验方面 Android 与 iOS 之间还存在一定差距，但在 HTC 的不断优化下操作界面能给用户带来更人性化的体验，并且在价格上更有优势。

4. 复苏的摩托罗拉

摩托罗拉新机型 Razr HD 曝光：4.6 英寸+Android4.0。与 Razr Maxx 相同的是该机同样配有超大容量的 3300mAh 手机电池。不同的是，Razr HD 拥有 4.6 英寸的高清触摸屏、搭载 1.5GHz 高通 S4 双核处理器、1GB RAM、内置 1200W 像素的摄像头、运行最新的 Android 4.0 操作系统。

苹果 iPhone 是智能手机中的神话，它的出现颠覆了一切，但神话终会破灭，因为会有新的神话不断涌现，也许是明天，也许是后天，反正在不久的将来它定会出现。那么，究竟 iPhone 能不能保持它目前的地位，我们拭目以待。

资料来源：腾讯数码. http://digi.tech.qq.com/a/20110512/000406_5.htm.

第三节　市场竞争的战略

每一家公司都应充分发挥自身的竞争优势，选择最有利于自己的市场去竞争。

——迈克尔·波特

一、市场竞争的基本战略

市场竞争战略是指在未来一段时期内，企业将一直采用的主要竞争策略。要获得竞争胜利，每个企业在市场竞争中都必须以一定的竞争优势为基础。企业为增强竞争能力，争取竞争优势的基本市场竞争战略有三种：低成本战略、差异化战略和集中化战略（见图4-8）。

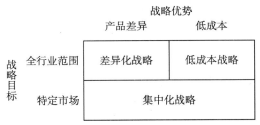

图4-8　三种一般性战略方法

（一）低成本战略

低成本战略是指在维持产品、服务质量不变的前提下，降低产品的生产和销售成本，努力以低于竞争对手的价格提供市场所需的产品，从而提高销量以迅速占领市场。低成本战略的核心即是控制所有可控制的成本，但是这种成本控制的理念不是指盲目地对成本进行压缩，而是要整合企业的所有力量将成本领先的思想深入企业生产经营的全过程中去。低成本战略的关键点在于通过提高效率、充分利用原材料、减少浪费等形成规模效应，进而获得成本领先的优势。

（二）差异化战略

差异化战略是指企业通过在产品或服务等方面的创新使其具有独特之处，降低消费者对价格的关注程度，并在消费者心中树立不一样的形象，从而以差异优势产生竞争力的竞争战略。

企业采用差异化战略，可以通过创造产品、形象、服务等方面的差异化区别于竞争者，从而树立自己在同行业中别具一格的形象。差异化战略势必会引起成本的增加，面对这种情况，企业就必须使自己所树立的独特形象能够让消费者认为花费较高的价格是可以接受的，这样才能更好地弥补因追求差异化而耗费的成本。企业在追求差异化的同时也不能忽视对成本的控制，因为低成本下的差异化能够产生更强的竞争力。

（三）集中化战略

集中化战略是指企业将力量集中于为某一个或几个细分市场提供服务，更全面、更有效地满足这一部分消费群体的特殊需要，以取得在这一部分消费群体中的竞争优势的竞争战略。

集中化战略与低成本以及差异化战略的不同之处在于，后两者都是面向企业的所有市场，而集中化战略则是围绕一个特定的市场开展密集的营销活动，以便更有效地提供服务。集中化战略既可以用低成本来满足某一特定市场的需求，也可以利用企业产品或服务的差异化来满足某一细分市场的需求，从而取得差异化的竞争优势。

可以说，集中化战略突出的就是一个"专"字，就是把企业的力量集中到企业选定的某一个或几个独特的细分市场，然后根据这一独特群体的需求，为他们提供好的产品或服务。但是，这种竞争战略对取得市场占有份额是有很大的限制的。因此，采取这种战略的企业要很好地权衡获取利润和扩大市场占有率这两者的关系。

二、市场地位和具体战略

市场竞争的具体战略是指企业通过对自己优势、劣势的分析，结合目前市场的状况，为获得竞争优势和保持市场地位而采取的一系列具体的行动措施。确定竞争战略的核心是要明确企业在行业内所处的地位、具备何种优势，这样才能更加理性地制定具体的竞争战略，并且在战略制定后也能真正地得以贯彻实施。

企业所处竞争地位可分为四种情形，分别是市场领导者、市场挑战者、市场追随者以及市场弥缺者，处于不同市场地位的企业所采取的竞争战略各不相同。下面将分别介绍不同市场地位的企业可以采用的竞争战略：

（一）市场领导者

市场领导者是指在市场中拥有绝对竞争优势的企业，这类企业在市场上拥有最大的市场份额，市场上其他企业的营销策略都会受其营销策略的影响。要想维护市场领导者地位，企业一般有以下三种战略：

1. 维护现有的市场占有率

领导者企业要随时注意警惕抵御其他企业的进攻，维护自己现有的市场占有率。通过两个途径，市场领导者企业可以达到维护市场占有率的目的：一是主动进攻措施，即通过降低成本、提高效益、实现产品创新、增强服务水平等措施保持企业始终处于领导者地位，同时在面对竞争时主动出击；二是积极防御措施，即根据竞争的实际情况，在企业现有市场和产品阵地周围建立不同防线，如通过设置技术壁垒、不断创新等限制其他竞争者的进入。

2. 提高市场占有率

企业的市场占有率与其利润率有着非常密切的关系。一般来说，企业的市场占有率越高，其利润率相应地也会越高。在采用扩大市场占有率的战略时，市场领导者企业必须注意三个问题：一是警惕反垄断行动的出现；二是密切关注利润率与成本之间的关系；三是要设计合理的营销策略。

3. 不断扩大市场对企业所经营产品的需求量

产品需求总量的不断增加，扩大了整个市场容量，给处于市场领导地位的企业带来最大的利益。为了扩大市场的需求量，企业可以通过三个途径达到这一目的：寻找新的消费群体、增加产品的新用途以及促使原有消费者增加对产品的使用量。例如，日化企业扩大牙膏开口，从而使消费者在无形中增加了对牙膏的使用量。

【案例 4-3】

九阳豆浆机的竞争战略

九阳小家电公司生产的集磨浆、滤浆、煮浆等功能为一体的九阳全自动豆浆机,结束了中国人过去一直用石磨做豆浆的时代。九阳豆浆机的年销售量超过百万台,年产值几个亿,成为全国最大的豆浆机制造商,是名副其实的市场领导者。由于九阳豆浆机的风靡,诱发全国许多投资者的跟进与效仿,美的、荣事达、海尔等许多大大小小的公司都前来竞争。面对激烈的市场竞争,九阳公司采取了一系列措施来维持其领导者地位。

首先,九阳公司在技术方面不断创新,推出"浓香豆浆机"、"滤网豆浆机"、"易清洗多功能豆浆机"等,不断吸引消费者的注意,以维持自身的市场占有率。其次,豆制品在中国人的膳食结构中占了一大部分的比例,与牛奶相比,豆浆似乎更符合中国人的营养标准。通过对豆浆本身营养价值的宣传,增加了消费者对豆浆的需求,自然而然也就实现了扩大九阳豆浆机需求量的目的。最后,九阳公司采取产品多元化战略,除豆浆机之外,九阳公司还生产电磁炉、电饭煲、榨汁机、开水煲等各种小家电,从不同领域扩大其市场占有率。

(二)市场挑战者

市场挑战者是指那些具有较强竞争力、有能力且有可能与市场领导者争夺市场份额,地位仅次于市场领导者的一些企业。这类企业会主动地向市场领导者发起挑战,希望有朝一日能取代市场领导者。要想取得挑战的胜利,首先需要明确的是挑战的对象和目标,这样才能有针对性地制定有效的挑战策略。

分清挑战对象和目标才能保证市场挑战者了解进攻的对手和方向,一般来说市场挑战者会遇到以下几种情况:进攻市场领导者,目标在于攫取其市场份额,取代市场领导者的地位。向处于同等地位的企业发起挑战,是为了能扩大自身的市场份额。挑战比自己弱的企业,意在夺取其市场份额,进而兼并弱小企业,扩展自己的势力范围。

在明确竞争对手和目标后，市场挑战者就可以结合自己的实力及目前所处的地位采用以下三种进攻策略：

1. 正面进攻

当市场挑战者企业各方面实力均强于竞争对手时，就可以对其展开全面地进攻。如市场挑战者拥有充足的资金保证和低成本的优势，这时市场挑战者就可以果断地发起价格竞争，或提高促销的力度来发起正面进攻。这种策略下，市场领导者一定要注意充分利用自己的优势，快速地获取胜利。

2. 迂回进攻

市场挑战者企业具备一定实力，但是却没有能力突破竞争对手正面严密的防御阵线时，就可以采取迂回进攻的战略。如市场挑战者可以选择竞争对手目前忽略的细分市场，或是销量少的地区发起进攻。这种竞争战略回避了竞争对手强大的正面防御工事，集中自己的力量瞄准对手没有关注的地方，从而获得胜利。

3. 游击进攻

当企业自身规模较小、力量也比较薄弱时，市场挑战者就可以像打游击战那样，既不退出市场，又不与对手正面交锋。采取这种竞争战略主要是为了在干扰对手的同时，获取消费者的关注。这种战略一般以小型、不定期的进攻手段为主，逐渐消磨对手直至最终占据有利地位。

【案例 4-4】
百事可乐的"挑战者"之路

可口可乐作为饮料行业的领导者，以其奇妙的口感征服了世界上数以亿计的消费者。百事可乐曾经尝试采取追随者的战略寻求发展，然而遭到了可口可乐的强烈抵御。作为领导者的可口可乐迅速改变其以往对产品口感的广告诉求，打出"只有可口可乐才是真正的可乐"的标语，提醒消费者其他的可乐都是仿冒品。后来，可口可乐更将其英文名 Coca-Cola 缩写为 Coke，以避免消费者在购买时，店家搞不清楚到底是拿可口可乐还是百事可乐的情况。在可口可乐的防御反击下，百事可乐似乎连生存都面临着极大的挑战。

　　在这样的情况下，百事可乐最终选择与可口可乐进行正面交锋以争夺市场份额。针对可口可乐出品的 6.5 盎司的瓶装可乐，百事可乐采取了差异化的战略，推出了相同的价格，但容量为 12 盎司的百事可乐。当时正处于经济大恐慌的时期，消费者对于价格非常敏感。百事可乐的这一策略迅速地吸引了一批年轻人市场，大大提高了百事可乐的销量，形成了对可口可乐的重大冲击。1955 年，可口可乐被迫发动反击，也推出 12 盎司、16 盎司包装的产品，但为时已晚。到 20 世纪 60 年代时，百事可乐已将其与可口可乐的销售比从 1：5 缩小为 1：2.5。

　　随着第一弹挑战成功，百事可乐又在世界范围内的市场上向可口可乐发起挑战。在美国可口可乐有着先入为主的优势，因此，百事可乐就选取可口可乐尚未进入或进入失败的市场作为其目标。在苏联、印度、以色列等地区，百事可乐凭借着与政界的良好关系，利用一些特殊的机会和手段，不断地从可口可乐手中夺取市场份额。事实上，在发起挑战后，百事可乐已经成功地与可口可乐形成分庭抗礼之势。

　　资料来源：中华管理学习网. http://www.guanli.100xuexi.com.

（三）市场追随者

　　美国著名管理学家西奥多·莱维特指出，产品模仿有时就如产品创新一样有效。这句话正好表达了市场追随者的状况。市场追随者是指没有能力影响市场发展方向，只能跟随市场领导者和市场挑战者的脚步前进的企业。这类企业没有明显的竞争优势，它们不会主动发起进攻而是跟随在主导者的后面，学习和模仿主导者，进而努力维持现有的地位。市场追随者要想长期维持与主导者共处的局面，就可以采用以下三种方式：

1. 紧密追随

　　市场追随者对主导企业的任何营销行为都加以模仿，以借助主导企业的声誉宣传自己的产品，从而获得一定的市场份额。但是这种紧密的追随战略，有时会被主导企业视为进攻，因此在这样的情况下，市场追随者需要表明自己的立场，不要从根本上侵犯到主导者的地位。

2. 距离追随

市场追随者可以从目标市场、价格水平、分销渠道、产品创新等方面追随领先者，但是又在追随的同时保持差异化。如在选择了相同的目标市场后，可以采用不同的价格、分销等营销策略来保持与领导者的距离。

3. 选择性追随

市场追随者通过分析自己的实际情况，有选择性地对领导者的行为加以模仿，并且保持自己在某些方面的独创性。这类竞争者不是一味地盲目追随，它们会努力创造自己的独特之处，因而很容易发展为市场挑战者。

【案例 4-5】
某女装制造企业的追随战略

某女装制造厂家主要生产的是成人女性服装，作为一个中小企业，其产品并不具有影响力。但作为一个市场追随者，该企业很好地应用了保持距离追随的战略，使企业在激烈的市场竞争中得以保存下来。

首先，该企业的目标市场与女装行业内几家大品牌公司的目标市场相一致，选择的都是 18~28 岁的女性作为细分市场。其次，在产品样式上，该企业也与行业领导者保持相似。行业领导者每一季的新款上市后不久，该企业就对其中几款走势较好的服装进行加工，采用不同的材料加工出与之相似款式的服装。而定价方面就采取中低价位，向三级城市以及各县区销售，或者通过网上销售，来实现企业的盈利。

这种追随式战略满足了一部分追求时尚但并没有很高消费能力的消费者的需求。因为该女装制造厂家的产品在产品样式方面与大品牌公司的产品非常相似，而其较低的价位又使得这一部分消费群体有能力实现，从而使该女装企业在追随的道路上也产生了一定的竞争力。

（四）市场弥缺者

市场弥缺者是指那些专注于被领导者企业忽视的某一细小市场的企业，这类企业不与领导者竞争，而是通过专业化的经营获得某一部分消费者的喜爱。为了能够找准真正有利可图的小部分市场，首先需要做的是了解怎样的细小市场才是可以进入的，即是要找准一个有利的"弥缺基点"。一般而言，一个理想的弥缺基点具备以下特征：对领导者企业没有吸引力，但是有足够赢利点；具备持续增长的获利潜力；有一批具有购买潜力的潜在消费群体；企业拥有弥补这一空白市场的资源和实力；企业相信自己有能力获得这部分消费者的认可。

找准了弥缺基点，企业就能根据自己目前具备的资源和实力采取相应的弥缺战略。专业化市场营销是实现弥缺成功的最有效方式，即实现产品、市场、服务、渠道等方面的专业化。具体而言，市场弥缺者可以通过扮演以下角色实现弥缺的成功：

（1）最终用户专家，专门为某一类型的最终使用顾客服务。如专门服务于一些定制特殊电脑的消费群体，并在服务的过程中实现服务价值的增值。

（2）产品纵向专家，专注于某一垂直水平上产品的生产和分配。如一家铁矿公司可能致力于与铁矿开发、生产、分配全过程。

（3）顾客规模专家，企业专门为一部分有相同消费需求的顾客群体服务。一般而言，市场弥缺者经常会关注一些小的消费群体。如可以专门生产老人适用的家居用品。

（4）特定顾客专家，指那些专门为某一个或少数几个顾客群体提供产品和服务的企业。

（5）地理区域专家，即集中为某一地区服务的企业。

（6）产品或产品线专家，只生产某一种产品，或某一条产品线上的产品。

（7）定制专家，专门服务于那些有定制化需求的消费群体。

（8）质量—价格专家，指提供具有独特质量水平和价格水平的企业。如惠普提供了一种高质量、高价格的袖珍计算器产品。

（9）服务专家，公司专门提供一种或几种独一无二的服务。如某些银行提供的电话贷款和送款上门服务。

（10）渠道专家，公司只通过一种渠道销售产品。如一家饮料企业生产了一种专门在加油站出售的产品。

【拓展阅读】

弥缺观念如何促进企业发展

（1）创造弥缺市场。在弥缺观念的指导下，企业要积极适应特定市场环境的变化，努力研发创新，通过开发更多专业化的产品，创造更多的、可以进入的弥缺市场。

（2）扩大弥缺市场。企业要坚持弥缺观念，利用有限的资源将企业拥有的产品进行组合创新，进而吸引更多市场外的消费者，努力扩大市场占有率。

（3）维护市场地位。只要市场有利可图，其他企业也会希望进来"分一杯羹"，因此，市场弥缺者要对市场变化动向有敏锐的观察力，及时应对竞争，从而始终保持自己的市场地位。

【案例 4-6】

神舟电脑——抓住一次机会，回馈一片精彩

神舟电脑从 2001 年开始进入电脑整机市场，第二年便以 4.4% 的市场占有率跃居中国家用电脑市场第五名。随后神舟电脑的市场占有率不断攀升，到 2005 年时，其在中国零售市场的占有率就已位居第二。在竞争激烈的 PC 市场，神舟电脑就是找准了市场弥缺点，并迅速采取措施占领这一市场。

神舟电脑在进入市场的时候，高端笔记本市场由苹果、惠普、IBM 等公司操纵。而中国电脑市场客观上却已经有了一个巨大的低价电脑的市场需求，有着大量可以创造和挖掘的潜在客户，神舟正是抓住了这一市场弥缺基点，以市场弥缺者的身份比竞争对手更快地进入了这个低端市场。为了更好地服务这部分消费者群体，神舟电脑采用了总成本领先的差异化战略，从而迅速发展起来。

【拓展阅读】

菲利普·科特勒的营销战略新模型

营销战略新模型由三个维度构成：公司战略、公司战术和公司价值。这三个维度又可细分成 9 个基本要素，分别是：市场细分、目标市场、市场定位、差异化、营销组合、销售、品牌、服务、流程。

（1）公司战略旨在赢得"心智份额"，即在顾客的心智中占据一定的位置，基本要素包括市场细分、目标市场和定位，核心要素是定位。

（2）公司战术是为了赢得"市场份额"，即用与众不同的营销策略来吸引顾客，基本要素包括营销组合的确定、差异化方案以及销售，核心要素是差异化。

（3）公司价值则意在"心理份额"，即使顾客内心接受，基本要素是品牌、服务和流程，核心要素是品牌。

资料来源：菲利普·科特勒，赫马万·卡塔加亚.重塑亚洲 [M].上海：上海远东出版社，2001.

本章小结

本章主要介绍了企业的市场竞争的相关内容。行业竞争结构是企业进行市场竞争分析的重要方面，行业的竞争结构由五种竞争力量构成，分别是潜在竞争力量、同行业现有竞争力量、买方竞争力量、供货者竞争力量和替代品竞争力量。在分析了行业竞争力量后，企业就应着手对具体的竞争者进行分析。企业应首先识别竞争者，再从营销战略、营销目标、营销假设、优势和劣势以及反应模式五方面来分析竞争者，进而制定应对策略。

第五章 市场定位分析

星巴克在中国的市场定位

星巴克在 20 世纪 90 年代中后期登陆中国大陆市场后，取得了前所未有的成功。它的成功之处，就在于它是"面对"着消费者，而不是"背对"着消费者。那么，星巴克在中国是怎样进行市场定位的呢？

1. 星巴克征服的不仅仅是消费者的胃

在网络社区、博客或是文学作品的随笔中，我们经常会看到诸如"星巴克的下午"等词，似乎星巴克成了人们获得幸福和惬意的地方。此时的星巴克还是咖啡吗？不！它承载了一个年轻人幸福的梦想。这种细腻的感情、美妙的感觉，不仅仅会吸引消费者，还会在消费者之间产生共鸣。

2. 星巴克的"第三空间"

霍华德·舒尔茨曾这样表达星巴克对应的空间：人们的滞留空间分为家庭、办公室和其他场所。第一空间是家庭，第二空间是办公室。而星巴克就位于这两者之间，是让大家感到惬意、安全的地方，是让你有归属感的地方。其实我们不难看出，星巴克选择了一种"非家、非办公"的中间状态。正是这种状态使星巴克成为每个消费者最留恋的地方。与其说消费者去星巴克是为了喝咖啡，不如说是为了享受暂时抛弃工作、家庭的另一种氛围。

3. 产品中国化

在中国，星巴克也"入乡随俗"。它利用自己独特的消费环境与目标人群，为顾客提供精美的商品和礼品。并且在中国的特色节日，星巴克也推出自己富有中国特色的产品。

我们经常会听到"我不在星巴克，就在去星巴克的路上"。这句话传递的是一种令人羡慕的"小资生活"，而这样的生活也许有人无法天天拥有，但没有人不希望"曾经拥有"。这就是星巴克的市场定位。

资料来源：http://wenku.baidu.com/view/4ce56de819e8b8f67c1cb962.html.

【案例启示】星巴克在中国市场的成功与其独特的市场定位是分不开的。市场定位主要运用的是 STP 策略，即 S——Segmentation 市场细分、T——Targeting 目标市场、P——Positioning 定位。准确的市场定位可以帮助企业在目标市场站稳脚跟，从而促进企业走向成功。

本章您将了解到：

● 市场细分概述

● 目标市场选择的模式

● 市场定位的依据、方法和步骤

第一节　市场细分

营销的目的是比竞争对手更好地满足目标顾客的需求，而营销的制胜点是比竞争对手更清楚自己的顾客是谁。

——佚名

企业营销的关键在于满足消费者的需求，但面对市场上众多的需求和偏好，无论企业实力多么雄厚，也不可能同时满足所有消费者的需求。即使是同一类产品或处于同一个区域，不同消费者的需求也是大相径庭的。在这样的市场环境下，企业可以通过市场细分，选择与企业自身条件及能力相当的细分市场作为目标市场，进而采取适当的策略实现营销目标。

一、市场细分概述

市场细分是企业进行目标市场定位和制定营销策略的第一步。所谓市场细分，就是综合考虑不同消费者在需求特点、购买习惯以及购买行为等方面的差异，然后按照一定的标准（性别、地域等）将企业将要进入的总体市场划分为若干有相似需求的细分市场。由于每个细分市场具有相似的需求，企业就能根据各个细分市场的特点，制定满足各细分市场的独特的营销策略，从而更好地为细分市场的每位消费者提供优质的产品或服务。

（一）市场细分的特点

1. 市场细分的依据是市场中消费者各方面的差异性

这些差异包括社会、地理环境、文化、个人和心理特征等因素，是对市场进行细分的重要依据。

2. 市场细分的本质是细分消费者，而不是细分产品

细分消费者就要对消费者的需求进行分析，然后根据同一细分市场的需求特点，设计适当的营销策略以满足需求。

3. 市场细分有原则

各细分市场之间，需求差异应尽可能大；各细分市场之内，需求差异应尽可能小。

4. 市场细分的最终目的是进行目标市场定位、目标市场选择以及制定营销策略

在市场上有着各种不同需求的消费者，企业进行细分，就是要把不同需求的消费者分成不同的群体，并把那些需求特点相似的顾客聚合在同一个群体中，形

成企业的目标市场。因此，分解是手段，聚合才是目的。

【案例 5-1】

美国米勒啤酒市场细分案例

在 20 世纪 60 年代末，与百威、蓝带等知名啤酒品牌相比，米勒啤酒公司在美国啤酒市场排名第 8，仅有 8%的市场占有率。为了改变这种现状，米勒公司决定采取行动，行动的第一步就是市场细分。他们首先进行了市场调查。通过调查发现，若按啤酒消费量分类，啤酒饮用者可细分为轻度饮用者和重度饮用者，前者消费人数众多，但饮用量却只有后者的 1/8。

因此米勒公司决定着眼于重度饮用者这个细分市场，并迅速对米勒的"海雷夫"牌啤酒进行重新包装和定位。米勒所做的第一步就是广告宣传：他们在电视台特约了"米勒天地"这一新的节目，广告主题就是"你有多少时间，我们就有多少啤酒"，以吸引那些重度饮用者。

结果，"海雷夫"在重度饮用者这个细分市场取得了巨大的成功。到了 1978年，这个牌子的啤酒年销售达 2000 万箱，仅次于百威啤酒。

资料来源：http://wiki.mbalib.com/wiki/%E5%B8%82%E5%9C%BA%E7%BB%86%E5%88%86.

（二）市场细分的作用

作为一项重要的市场营销策略，市场细分的作用主要体现在以下几个方面（见图 5-1）：

1. 确定目标市场

市场细分为目标市场的选择提供依据。通过市场细分，企业可以对市场环境有充分的了解，从而根据自己拥有的资源和能力，选择恰当的细分市场，确定企业将要为哪一部分市场提供产品和服务。

2. 制定营销组合

市场细分首先根据消费者的差异性进行细分，然后把具有相似特点的消费群体整合起来就形成了一个独特的细分市场。通过市场细分，企业能够更深入地了

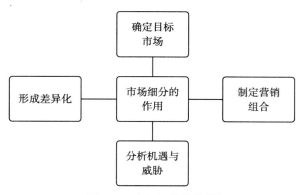

图 5–1　市场细分的作用

解细分市场的需求，进而制订一系列有针对性的营销组合方案，从而最终获得细分市场中消费者的认可。

3. 形成差异化

企业为细分市场提供的产品和服务在一定程度上符合该细分市场的特点，这样就将自己与其他有竞争关系的细分市场区分开来，从而创造自己鲜明的特色，形成差异化优势。

4. 分析机遇和威胁

企业要想准确地进行市场细分，就必须对整个市场有充分的了解。在这种情况下，企业就能对市场有全局性的把握，进而捕捉市场中出现的新机遇；与此同时，忽略市场细分也会给企业带来威胁，因为其他企业可能会进入企业忽视的细分市场，进而积累力量不断蚕食企业现有的市场份额。

（三）市场细分的标准

市场细分的依据是消费者需求的差异性，因而凡是使消费者的需求产生差异的因素都可以作为市场细分的标准。由于不同类型市场的特点不同，因而市场细分的标准也有所不同，这里主要从消费品市场和生产资料市场来讨论。

1. 消费品市场的细分标准

消费品市场的细分标准主要包括地理因素、人口因素、心理因素和行为因素四个方面，每个方面又包括一系列不同的细分变量，如表 5-1 所示。

表 5-1　消费品市场细分标准及变量

细分标准	细分变量
地理因素	地理位置、面积大小、地形、地貌、气候、交通状况等
人口因素	年龄、性别、职业、收入、民族、宗教、教育、家庭人口等
心理因素	生活方式、性格、购买动机、态度等
行为因素	购买时间、数量、频率、习惯、忠诚度，对服务、价格、广告的敏感程度等

（1）地理因素。处于不同地理位置的消费者对于同种产品的需求是存在较大差异的，企业可以将消费者所在的地理位置、气候条件等因素作为市场细分的依据。就服装产品而言，羽绒服、棉衣在东北等地会有较大的需求，而在广东、海南等地的市场需求就较小。

（2）人口因素。企业可以按照人口统计变量来进行市场细分，如年龄、性别、受教育程度、收入等。人口因素与消费者的需求存在较大的联系，而且人口因素相比心理因素、行为因素更容易测量，因此人口因素常被企业用来作为市场细分的依据。如年轻人对服装的需求就与中年人对服装的需求有很大差异。年轻人追求时尚、个性，中年人更看重舒服、大方。

（3）心理因素。如有些人追求高品质的生活，那么他就会重视产品的质量及特色，而较少关注价格；有些人追求物美价廉，那么他就更希望产品具有较高的性价比。企业可以根据消费者在生活方式、性格、态度等方面的特点进行市场细分。企业应当注意到，由于心理因素的复杂性，在测量时会有一定的难度。

（4）行为因素。这是指消费者的购买时间、购买频率及对企业的营销活动的反应等。通过分析消费者的行为因素，企业可以了解消费者的购买偏好，从而将偏好一致的一部分群体细分为一类。如根据品牌忠诚度因素可以将消费者分为坚定忠诚者、中度忠诚者、转移忠诚者以及无品牌忠诚者。

2. 生产资料市场的细分标准

在很多情况下，消费品市场的细分标准也同样可以用来细分生产资料市场，如地理环境、气候等。但是，生产资料是用于再生产的这一特点使生产资料市场有自己独特的细分标准，最常用的细分标准有：最终用户要求、用户规模、用户地理位置等因素。

（1）最终用户要求是生产资料市场细分的标准之一。生产者所购买的产品一般都是作为原材料进行再加工，因而根据最终产品的不同，其需求也有所不同。如同样是服装生产商对布匹的需求，有的需要棉布，有的需要亚麻布，有的需要丝绸等；又或者有些对质量要求较高而对价格关注较少，有些则力求降低制造成本。企业可以根据用户的需求特点，将需求大致相同的用户集合起来，并针对他们的特点设计不同的营销策略。

（2）用户规模的一个重要体现就是购买量。有些企业的规模雄厚，因而在原材料采购方面也有较大的需求量，购买次数少，但每笔交易可能涉及上万吨的购买量。而小企业通常是购买次数多但每次的购买量较少。因此，企业应当根据用户规模的不同对市场进行细分，并对不同的细分市场采取不同的营销方式。如对于大规模购买的客户，一般应由业务负责人直接接洽，并通过一些价格方面的优惠来吸引客户；对于一般的小客户则可以通过分销渠道中的批发商或零售商予以供应。

（3）与消费品市场的分类相似，生产资料市场也可以根据客户所在的地理位置不同进行细分，将处在相同或相近地理位置的客户作为一个细分群体，然后根据每个细分市场的特点对其采取不同的营销组合。

 【拓展阅读】

细分标准选择的注意事项

（1）动态性。强调的是细分标准和细分变量不是一成不变的，如消费者的消费水平会随着经济的发展、收入的变化而变化，因此，企业要密切关注市场变化，对细分标准做出适当的调整。

（2）适用性。细分标准多种多样，企业在选择细分标准时要注意判断细分标准是否与企业的实际情况相适应。不存在完全适合于任何环境的细分标准，究竟要选择哪些细分标准必须根据企业经营目标、能力等各方面的因素加以确定。

（3）组合性。各个细分标准可以通过组合发挥更大的作用，因而企业不能单一地根据某个标准来划分市场，而是要学会将多个细分标准组合起来。如沐浴露市场的细分就可以结合性别、年龄、功效、价格、气味来进行划分。

（四）有效市场细分的特征

1. 可衡量性

可衡量性是指企业可以很好地识别并衡量细分后的市场，这一特点体现为两方面：

（1）细分后的市场与其他市场有明显的边界，并且这一细分市场的需求特点及行为方式可以清晰地被描述。

（2）该细分市场的容量大小是可测量的。这样才有助于企业根据细分市场的特点来设计营销方案，否则，市场细分就没有达到其目的。

2. 可进入性

可进入性是指企业在细分后的市场上开展营销活动的可能性，主要涉及促销与分销两方面：

（1）企业能够将产品的信息通过广告媒介传递给该市场的大部分消费者。

（2）企业的产品能够通过一定的分销渠道到达该市场。只有具备这两个方面的要求，企业的细分市场才具有可进入性，否则，该细分市场的价值就不大。

3. 可营利性

可营利性是指企业选择这个细分市场后能获得一定的利润，值得企业为这个细分市场开展一系列的生产、营销活动。另外，企业选择的细分市场最好具备可拓展的潜力，从而保证企业能够按计划获得理想的经济效益。

二、市场细分的方法和程序

（一）市场细分的方法

1. 单一要素细分法

即根据与消费者需求相关的某一方面的差异来进行市场细分，如按性别细分化妆品市场，按年龄细分服装市场等。这种方法操作简单，但难以反映复杂多变的消费者需求。

2. 综合因素细分法

即以多个细分变量为依据进行市场细分的方法。因为消费者的需求通常是受多方面因素影响的，只有通过综合分析，才能更准确地把握消费群体的特点。如对皮鞋市场细分时，可以从性别、年龄以及收入水平这三个因素来考虑。性别因素中有男、女两个变量；按年龄可以分为儿童、青年、中年、老年；按收入水平则可以分为高、中、低，这样就可以分出 24 个细分市场，每个细分市场有不同的特点。

3. 系列因素法

结合多个细分标准进行市场细分，并且各个细分标准按照由浅入深、由粗到细的规律层层推进的方法就叫系列因素细分法。按照这种方法细分市场可以将市场分得足够细，从而帮助企业选择将要进入的目标市场。如某地的服装市场就可以用系列因素细分法做如下细分（见图 5-2）：

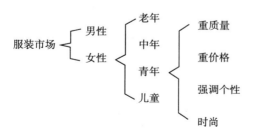

图 5-2　系列因素法示例

（二）市场细分的程序

市场细分作为一个比较、分类、选择的过程，应该按照一定的程序来进行，其一般步骤如下：

1. 选择正确市场范围

企业根据自身的经营条件和经营能力确定进入市场的范围，包括进入什么行业、生产什么产品、提供什么服务等。如某一企业要进军餐饮业，该企业是准备做中餐、西餐还是日韩料理等。如果企业准备经营中式餐馆，那么使用中餐的消费者就是企业将要细分的对象。

2. 列出市场范围内所有潜在顾客的需求情况

企业应根据细分标准，较为全面地列出潜在顾客的基本需求，作为以后深入研究的基本资料和依据。如消费者对中餐的各种需求，包括价格、口味、环境、位置、服务等。

3. 选取细分标准，进行初步市场细分

企业应选取适当的细分标准，并通过市场调研搜集相关的信息和资料，对市场进行初步划分，进而对不同消费群体的需求进行分析。

4. 进一步分析各消费群体的特征

在这一步骤，企业应重点观察各细分市场的独有特性。如消费者都要求中餐馆的口味要好、服务优质，但追求不同生活方式的人对于餐馆的环境、位置的要求有所差异，收入水平不同的人对于价格方面的要求也有所差异。因此，共同的部分可以不作为细分时的考虑因素，而有差异的部分则应进行特别分析。

5. 根据需求的差异性为细分市场定名

为了更加清晰地认识细分市场，企业可以根据细分市场内顾客的不同特点，为细分市场命名。如某旅游市场分为商务型、经济型、冒险型、度假享受型等。

6. 复核

再一次对企业所选的细分市场进行研究，进而充分了解该市场的特点，包括市场规模大小、潜在客户群体、目前的竞争状况、盈利能力、是否存在进入壁垒以及发展潜力等方面。

7. 最终选定目标市场

企业在经过上述六个步骤后，结合自己的优势和特点选择一个细分市场作为企业将要进入的目标市场。完成这一步，市场细分的目的就达成了。

上述七个步骤是市场细分的大致过程，在具体操作过程中，企业应该根据实际情况设计合理的细分步骤，从而最终选择恰当的目标市场。

【案例 5-2】
巴黎欧莱雅市场细分策略

巴黎欧莱雅进入中国市场以来，通过在全国近百个大中城市的百货商店及超市设立了近 400 个形象专柜，并配有专业美容顾问为广大中国女性提供全面的护肤、彩妆、染发定型等相关服务，向公众充分展示了"巴黎欧莱雅，你值得拥有"的理念。

巴黎欧莱雅的市场细分策略如下：

（1）巴黎欧莱雅产品按使用对象的不同，主要分为专业使用的化妆品和普通消费者使用的化妆品。

（2）按产品种类进行分类，如彩妆、护肤、染发护发等，同时，对每一品种按照化妆部位、颜色等再进一步细分，如按化妆部位的不同将彩妆分为口红、睫毛膏、眼膏等。再就口红而言，进一步按照颜色细分为粉红、大红、无色等，此外，还按照口红作用的不同将其分为保湿型、明亮型、滋润型等。如此步步细分，光美宝莲口红就达到 150 多种，而且基本保持每 1~2 个月就向市场推出新的款式。

（3）按照中国地域广阔的特征，鉴于南北、东西地区气候、习俗、文化等的不同，消费者对化妆品的喜好也各不相同。欧莱雅集团按照地区推出不同的主打产品。此外，又采用了其他相关细分方法，如按照原材料的不同有专门的纯自然产品等。

总之，通过对中国化妆品市场的环境分析，欧莱雅公司采取多种细分战略对所有细分市场进行全面覆盖，保证了欧莱雅产品能覆盖到中国整个化妆品市场。

资料来源：http://wenku.baidu.com/view/1978d82a915f804d2b16c1b8.html.

第二节 目标市场选择

如果你在错误的路上，奔跑也没有用。

——沃伦·巴菲特

所谓目标市场，是指经过细分后的市场中，企业决定要进入的、与企业资源条件及发展状况最适合的细分市场。正确地选择目标市场是企业制定营销策略的基础和前提。这是因为，只有选定了目标市场，企业才能明确其产品或劳务所要服务的特定消费群体，从而有针对性地制订营销计划以吸引这一部分消费群体。另外，并非所有的细分市场都能为企业带来利益，只有那些与企业的资源水平最匹配的细分市场才是企业的目标所在。

一、目标市场应具备的条件

企业的目标市场必须具备以下条件，如图 5-3 所示。

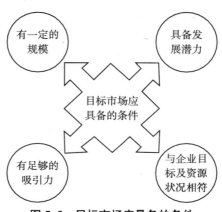

图 5-3 目标市场应具备的条件

（一）有一定的规模

企业选择的细分市场必须有一定的规模，一定的市场规模是企业实现盈利的前提条件。但是，如果市场规模大过企业的经营能力，企业也可能力不从心，并最终忽视一部分市场，进而引起部分市场的消费者产生不满。总的来说，大企业一般选择较宽泛的市场，而小企业则大多集中于部分小市场。

（二）具备发展潜力

除了要求有一定规模外，企业选择的目标市场还需要有充足的发展潜力。发展潜力是保证企业得以持续发展的关键。企业在选择目标市场时要关注目标市场的长期发展，有时企业选择的目标市场可能现在的利益不是很大，但是有长期发展的潜力，这时企业就要理智地分析是否具备打"持久战"的能力。

（三）有足够的吸收力

一个有吸引力的细分市场才是企业将其定位为目标市场的关键。对于企业而言，吸引力就是市场长期盈利能力的大小。只有有吸引力的目标市场，才能维持企业的长久发展。

（四）与企业目标和资源状况相符

只有与企业的目标和资源状况相符，企业才能充分发挥自身的优势，为目标市场的消费者提供优质的产品或服务，从而实现企业的目标。有时企业经常会面临这样的情况：细分市场有较大的规模和吸引力，但是却和企业的长期发展目标不一致，面对这种情况，企业也会选择放弃这一细分市场。

二、目标市场的选择模式

企业在对不同的细分市场进行评估后，就必须考虑企业究竟进入哪一个细分市场或多个细分市场。企业选择目标市场的模式主要有五种，如图 5-4 所示。图中 P1、P2、P3 代表不同档次、规格的产品，M1、M2、M3 代表不同的细分市场。

a.单一细分市场集中化

	M1	M2	M3
P1			
P2	■		
P3			

b.产品专业化

	M1	M2	M3
P1	■	■	■
P2			
P3			

c.市场专业化

	M1	M2	M3
P1	■		
P2	■		
P3	■		

d.选择性集中化

	M1	M2	M3
P1	■		
P2		■	
P3			■

e.完全覆盖市场

	M1	M2	M3
P1	■	■	■
P2	■	■	■
P3	■	■	■

图 5-4　目标市场选择的五种模式

（一）单一细分市场集中化

企业选择目标市场最简单的方法就是选择一个细分市场集中营销，如图 5-4a 所示，这种选择模式就叫单一细分市场集中化。这种选择模式可以帮助企业集中资源服务于单一市场，通过密集的营销手段，充分了解细分市场消费者的需求，巩固在该细分市场的地位。但是，由于单一细分市场的营销模式存在一定的风险，企业可能会因为这一市场的失败而面临危机。这种模式一般适用于那些规模有限、资金少的小企业或是初次进入这类市场的企业。

（二）产品专业化

企业集中生产向不同细分市场销售同一种产品，如图 5-4b 所示。产品专业化模式可以使企业专注于某一类产品，不断进行研发，提高产品的质量，从而在该类产品上树立起良好的信誉；但是由于企业只专注于一种产品，一旦这种产品在任何细分市场出现缺陷，就可能导致产品在其他细分市场面临危机。同时，如果出现一种全新的、更优质的替代产品，企业就可能面临倒闭的危险。

（三）市场专业化

为充分满足某个顾客群体的需要，企业为其提供各种不同种类的产品和服务，如图 5-4c 所示。举个例子，某制鞋企业为 18~35 岁的女性消费者提供皮鞋、运动鞋、靴子等系列产品。这种模式的风险在于，一旦这一消费群体的购买力下降时，企业的销售量及利润都会受到影响。

（四）选择性集中化

企业有选择性地进入不同的细分市场，为市场内的不同消费群体提供符合其需要的产品，如图 5-4d 所示。这几个细分市场之间可能没有大的关联性，但是却都有较强的盈利能力，因而就可以帮助企业分散经营风险，即使某个细分市场失去吸引力，企业依然可以从其他细分市场获取利润。值得注意的是，选择这种模式的企业必须具备一定的实力，才有精力为每个细分市场提供优质的产品和服务。

（五）完全覆盖市场

企业通过提供各类产品以满足所有消费群体的需要，如图 5-4e 所示。一般只有实力雄厚的大公司才采取这种模式。如微软公司、宝洁公司等实力雄厚的大企业在全球市场上都采取了全面进入的策略。

三、目标市场营销战略

企业在选定目标市场后，就需要制定相应的营销战略。具体来说，企业可以采用的战略有三种：无差异性营销战略、差异性营销战略和集中性营销战略。

（一）无差异性营销战略

无差异性营销战略是指企业不考虑各细分市场的区别，把所有细分市场看作一个整体，关注各细分市场的相同点，在所有市场上使用相同的营销策略。例如，可口可乐无论在任何市场都采用的是无差异化营销战略。

这种营销战略可以在很大程度上降低营销成本，从而保证产品更有竞争力；但是，随着市场需求多样性的增加，企业也需要及时做出调整。

（二）差异性营销战略

差异性营销战略是指企业在选定目标市场后，针对各个目标市场的特点设计不同的营销方案，以满足不同顾客群体的需求。如康师傅为满足不同消费者的不同口味，推出的方便面口味超过 80 种。

采用这种营销战略，企业能够准确地满足不同目标市场上消费者的需求，从而吸引更多潜在消费者；但是，这种战略会给企业带来巨大的成本，如产品维修成本、管理成本、生产成本、促销成本等。

（三）集中性营销战略

集中性营销战略是指企业把所有力量集中于选定的某一个细分市场，为该市场提供专门的营销方案。如某些食品店专门销售糖尿病病人所需的食品。

这种战略有利于企业集中优势力量服务于单一市场，帮助企业实现专业化经营。但是，集中性营销策略的风险是很大的，一旦目标市场内的需求出现减少的现象，企业就很容易陷入困境。

上述营销战略都有各自的优缺点，企业在选择目标市场的营销战略时要结合企业的资源能力、产品的特点、目标市场的特点以及市场竞争者的营销特点，进行综合考虑，真正制定出适应目标市场的营销战略。

【案例5-3】

新华书店目标市场的选择

1. 图书发行企业的目标市场选择分析

（1）市场集中化：只发行或出售某一特定类型的图书给某一特定的细分市场。例如，企业只销售针对初中生的辅导书。

（2）产品专业化：用某一类图书来满足不同细分市场的需求。例如，企业出售初中生、高中生、大学生都可以阅读的科普读物。

（3）市场专门化：为某一特定的细分市场提供不同的图书。例如，为初中生提供课本、与课本配套的参考资料、练习册、习题答案及解析等。

（4）选择性集中化：有选择地进入几个细分市场，并为每个不同的细分市场提供适应其需求的图书。例如，为初中生提供辅导书，为高中生提供课外拓展资料，为大学生提供专业书籍。

（5）全面进入：企业提供能满足全部市场需求的各种图书产品。

2. 新华书店图书目标市场的选择

新华书店在目标市场的决策方面选择全面进入的策略。从新华书店的自身定位来看，涵盖的图书品种全面是新华书店的重要特点，而且这一特点已深入人心，为新华书店塑造了独有的品牌形象。从新华书店的实力来看，新华书店在其品牌形象的支撑下，与许多出版社形成了长期合作的关系，为其全面采购图书奠定了坚实的基础。另外，新华书店在全国范围内遍布的销售网点，也使其有能力实施这种全面覆盖的策略。

资料来源：新华书店图书目标市场选择策略分析 [J]. 新闻出版导刊，2003(9).

第三节　市场定位

开创未来所面临的最大挑战不是预测未来。真正的挑战在于找出最有可能发生的那一种情况。

——盖瑞·海默尔

企业通过市场细分确定目标市场后，就要考虑对产品或服务进行有效的市场定位。所谓市场定位，就是根据市场的竞争情况和企业自身的条件，针对目标市场的需求特点，确定本企业产品在目标市场上的个性及特色，并将其传递给消费者，从而使目标市场的消费者感受到本企业产品的差异化并认同这种差异。市场定位的目的在于塑造鲜明的特色，在消费者的心目中为本企业的产品树立一个鲜明、独特的形象，以吸引目标市场的消费者。

一、市场定位的依据

市场定位的方法有很多，但其最终目的都是要通过差异化来突出企业与竞争者的不同之处。要想实现差异化，企业可以从产品、服务、人员渠道和形象这几方面入手。①

（一）产品差异化

产品差异化是指从产品本身的质量、特性、风格、款式等方面设计一系列有意义的差异，从而使本企业的产品与竞争者的产品有显著的区别，达到市场定位的目的。产品的差异化也是市场定位的主要依据，其差异主要可以从以下几个方面来体现：

1. 特色

特色即给产品增加有特色的功能。例如，宝洁公司推出的三种洗发液各具特色："海飞丝——头屑去无踪，秀发更出众"；"飘柔——洗发、护发二合一，令头发飘逸柔顺"；"潘婷——含有维他命原 B_5，兼含护发素，令头发健康，加倍润泽"。

2. 性能

按要求产品在使用过程中所发挥的作用水平的高低，一般可分为高性能及低性能。有些产品以高性能为卖点，那么其针对的就是对性能要求高而对价格不太敏感的消费群；也有产品以高性价比为卖点，强调部分性能及较低的价格，从而吸引一部分对价格敏感的消费者。

3. 一致性

产品的使用与其预先设定标准的一致性程度，如某种产品在使用过程中能够充分发挥各项设计指标，则认为这种产品有较高的一致性。高的一致性会给顾客留下完美的印象，从而赢得顾客的喜爱。

4. 可靠性

可靠性指产品在一定使用期限内可正常使用。

5. 耐用性

耐用性指产品的预期使用寿命。如某节能灯管在宣传时，着重强调其灯管的使用寿命能高达 25000 小时，就是从产品的耐用性角度出发突出与其他产品的差异。

---

① 梁修庆. 市场营销管理 ［M］. 北京：科学出版社，2002.

6. 风格

产品带给顾客视觉和感觉上与众不同的效果即风格。在风格差异化中，必须注意包装的运用。

（二）服务差异化

服务差异化是指通过在便利性、客户咨询、售后等方面提供比竞争者更优质的服务，从而实现差异化。服务差异化的本质在于它能增加顾客总价值，提高客户的满意度，从而维系企业与顾客之间的关系。

1. 便利性

主要指企业为消费者所提供的在订货、送货、购买等方面的便利性。如日本的 7-11 便利店在这方面就非常突出，生活区、商业区、休闲区几乎随处可见 7-11 的身影，大大增加了消费者购买的便利性。正因如此，7-11 就与其他同类商店实现了差异化。

2. 客户咨询

企业通过向用户提供培训、咨询等服务来增加顾客总价值，在同等的产品及价格水平下，使消费者更倾向于选择本企业的产品。

3. 售后

主要指企业在产品安装、保养、维修等方面所提供的服务。好的售后服务能够有效地促进二次购买。如在家电、计算机、汽车等行业，售后服务的水平是消费者购买的重要考量因素。

（三）人员差异化

人员差异化主要是指企业通过招聘和培养比竞争者更好的员工来获得竞争优势。人员素质可以体现为员工的服务态度、技能水平等。人员差异化不仅可以提高企业的服务质量，还能够提高企业的形象，从而与其他企业形成差异。实现人员的差异化需要企业培训、激励等方面提供支持。通过系统的培训和激励，整体提高企业的人员素质和业务品质，形成真正的区别于其他企业的形象与特色。如新加坡航空一直备受全球旅客的喜爱，主要因为公司拥有一群高素质的空乘人员，让旅客享受到贴心的服务。

（四）渠道差异化

渠道差异化是指企业通过设计区别于其他竞争者的独特的渠道策略来形成差异化，这方面的差异化可以从渠道覆盖面、专业化和绩效上出发。如法国欧莱雅旗下的化妆品——薇姿，就是一直通过药店这一独特的渠道销售自己的产品，从而将自己与其他化妆品区分开来。

（五）形象差异化

形象差异化是指在产品形象、企业形象、品牌形象等方面塑造出与竞争对手有差异的特点，从而突出自身的特色。形象一般是指公众对企业的感觉和看法，主要可以从以下几个方面体现：企业的名称、商标、标语、营业场所等。如麦当劳就以其鲜明的颜色和标志性的"M"字样与其他的餐饮业形成显著的差异。

【案例 5-4】

海底捞的服务差异化定位

不少去过海底捞就餐的消费者肯定都有这样的经历：即使"人满为患"，需要等坐，他们依然愿意耐心等候，这就是海底捞的魅力所在。究竟海底捞是如何显著区别于其他火锅店的呢？其秘密就在于它的服务差异化定位。海底捞始终秉承"服务至上、顾客至上"的理念，以创新为核心改变传统的标准化、单一化的服务，提倡个性化的特色服务，将用心服务作为基本经营理念，致力于为顾客提供"贴心、温心、舒心"的服务。海底捞的服务差异化不仅体现在细节方面，而是在顾客从进门到就餐结束后的任何时刻都贯彻服务差异化定位。

餐饮业的排队等位现象是很普遍的，但是海底捞却将枯燥、无聊的时间合理利用起来，如为排队的顾客提供免费的水果、瓜子等小吃，女士顾客还能收到免费的美甲服务等，这些细小的环节让等位也变得不再那么难熬。当消费者在就餐时，海底捞会从一点细小的动作发现消费者的需要，并且及时提供所需的服务。在就餐结束后，海底捞还会提供免费的果盘，如果顾客还需要，服务人员也会热情地奉上。另外，海底捞还设置了儿童乐园、母婴室等，让顾客能够在一个舒心、放心的环境里就餐。

正是这一系列的服务差异化定位才使海底捞成为人人都乐于光顾的火锅店，可以说，与其说海底捞卖的是火锅，不如说它卖的是服务。

二、市场定位的方法

（一）属性定位

属性定位是指根据与产品相关的属性（原料、产地、功能等）来进行定位。属性定位能够充分展示产品的特质，如一提到瑞士手表，就能想到精致、高端、有品位这些词汇。这就是通过产地来对手表进行定位，从而展现产品的独特性。属性定位需要注意的是，产品属性有很多种，企业要选择一种或几种与竞争对手不一样的属性进行宣传，从而获得定位的成功。

（二）利益定位

利益定位是指根据消费者购买产品后能获得的利益来进行定位。这种定位方式直接从消费者的利益出发，能够更好地俘获消费者的内心，从而吸引大批顾客。如劳斯莱斯一直将自己定位为贵族的专属汽车，这就让消费者觉得拥有劳斯莱斯就是身份地位的象征。

（三）性价比定位

性价比定位是指通过比较产品质量及价格对产品进行定位，通常有两种方式：

1. 强调质价相符

当企业产品价格高于其他竞争者时，企业就要强调产品的高质量。要想获得持续的竞争优势，企业就必须保证在产品的整个生命周期上都要保持这样的质量水平。

2. 强调物美价廉

企业通过提供价格适中、质量又有保障的产品，来吸引消费者，提高市场占有率。要注意的是，采用这种方式除了要宣传低价外，还要注意对产品优异质量的宣传，以避免让消费者认为产品是低档产品。具体而言，性价比定位有许多方式，如图5-5所示。

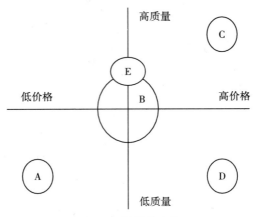

图 5-5　性价比定位

如图5-5所示，A代表低质、低价的定位策略，B代表中等质量、中等价位的定位策略，C代表高品质、高价位的定位策略，D代表低质、高价的定位策略。企业在定位时可以将现有竞争者的定位方式一一标明，再根据市场的空缺和企业的实力做出定位。如E企业的定位就是与B企业有着相同的价格，但是却有更高的质量，从而吸引消费者。

（四）使用者定位

使用者定位是指根据某一特定消费群体进行定位。这种定位方式，可以将这类消费群体的需求和看法作为塑造产品形象的依据，从他们的独特性出发，进行形成产品差异化。如奔驰与宝马公司联手打造的"Smart"车型，就是专为有品位、高消费的时尚年轻女性而设计的，这款车型时尚小巧，对于停车技术不好的年轻女性来说尤为合适。而车型的设计及宣传也与年轻女性的小巧、灵活极为相称，从而令这一类消费者印象深刻。

（五）竞争定位

竞争定位是指以竞争对手的定位为参照，强调企业与竞争对手的差别所在，力求让消费者能够对企业的产品有深刻的印象。例如，七喜在定位时就采用了竞争定位的方法。七喜在面临两大可乐巨头垄断的市场下，毅然打出了"非可乐"的广告词，将产品定位于可以清凉解渴的非可乐饮料。这种方式成功地吸引了部分消费者，使七喜在饮料市场获得了巨大的成功。

（六）比附定位

比附定位是指依附于知名品牌来进行定位。企业采用比附定位可以借助知名品牌的品牌效应提升自己的形象和名气。比附定位的使用主要有三种方式：

1. 甘居"老二"

企业大方承认自己不如行业老大，避免了行业领导者的"狙击"，又让消费者感觉到企业谦虚的态度，从而提升了企业在消费者心中的形象。

2. 乘风借势

通过类比知名企业的产品来提升企业的知名度。如内蒙古的宁城老窖，就打出了"宁城老窖，塞外茅台"的广告语。

3. 通过宣称在同类产品或同行业中的地位来定位

如以"十大驰名品牌"、"全国 50 强企业"等称号，提升企业地位和形象。

无论采用何种定位策略，企业都要充分分析市场的状况和产品的特点，选择最合适的定位方式。企业在市场定位过程中，还应避免四种主要的定位失误：第一种是定位过高，即有些产品过分夸大其功能及特性，给消费者一种"言过其实"的感觉，令人难以相信；第二种是定位混乱，即突出了产品的许多特点，与其他产品的差异过多或定位的变化较为频繁，使消费者对产品的印象较为混乱；第三种是定位过于宽泛，不能突出产品的特性以及与其他产品的差异，因而难以在消费者心中树立鲜明、独特的形象；第四种是定位过窄，只针对某一部分消费者的需要进行宣传，忽视了产品可能覆盖的其他消费者的需求，而导致丢失大部分的消费市场。

【案例 5-5】

朵唯手机：定位女性

2009 年，在手机品牌林立的时代，全球唯一一个定位女性的手机品牌——

朵唯诞生，并在短短的三年内成为国内最具影响力的女性手机品牌。朵唯是第一个做女性手机的吗？答案是否定的。在朵唯出现之前，就有 TCL、波导、三星、LG 等品牌推出过女性手机，但是都没有获得成功。关键在于大多数手机生产商都只是把定位女性作为一种短期的战术性策略，没有专注于这部分市场，而朵唯品牌则是以专业女性手机为定位，并且紧密围绕这一定位开展其他营销活动。朵唯所做的一切都只有一个目的，就是希望在消费者心中树立一个专业女性手机的认知。

在朵唯的发展历程中，根据对女性消费者需求的进一步调查与研究，朵唯在产品设计方面极力贴近女性手感、心理需求，同时，产品在功能上提出一键求救、自动定位，迎合了女性消费者对安全感的需要；在外观上致力于打造一个丰富的形象，力求满足女性消费者对外观的要求。朵唯就是定位于女性，并切实从女性的角度整合所有资源，从而在狭窄的细分市场上获得一席之地。

一项调查显示，只要提及女性手机，近八成消费者的第一反应就是朵唯手机。正如朵唯手机董事长何明寿表示的，"占据了消费者的心智资源，我认为这是朵唯这几年来最大的一笔财富"。在同质化定位日益严重的今天，朵唯着眼女性群体，并在此基础上实现精细化营销，使朵唯在女性消费者心中树立起独一无二的形象，最终实现企业的快速稳健发展。

资料来源：http://shang.chinabyte.com/mobile/167/12418667.shtml.

三、市场定位的步骤

企业的市场定位一般包括三个步骤：识别自身的潜在竞争优势、准确地选择竞争优势、传递市场定位，如图 5-6 所示。

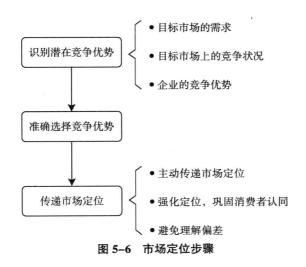

图5-6　市场定位步骤

（一）识别潜在的竞争优势

进行市场定位的基础工作就是要明确企业有哪些方面的优势可以用于吸引消费者以及与竞争者展开竞争，这就是要识别企业潜在的竞争优势。企业可以从三个方面出发来了解企业的潜在竞争优势。

1.目标市场的需求

企业首先要了解目标市场的消费需求，即消费者对产品的各方面属性的关注程度，如质量、价格、功能、特色等。其次还应调查目标市场的需求满足程度，从而明确企业可以从哪一方面突破，或在哪一领域仍有发展前景。

2.目标市场上竞争者的情况

竞争者是影响企业定位的重要因素。企业应了解在目标市场上的竞争对手主要有几家、其市场定位分别是什么、分别有什么优势及劣势等。

3.自身的竞争优势

企业应对自身的优势和劣势进行分析，并与目标市场上的竞争对手相比较，主要从技术水平、管理水平、产品特色、总体资源等方面来对比，从而识别自身的潜在竞争优势。

（二）准确选择竞争优势

通过调研和分析确认企业具备的竞争优势后，企业就面临一个取舍的问题，即根据目标市场的需求、竞争对手状况来对企业做出定位判断，确定企业从哪一角度吸引消费者以及参与竞争。

（三）传递市场定位

选择了企业的竞争优势后，企业就应通过一系列的营销策略来向其潜在消费者传递定位信息，让消费者从知道、了解企业的市场定位慢慢发展为熟悉、认可，从而给消费者留下深刻的印象。

传递市场定位时，企业应注意以下内容：首先，企业应积极主动传递信息，并在传递信息的过程中建立与市场定位相一致的形象；其次，企业应重视对市场定位的强化，以巩固消费者的认同；最后，企业还应关注由于宣传上的失误或消费者理解的偏差所造成的对市场定位的错误理解，尽量消除不良影响。

 【拓展阅读】

市场细分的新概念

（1）补缺营销。补缺是更窄地确定某些群体，实现在某一更窄的群体内进行营销。选择补缺营销必须注意到目标客户有这种需求，同时愿意为此付出。

（2）本地营销。本地营销反映一种新的营销趋势——草根营销。即采用地区和本地化的营销方法，把营销方案制订得更加符合本地顾客的需求和欲望。

（3）顾客定制。市场细分的最终层次是"细分到个人"、"定制营销"或"一对一营销"。定制化的成本和复杂性都很高，因而并不一定适合所有的企业。

资料来源：菲利普·科特勒，凯文·莱恩·凯勒.营销管理 [M].上海：上海人民出版社，2006.

本章小结

　　本章主要介绍了市场定位的相关内容。市场是一个多元化的消费需求集合体，任何企业都不可能满足所有的需求。企业应根据需求状况、购买力等因素将市场细分为需求相似的子市场；再结合企业的战略规划和产品情况选择符合企业目标和能力的一个或多个子市场作为企业的目标市场。企业需要将产品及目标市场的偏好结合在一起进行定位，以确定企业的产品在目标市场上的竞争地位，帮助企业获得竞争优势。

第六章　产品策略

宝洁究竟有多少产品?

作为世界上最大的日用品生产商之一，宝洁公司（P&G）在全球的品牌数已超过300个。宝洁公司进入中国市场后就对中国的日用品行业进行了大洗牌，在十几年的发展过程中，宝洁推出了从洗发水、沐浴露、香皂、洗衣粉到牙膏、纸巾等各种产品，占据了中国日化市场的半壁江山。宝洁在中国的成功主要取决于两方面的因素：多品牌策略和新产品开发。

1. 多品牌策略

宝洁并没有将P&G作为其产品的统一品牌，而是针对不同的产品类别创造新的品牌。例如，在洗发水产品中，宝洁推出了飘柔、潘婷、沙宣、海飞丝、伊卡璐等品牌；在洗涤剂产品中，宝洁有汰渍、碧浪、兰诺等品牌；此外，宝洁还有舒肤佳、玉兰油、吉列、SK-Ⅱ等品牌，几乎每个品牌在中国市场上都享有盛誉，如图6-1所示。

每个子品牌针对的目标人群都有所差异，而且在包装、宣传等方面都各不相同，从而使每个品牌都具备各自鲜明的个性。而不同品牌对市场的覆盖又使得宝洁公司的市场占有率居高不下。

2. 新产品开发

宝洁公司在产品方面非常注重质量以及与当地的适应，因此，宝洁公司在中

图 6-1　宝洁的子品牌

资料来源：http：//corp.17ok.com/news/951/2010/0819/1782782_1.html.

国发展的十几年一直致力于开发适合中国市场特点的新产品。同时，由于宝洁本身的技术优势和资源优势，使它在中国市场的研发速度非常快，平均每半年就推出一种新产品。产品更新换代的速度已成为宝洁公司的一个重要的竞争优势。

资料来源：http：//www.cqgs12315.cn/Mag/ShowMagz.asp.

　　【案例启示】宝洁公司的多品牌和新产品策略收获了巨大的市场，当然与其相匹配的定价策略、促销策略、分销策略也有很大关系。然而，不可否认的是，产品是整个市场营销活动中最基本也是最重要的因素。产品策略是市场营销 4P组合的核心，是制定价格策略、分销策略和促销策略的基础。产品是企业生产活动的中心，正是借由产品，企业与市场之间才产生了联系。因此了解产品策略对于企业的营销管理有着重要的意义。

本章您将了解到：

● 产品的概念及分类

● 产品生命周期各阶段的特征及营销策略

● 产品组合相关概念及策略

● 产品品牌内涵及策略

第一节　产品概述

企业的出路在于产品更新换代。

——土光敏夫

一、产品的整体概念

产品是企业开展市场营销活动的物质基础和对象，是市场营销组合中的首要因素，整个市场营销活动过程中都离不开产品。现代市场营销学所说的产品是广义的，它是指企业向市场提供的用以满足消费者需要的一切物品，包括有形物品、无形服务或人员、地点、观念以及它们的组合，亦称作产品的整体概念。产品的整体概念包含 5 个层次——核心产品、形式产品、期望产品、延伸产品以及潜在产品，意在为消费者提供整体效用，满足消费者的整体需求，如图 6-2 所示。

（一）核心产品

核心产品是指产品所具备消费者购买时最为关注的实际效用和能获得的利益，即产品的使用价值，如产品的功能、用途等。这是一个产品的核心，也是产品整体概念中最基本、最重要的部分。

（二）形式产品

形式产品是指核心产品借以实现的形式，也是产品在市场上出售时所体现的物质形态。核心产品所呈现的只是一种抽象的概念，它必须通过一定的形式来体现。形式产品所展示的是核心产品的外部特征，以满足不同消费者的需求。形式产品主要通过五个方面来表现，分别是品质、特性、款式、品牌和包装。

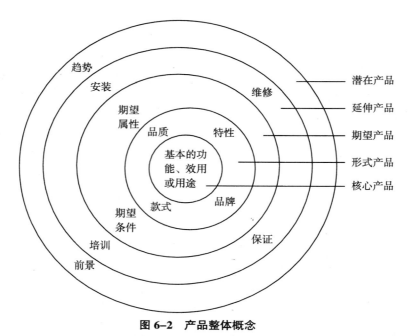

图6-2 产品整体概念

资料来源：郑玉香，刘泽东等.市场营销学新论 ［M］.北京：中国林业出版社，北京出版社，2007.

（三）期望产品

期望产品是指消费者在购买产品时对产品的一系列属性及条件的期望。例如对于洗衣粉来说，有些消费者希望它是去污力强的，有些希望是不伤手的，有些则希望它是清香怡人的。因此，企业对于消费者期望产品的了解会对消费者的满意度、评价以及重复购买率等产生一定的影响。

（四）延伸产品

延伸产品是指当消费者购买该产品后，所获得的除基本效用和利益之外的全部附加利益，如信贷服务、质量保证、使用培训以及售后维修等。延伸产品会影响顾客总价值以及顾客满意度，因而也须对其加以重视。

（五）潜在产品

潜在产品是指产品的演进趋势和发展前景。如手机从最初仅仅具备通讯功能发展为掌上电脑，计算机从简单的计算功能发展为满足娱乐、购物等多种需要的产品。

产品的整体概念体现了以消费者需求为中心的现代营销观念，它将消费者的需求看作一个具有层次性的系统，从而为企业的产品开发、设计、差异化提供新的方向。在营销的过程中，企业不仅仅是销售产品的使用价值，还要在营销过程中展现出产品整体概念中所反映的全部内涵。因为顾客已不再是单纯地渴望使用产品，他们开始更加关注与产品相关的所有过程，包括产品设计、生产、流通、消费、报废的全过程。因而，企业要树立产品的整体概念，向市场提供整体产品。

二、产品分类

产品分类的目的是将产品按照不同的特征区分开来，为每一类产品制定合适的营销策略（见图 6-3）。

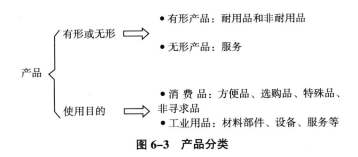

图 6-3　产品分类

（一）根据产品的有形性分类

1. 有形产品

有形产品是指看得见、摸得着的实实在在的商品。有形产品又可以分为耐用品和非耐用品。耐用品是指寿命较长且价值较高、可以多次使用的产品，如电脑、汽车、生产设备等；非耐用品是指寿命较短、价值较低的易耗品，如文具、食物、香水等。

2. 无形产品

无形产品主要是指服务，包括各种服务形式和服务措施，如娱乐休闲活动、运输服务、咨询等。

（二）根据产品的使用目的分类

1. 消费品

消费品是指用于满足个人及家庭生活所需的产品。根据购买习惯，可将消费品分为方便品、选购品、特殊品和非寻求品。

（1）方便品是指顾客经常要购买的，并且随时可能购买的产品。在购买时，消费者通常也不会花很长的时间进行购买比较。

【拓展阅读】

方便品的分类

（1）日用品。与日常生活相关的、经常要购买的产品，如肥皂，牙膏等生活必需品。这类产品主要依靠广泛开辟销售渠道来扩大销量。

（2）冲动品。指消费者计划之外或没有经过寻找而购买的产品。由于这些产品随处可见，消费者不用花时间寻找就能获得，因而就容易使消费者冲动购买。如我们经常在等待付款时，会额外买几个口香糖。

（3）应急品。消费者在有紧急需要时才会购买的产品，如应急药品等。

（2）选购品是指顾客在购买时，要对产品的适用性、特色、质量、样式、款式和价格有针对性地进行比较后才有可能购买的产品。耐用品一般属于此类商品。

【拓展阅读】

选购品的种类

同质品即消费者认为在有关的产品属性上，如冰箱、电视、洗衣机等质量、外观等方面没有差别的产品。消费者在选购时主要比较价格、服务等方面的差异。

异质品则是消费者认为在质量、外观等方面有差异的产品，如服装、鞋帽、家具等。相对于价格来说，消费者对产品的质量、样式、特色等方面更为重视。

（3）特殊品是指拥有独特的特征或拥有知名品牌标志的产品，消费者通常愿意为之做出较多的购买努力，如古董、纪念邮票、特色手工艺品等。

（4）非寻求品是指消费者平时不了解或者有所了解但不想购买的产品，最典型的如殡葬用品、墓地等。对于非寻求品，企业应加强广告宣传和推销，以增进消费者对此类产品的了解，从而促进销售。

2. 工业用品

工业用品是指作为生产资料参与到产品制造或其他业务活动中的产品或服务。工业用品可以分为材料和部件、设施设备、供应品及服务。材料和部件是指全部参与加工制造并实现全部价值转移的产品，如原油、小麦、汽车零件等。设施设备是指部分参与生产过程、价值分批转移的一类产品，如厂房、机器设备、各种电器等。供应品和服务是指不直接参与制造过程，但对企业的生产经营起到支持作用的有形产品和无形服务，如润滑油、油漆、办公文具以及维修、咨询服务等。

第二节　产品生命周期

伟大的设计在实验室产生，而伟大的产品在营销部门产生。

——威廉·达维多

产品生命周期是指产品从投放市场到被市场淘汰而退出市场的全部持续时

间。在不同的阶段，产品的销售情况和利润情况都是不同的。这种变化规律就如同自然界中生物的生命周期一样，经历出生、成长阶段，逐渐成熟，接着慢慢地走向衰亡。对于一种产品来说，其生命周期的长短主要受消费者需求、产品更新换代、技术发展以及市场竞争等方面的影响。因此，了解产品生命周期的理论能够有助于企业认清现状，并根据产品所处的不同阶段制定相应的营销策略。

一、产品生命周期的阶段特征

根据产品的销售量和利润这两个维度的变化，产品生命周期可以分为四个阶段，即导入期、成长期、成熟期和衰退期，如图 6-4 所示。

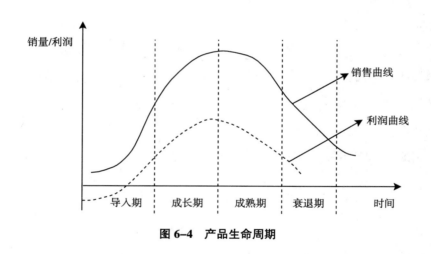

图 6-4 产品生命周期

从图 6-4 中可以看出，产品销售曲线和利润曲线的变化趋势大致一样，只是变化的时间存在差异。当销售曲线在产品成熟期之后还在上升时，利润曲线开始出现下降的趋势，这是因为产品在进入成熟期后，市场竞争愈加激烈，压低了产品的盈利能力。

研究产品生命周期主要是了解产品处于生命周期不同阶段的特征，从而在营销过程中制定相应的营销战略。

（一）导入期

导入期是指产品刚进入市场的阶段。在这个阶段，产品的销售量小且销售额增长缓慢，这是由于消费者对新产品不了解或者不熟悉造成的。这一时期的购买者较少，很多消费者都只是处于观望的状态，而中间商可能会因为新产品销售前景的不确定性，而望而却步。

1. 导入期阶段的特征

（1）生产批量小、成本高、营销费用大、销量少、企业利润很低甚至有亏损的可能。一般来说，企业在导入期出现亏损的情况比较普遍，企业应该保持清醒的头脑，"放长线，钓大鱼"。

（2）竞争者少。产品处于导入期时，产品的未来难以估计，很多企业可能不愿意进入，所以竞争者就相对较少。尤其是那些技术水平较高的产品在导入期的竞争者就更少。

（3）风险大。处在导入期的产品有很大的不确定性，如产品设计可能有缺陷，可能不能满足消费者的消费诉求，可能选错了上市的时间等。这些不确定性因素都可能是产品导入期所要面临的风险。

2. 导入期阶段策略

处于导入期的产品，营销策略应以"快"为上，把销售力量直接投向最有可能的客户，尽量缩短产品的市场投放时间。常用的策略有四种，如表6-1所示。

表6-1 导入期的市场策略

	促销费用高	促销费用低
价格高	快速掠取	缓慢掠取
价格低	快速渗透	缓慢渗透

（1）快速掠取策略。企业以高价格高促销推出新产品，高价格可以获得高额利润，高促销则是为了快速引起消费者的注意，加大了产品导入的力度。这一策略适用于那些市场容量大，大多数消费者对产品不太了解；而已经了解该产品的顾客会有较高的意愿得到这种产品且不在乎价格，同时企业处于存在一定的潜在竞争威胁的市场环境。

（2）缓慢掠取策略。企业以高价格低促销推出新产品，低促销能减少营销费用，它和高价格相结合可以使企业通过销售获得大量的利润。这种策略适用于那些具有一定的独特性、市场上的潜在竞争威胁不大、潜在顾客已经了解且愿意出高价购买的产品。

（3）快速渗透策略。企业以低价格高促销推出新产品，从而以最快的速度占领市场，获取最大的市场占有率。这种策略适用于那些市场容量大、潜在竞争威胁较为严重、消费者对产品不了解但对价格较为敏感的市场环境。如果企业为了扩大规模取得规模经济时，也适宜采用这种策略。

（4）缓慢渗透策略。企业以低价格低促销推出新产品，低价格可以引导消费者进行消费，低促销则能够降低企业的成本负担。这种策略适用于市场容量较大、消费者了解产品并对产品的价格较为敏感，且存在一些潜在竞争威胁的市场环境。

（二）成长期

成长期是指新产品经过导入期后已经慢慢地被消费者所接受，且销量正迅速增长的阶段。

1. 成长期阶段的特征

（1）销量迅速增长。消费者对企业的产品有了更进一步的认识，并且产品拥有一批经常购买的顾客，同时也有新顾客的加入，从而促使产品销量不断增加。

（2）利润增大。企业对产品的生产和销售过程有了更多的创新，使产品成本得以降低，利润随之增大。

（3）吸引竞争者加入。新的竞争者开始关注到产品的高额利润，并开始进入这类产品市场，因而市场上的竞争就不断加剧。

2. 成长期阶段策略

（1）进一步提高产品质量，增加产品特色帮助企业产品拥有更强的竞争力。

（2）开拓新的细分市场，扩大销路，增加销量，并且注意开拓利润较高的细分市场。

（3）采取高价策略进入市场的产品，随着竞争者的进入，要适当降低价格，以维持现有的消费者。

（4）转变营销宣传的侧重点。将营销宣传重点从扩大产品知名度转为宣传产品特色和企业形象，从而使消费者产生偏爱，在保留原有消费群体的基础上，吸引新的消费群。

（三）成熟期

产品经过成长期后，销售量会在高水平上稳定下来，但是增长率会缓慢下降，这就标志着产品进入了市场成熟期。一般来说，市场上的大部分产品都处于成熟期，而且这一阶段的持续时间比上两个阶段的都长。成熟期又可以分为三个阶段，分别是成长中的成熟期、稳定中的成熟期以及衰退中的成熟期。

1. 成熟期阶段的特征

（1）成长中的成熟期。在这一阶段，市场基本上趋于饱和，只有少数的消费者继续购买。

（2）稳定中的成熟期。市场已经饱和，销量的增加只能依靠人口的增长或重复购买。

（3）衰退中的成熟期。销售量呈显著的下滑状态，消费者开始转向其他产品或替代品的消费；行业中开始出现供应过剩的局面，企业之间的竞争更加激烈；降价及促销等活动的增加导致企业的利润逐渐下降。

2. 成熟期阶段策略

（1）市场改良。发掘和开拓新的细分市场，增加新的用户；刺激消费者增加使用频率以提升销售量。

（2）产品改良。第一是从品质方面进行改良，进一步提高产品质量，保证消费者的利益，在消费者心中为产品树立更经济、耐用、安全、可靠的产品形象。第二是进行特性的改良，主要致力于增加产品的某些特性，如增加产品的多用途等。第三是从形态上进行改良，通过采用新包装、花色、风格等方式改进产品的外观，让产品给人美的享受。第四是从服务方面进行改良，企业可以通过增加消费者在购买过程中和购买后得到的优惠及服务来实现改进。企业越能降低用户的购买风险和成本，提高购物保障，对消费者就越能产生购买吸引力。

（3）营销组合改良。企业可以通过改变营销组合中的一个或几个变量来刺激需求、扩大销量，如适当降价、增加广告投入、改善分销渠道、树立良好的企业形象等，达到延长产品生命周期的目的。

（四）衰退期

衰退期是产品的销量迅速下降、逐渐退出市场的阶段。

1. 衰退期阶段的特征

（1）需求量、销售量明显下降。消费者兴趣发生转移、行业内部的过度竞争、新产品的进入等都是导致产品销量迅速下降的原因。

（2）伴随着销量的迅速下降，利润也开始锐减。企业开始逐渐减少附加服务以维持经营，多数企业退出市场。

2. 衰退期阶段策略

产品进入衰退期后，企业应有计划、有步骤地进行阵地转移。对于衰退期的产品，企业有三种策略可以选择。

（1）立即放弃。当有些产品已经完全没有必须继续经营下去时，企业就应尽快从这类产品中脱离出来，集中资源开发新的产品。在放弃老产品的同时，企业可以将生产该种产品的机器设备转卖给其他企业。

（2）逐步放弃。企业采取有步骤地减少产品的生产数量、营销费用等，这种方式可以让企业获取产品最后一部分利润。

（3）继续经营。如果预测到竞争者可能退出市场，企业就可以采取继续经营的策略，把市场上依然有需求的部分顾客吸引过来，努力促使产品出现第二个销售小高潮。

值得注意的是，企业在衰退期无论采取何种策略，都必须维护消费者的利益，做好自己承诺的必要的售后服务，这样才能为企业树立良好的形象。

二、产品生命周期的其他形态

上述产品周期的划分是在理想状态下进行的，实际的产品生命周期有许多其他不同的形态，如图6-5所示。

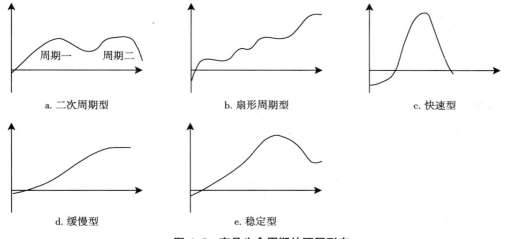

图 6-5 产品生命周期的不同形态

（一）二次周期型

如图 6-5a 所示，当产品开始出现衰退迹象时，企业立刻采取一系列有效的措施，这时产品再次进入一个新的生命周期。但是第二个周期的规模和持续时间都会低于前一个周期。如一家药品公司的新药推出后，就开始经历第一个周期。后来销量下降，公司就推出新的促销方式，这时这种药品就产生了第二个周期。

（二）扇形周期型

如图 6-5b 所示，由于产品的用途、特性得以不断更新，销量和利润都在不断地增加，使得产品经历了一系列生命周期。如尼龙的生命周期就呈现了这种状态，因为它的新用途、新特性一个一个被发现，从降落伞到衣料再到轮胎……

（三）快速型

如图 6-5c 所示，这类产品只有成长期和衰退期，产品投入市场之后便得到迅速发展，过了这阵浪潮之后就急剧衰退。这类产品主要是一些流行性商品。

（四）缓慢型

如图 6-5d 所示，产品投入市场后要经历很长的时间才能到达成熟期。这主要是受消费者购买能力的限制。

（五）稳定型

如图 6-5e 所示，产品在进入成熟期后，销售量在一定水平上保持不变的状态，如生活必需品。

【案例 6-1】

某图书产品的产品生命周期

1. 导入期

导入期是该图书产品刚刚投入市场的时期。在这一阶段，由于该图书产品刚上市，读者对新产品缺乏了解，所以市场的初期需求不大，销售增长十分缓慢，出版社利润空间狭小。这一时期，市场上还没有出现同类产品，市场竞争还不激烈。基于新市场，企业应尽快让广大的读者接受新产品。该企业的营销策略重点是，采用低价格、高促销的方式迅速渗透市场。同时让中间商踊跃分销，与书店同步，疏通分销渠道，做好宣传，快速占领市场，争取最大的效益。

2. 成长期

在成长期，该图书产品逐渐被读者关注，产品销售量增长迅速。产量提升，成本下降，利润相继增长。而与此同时，盗版书以及类似题材的书目非常多，给企业带来了很大的竞争压力。为了应对竞争，该企业在这一阶段营销策略的核心是拓宽发行渠道，改进图书质量，加强服务，以巩固自己的市场地位。

3. 成熟期

在这一阶段，该图书产品被广大读者接受，并占有一定的市场份额，随着产量增大，成本降低，企业的利润达到最高点。同时，市场开始呈现饱和状态，销售增长减缓，再加上同类产品增多，竞争达到白热化程度。此时，该企业尽力维持与老客户的关系，同时寻找新的客户，最大限度地延长图书成熟期的时间。

4. 衰退期

这一时期是该图书产品销售量和利润急剧下降的阶段。随着时间的推移，该图书产品逐渐被更新、更好的图书产品替代，该图书已经失去了竞争优势，销售业绩下滑明显。此时，该企业选择退出策略，停止投资，减少库存积压，将损失程度降低到最小。同时，该企业也在努力寻找新的有竞争力的图书产品，为下一轮的产品周期营销做准备。

资料来源：孙皓. 论图书产品生命周期的策略 [J]. 法制与社会，2007（2）.

三、产品生命周期理论的意义

产品生命周期理论总结了产品进入市场以后的发展变化规律，其意义在于：

（一）产品所处阶段不同，其经营方式也不同

产品生命周期理论说明，产品被投放到市场后会经历不同的阶段，各个阶段有各自的特征，因此，企业应根据产品所处的不同阶段而采取相应的营销策略。

（二）不同产品的生命周期有所不同，其经营方式也有所差异

对于生命周期较长的产品，企业应注重在营销组合策略方面的改良，以扩大产品的市场覆盖面，提升市场占有率；企业还可以对原有产品在质量、特色、功能等方面进行改进，使之能够吸引新的消费者。而对于一些生命周期较短的产品，企业就应注重研发工作，以"生产一代、研发一代、构思一代"的策略来应对迅速变化的市场。当某一产品进入衰退期后，企业可以迅速地将新产品投入市场，从而使企业具有较强的竞争力。

（三）科学技术的快速发展会缩短产品的生命周期

持续地研发新产品对于企业的生存和发展有着重要的战略意义。因此，企业的管理者要有开拓创新的精神，加快产品开发和更新换代的步伐，这样才使企业能立于不败之地。

【拓展阅读】

理解产品生命周期

（1）产品生命周期与产品使用寿命是两个不同的概念。产品生命周期是产品的社会经济周期，是产品从无到有再到无的一个社会过程；而产品使用寿命是指产品在消费者手中，从开始使用到最终报废所经历的时间。有些产品使用寿命很短，但是生命周期却很长，如香烟、牙膏等；有些产品的使用寿命很长，但是生命周期却很短，如一些流行的服装。

（2）产品生命周期的规律是有一定地理范围的，同一产品在不同的国家或地区可能会处于生命周期的不同阶段。如电磁炉在城市处于成熟期的时候，可能在农村仍处于导入期或成长期。这一特点为产品生命周期的延续提供了一定的依据。

第三节　产品组合管理

顾客真正购买的不是商品，而是解决问题的办法。

——特德·莱维特

一、产品组合

在一般情况下，一个企业会同时经营多种产品，决定经营哪些产品以及这些产品之间有无联系，便产生了有关产品组合的一系列问题。

（一）产品线

产品线是指企业密切相关的一组产品，它们都有类似的、满足顾客相同需求的功能，只是在价格、款式等方面存在不同。如耐克有多个运动鞋产品线。

（二）产品项目

产品项目是指一个产品线中不同质量、尺寸、型号、规格、外观的产品。一种档次、型号、尺寸、外观等的产品就是一个产品项目，可以列入企业产品目录中。

（三）产品组合

产品组合是指企业中所有产品线和产品项目的有机组合方式，它反映的是一个企业生产或经营的全部产品的结构。决定产品组合的因素有四个，分别是广度、长度、深度和关联性。

1. 产品组合的广度

产品组合的广度即企业所拥有的所有产品线数目。如联合利华主要有个人护理、家庭护理、食品这三条大的产品线。

2. 产品组合的长度

产品组合的长度即各产品线所拥有的产品项目的总和，每条产品线上产品项目数的多少就是该产品线的长度。

3. 产品组合的深度

产品组合的深度即产品线中每种产品的品种数。例如，宝洁公司的洗发水产品线下有 4 个产品项目，分别是潘婷、飘柔、沙宣、伊卡璐。其中，潘婷有两种规格和三种配方，所以潘婷洗发水的深度是 6。

4. 产品组合的关联性

产品组合的关联性即企业各条产品线，在生产技术、分销渠道、最终用途等方面的关联程度。如海尔集团有 40 多个产品大类，800 多个产品项目。海尔的产品中有大部分是家用电器，因而关联性较高。如果海尔集团又生产食品、中药，那它的产品组合关联程度就大大降低了，甚至毫无关联性。

【拓展阅读】

如何运用产品组合四因素

产品组合的四个因素为企业的产品策略提供了依据，企业可从这四个维度出发拓展经营范围：增加产品组合的广度，从而帮助企业实现多元化经营；增加各产品线的长度，使企业的产品线更加完整；为每种产品开发更多品种，延伸产品组合的深度；企业可以通过加强和减弱产品线的关联性，从而使企业在一个或多个市场领域树立良好的声誉。

二、产品组合的策略

企业在制定产品组合策略时，需要对市场的需要和企业的实际情况、营销目标等方面进行综合考虑，并从产品组合的广度、长度、深度和关联性这四个层面出发，拟定产品组合策略。常用的产品组合策略有以下五种：

（一）全线全面型

全线全面型策略是指企业致力于向所有消费者提供其所需的一切产品和服务，以满足他们的需要，也就是说要照顾到整个市场的需求。该策略要求企业尽可能增加产品组合的广度和深度，力求覆盖每一个细分市场。如日本东芝公司从电视机、冰箱、笔记本等电器类到连锁酒店、休闲娱乐等服务业都有涉及。

（二）市场专业型

市场专业型策略是指企业专门向某一细分市场提供产品以满足其需求。例如旅行社向旅游者提供包括餐饮、住宿、交通等旅游者需要的所有服务。这种策略从满足同一类顾客的需求出发，有一定的关联性并在此基础之上尽量拓展产品组合的广度，即依据某类顾客的需求设置产品线，以求在某一专业市场上发挥优势。

（三）产品线专业型

产品线专业型指企业通过改变某一类产品的型号、款式、档次等来满足消费者的不同需求。采用这一策略的企业通常只拥有少数几条关联度较高的产品线，强调不断拓展产品组合的深度。如某汽车制造厂只生产小轿车，而不生产商务用车、卡车等。但该企业通过生产不同种类、型号的小轿车来满足企业、事业单位、出租公司、家庭及个人的需求。

（四）有限产品专业型

有限产品专业型是指企业根据自己的优势，专注于生产经营有限的，甚至是单一的产品，来满足消费者有限的或单一的需要。如制冷设备厂专门生产大型制冷设备。小型企业多数采取这种策略，因为这种产品策略占用的资金相对较少，企业可以集中自己的优势发挥某一方面的特长，从而做到扬长避短，但其产品的广度不够，可能会面临众多中小企业的竞争。

（五）特殊产品专业型

特殊产品专业型策略是指企业利用自己在某方面的专长或资源优势，专门生产经营一些销售状况良好的特殊产品以满足消费者的需求。如生产具有独特工艺的艺术品、美术品等。产品本身的特殊性决定了企业的市场范围较小，但企业面临的竞争也较少。

三、产品组合策略的优化调整

企业的产品组合策略是根据市场需求及企业自身的条件而做出的综合决策。但市场需求是不断变化的，同时产品自身也有其周期变化的规律，因此，产品组合的策略应该是动态变化而并非一成不变的。企业必须及时察探市场的形势并对现有的产品组合进行评价，在此基础之上增加或删除一部分产品线或产品项目，使企业的产品组合能够最大限度地发挥优势。企业对产品组合的调整可以采用以下策略。

（一）扩大产品组合

扩大产品组合可以从广度和深度两个方面进行。即在当前产品组合的基础上增加新的产品线，扩大企业的经营范围；或在原有的产品线内增加产品项目的规格、型号、款式等，发展系列产品。扩大产品组合的方式有两种：

1. 关联扩展

增加与现有产品线相关的产品，如生产纯净水的企业，可以增加果汁饮料、酸奶等产品线。

2. 无关联扩展

增加与现有产品线无关的产品，如生产纯净水的企业增加珠宝首饰日化用品生产。

（二）缩减产品组合

缩减产品组合也是从广度和深度着手，即在目前的产品组合下，停止生产某些利润较小或处于亏损状态的产品线及产品项目，以便企业集中资源来生产和经营那些获利能力较强的产品。当企业面临以下情况时，就需要考虑缩减产品组合：一是有些产品线的产品已经进入衰退期；二是产品组合过于繁杂，企业对经营所有产品项目感到吃力；三是所需的资源供应困难，市场不景气。缩减产品组合就能更好地将企业的资源集中到优势项目上去，保证优势项目拥有更大的竞争力。

（三）产品线延伸

产品线延伸是指改变企业产品的市场定位，从而扩大产品的目标市场。产品线的延伸是针对产品的档次而言的，在原有的档次基础上，可向下延伸、向上延伸或者双向延伸。

1. 向下延伸

企业最初位于市场的高、中端，随着经营的发展，企业不断引进低端产品线，这就是向下延伸。企业可以先用高端产品树立企业的形象，再用低端产品扩大市场范围，从而抵御来自其他高档产品的竞争。向下延伸的缺点在于，低档产品可能会使企业原有的名牌产品形象受损，此外，由于低档产品的利润较少，经销商可能会不愿意经营，在分销渠道上可能存在一定的问题。

2. 向上延伸

原本经营中、低档产品的企业，被高档产品的增长率和利润所吸引，开始进入高端市场，这就是向上延伸。向上延伸的优点在于高档产品的销售利润高，同时有助于提升企业形象。但是其缺点在于进入高档产品可能存在一定的进入壁垒，而且企业可能受到来自竞争对手的猛烈反击；此外，消费者对于企业是否有能力经营高档产品可能也存在一定的怀疑。

3. 双向延伸

最初着眼于中端产品的企业决定生产高端和低端的产品。采取双向延伸策略的企业可以通过生产高端产品树立起企业的形象，同时也能获得高额的利润；低端产品的生产则能帮助企业最大限度地覆盖所有消费群体。要想采用这种战略，企业要确保自己在中档市场上有较强的竞争力，同时又有足够的能力和资源来拓展高端和中端市场。这样才能避免企业因业务范围过于庞大而陷入经营困难的局面。

（四）产品线特色化

产品线特色化是指选择产品线中一个或少数几个产品项目进行特色化处理，以吸引消费者。这种办法能很好地将每条产品线的特色凸显出来，从而提升整条产品线的形象。

（五）产品线更新

如果企业的产品在技术、款式等方面落后了，就有必要对产品线进行更新，实施现代化改造。

产品线更新的方式分为渐进式更新和一次性更新。渐进式更新可以逐步了解消费者以及分销商的反应，使产品更贴近市场从而节省资金的耗费；但容易被竞争对手发觉意图、抢占先机。一次性更新可避免上述缺点，但需要较大的投资。对于一些技术含量较高的产品，如电脑，更新速度非常快，企业应准确把握产品线更新的时机，使之既不会由于更新过快而导致现有产品线上产品的销售受到影响，又不会由于更新过迟而导致市场份额被竞争者抢占。

【案例 6-2】

某市温泉旅游业的产品组合管理

某市的温泉具有温度高（平均水温 72℃）、水质佳、有利于健康、适合休闲等特点，有"金汤"之美誉。该企业的温泉资源十分丰富，城区及周边县市温泉遍布，而且储量丰富。

但是，从产品组合广度、深度、关联度方面看，该市的温泉旅游产品还欠缺组合开发。在产品组合广度上，该市温泉旅游产品还大都停留在淋浴或疗养阶段，温泉度假与休闲、娱乐等项目开发偏少，产品类型还不能满足消费者的需求；在产品组合深度上，该市温泉旅游产品包含的纵向产品内容偏少，如欠缺小孩、老人、女人等旅游者的专门温泉产品，不能满足更多的细分市场需求；在产品关联度方面，没有与本地或区域产品或产业形成很好的关联。

当今旅游市场的竞争也相当激烈，为了应对竞争，该市温泉旅游业采取了扩大产品组合的策略，以吸引更大层面的市场。在原先产品组合的基础上，该市又增加了3条产品线，打造了一条集"温泉、食宿、娱乐、交通"为一体的旅游产品，如表6-2所示。

表6-2 某市温泉旅游业的产品组合

	广度			
	温泉	食宿	娱乐休闲	交通
深度	1. 温泉沐浴 ——牛奶温泉 ——红酒温泉等 2. 温泉疗养 ——治疗风湿症的高温石板泉 ——具有泉水喷射功能的音波喷射泉 3. 温泉水疗 ——女士温泉 ——男士温泉	1. 温泉酒店 2. 该市特色餐饮、食品等	1. 温泉主题公园 2. 温泉游泳池 3. 生态山庄游览区 4. 购物	温泉与娱乐休闲场所的交通专线

第四节 产品的品牌管理

品牌会产生光环效应，只有让人们对品牌产生联想，产品才更容易被接受。

——Roland Hansen

随着市场经济的不断发展，品牌在现代营销中的作用越来越大。绝大多数企业都赋予自己产品的品牌和商标，品牌和商标是产品整体概念中一个重要的组成部分。生产经营者注重品牌，消费者在购买过程中更注重品牌。

一、品牌

品牌俗称牌子，是一个名称、符号、标记、图形或这些因素的组合，用来识别企业的商品或服务，并且与竞争者的同类产品区分开来。品牌一般是由制造商或经销商确定。在现代社会，品牌的内涵远远超出了字面所解释的范围，品牌逐渐变成了代表产品公众形象或个性的复杂符号。

（一）品牌的含义

品牌不仅仅是一个名字，它更多地起着一种传递信息的作用，如企业的价值观、产品的特点等。品牌的含义一般从六个方面体现，如图6-6所示。

1. 属性

品牌首先会体现出产品的一定属性。如海尔意味着"质量可靠、服务优秀"，宝马代表着"昂贵、卓越性能"等。

2. 利益

属性是品牌的外在展示，而利益则是从属性转化而来的功能方面的利益或情感方面的利益。如海尔的"质量可靠"能给消费者带来使用上的便利；宝马的"昂贵"

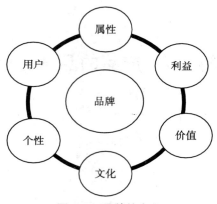

图 6-6　品牌的含义

可以转化为地位的象征，"卓越性能"可以转化为速度、安全等方面的利益。

3. 价值

品牌在塑造的过程中会体现出企业的价值观。如海尔这一品牌所体现出的价值就是"高标准、精细化、零缺陷"。

4. 文化

品牌还可能体现一定的企业文化。如阿迪达斯就体现出一种敢于创新、敢于实践的文化。

5. 个性

不同的品牌会带给人们不同的感受，这就是品牌的个性所在。如一提到娃哈哈就联想到儿童的纯真笑脸。

6. 用户

品牌中暗含了产品所针对的消费群体，这一类消费群体也代表了一定的个性、文化和价值观等。如买奔驰、宝马车的人多是追求彰显身份的成功人士。

一个品牌所代表的意义远不止一个符号、标记这么简单。企业应注重对品牌的内在价值、个性和文化方面的塑造，使其内涵更加丰富，从而更具长久的生命力。

（二）品牌的作用

品牌对于企业来说就是一笔无形的资产。产品可能会经历衰退，但是品牌却能长久不衰。如可口可乐这一品牌历经百年，并且其品牌价值高达 704 亿美元，这无疑给可口可乐带来了巨大的品牌效应。因而品牌的作用主要有以下几个方面：

（1）帮助消费者辨别产品的出处，方便选购。品牌的一个巨大作用就是将企业的产品与竞争者的产品区分开来，便于消费者选择自己偏好的品牌的产品。

（2）便于对商品质量进行监督，维护消费者利益。

（3）保证企业的法律权益。企业的品牌一经注册，就享有商标专用权。其他企业就不能再把这一品牌名称用于同类或相似的产品上，如有这种行为，企业可以通过法律途径保护自己的权益。

（4）可以用作广告宣传，有助于企业促进销售、占领市场。品牌代表者企业的信誉和形象，知名品牌的产品总比一般品牌的产品销路好。

（三）品牌的价值

品牌价值是由品牌的内涵驱动而产生的资产，它属于企业的无形资产。品牌价值的高低主要体现在品牌的"五度"，即品牌的知名度、美誉度、认知度、联想度和忠诚度。

1. 品牌知名度

品牌知名度是品牌被公众知道、了解的程度。品牌知名度是品牌价值形成的基础。对于消费者来说，他们更倾向于选购自己熟悉、了解的品牌，而品牌知名度越高，消费者了解起来就越容易，因而也就越容易进入消费者的选择范围。品牌知名度分为 4 个等级，如图 6-7 所示。

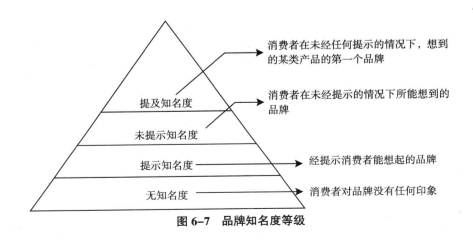

图 6-7 品牌知名度等级

2. 品牌美誉度

品牌美誉度是指品牌获得公众信任、赞扬的程度。品牌美誉度价值在于,借助人们的口头称赞形成一种"口碑营销"。如果说品牌知名度体现为"量"的指标,那么品牌美誉度则体现了"质"的指标。品牌美誉度越高,品牌价值就越高。

3. 品牌认知度

品牌认知度是指消费者对于产品或服务品质的主观理解。品牌认知度主要体现在对产品功能、产品的耐用度、可信度、外观、包装、服务等方面的认知程度。产品的客观品质可能并不存在很大差异,但消费者对于不同产品的品牌认知却相去甚远,甚至有些原本无人问津的产品冠上名牌就身价倍增。

4. 品牌联想度

品牌联想度是指消费者看到某一品牌时所产生的联想、印象、体会等。如提到同仁堂就会联想到"老字号"、可靠;提到麦当劳就会联想到环境卫生、服务优异等。对品牌产生积极的联想,意味着品牌被消费者所接受、认可,进而促进了品牌价值的提升。

5. 品牌忠诚度

品牌忠诚度是指消费者出于对品牌的偏爱而持续一致地重复购买产品的现象。对于企业来说,拥有一批忠诚客户绝对是一笔重要的无形资产,也是品牌价值中最核心的内容。美国的一项调查显示,如果企业能将消费者对品牌的忠诚度提高 5%,利润率就会相应提高 1%。因此,对于企业来说,品牌忠诚是一项战略性资产,需要企业长期不懈地努力。

二、品牌、商标的设计原则

品牌、商标是由名称、符号、标记、图形等因素组合而成的。从市场营销的角度来说,一个好的商标应符合下列原则:

(一)造型美观,构思新颖

新颖美观、独特别致、感染力强的商标,能吸引人们的注意并且留下深刻的印象。如奔驰以一个类似汽车方向盘的标志作为其商标，简洁美观且特点突出。

（二）富有内涵，不落俗套

理想的商标应该能很好地反映企业精神或产品特色，且具有独到之处。如"联想"电脑、"飘柔"洗发水等。

（三）简单、易懂、易读、易记

简单、易读的品牌名称更容易为人们所接受和记忆。因此，品牌名称要朗朗上口，商标常常采用流行的色彩、明快的线条、精练的文字以及抽象的图案。力求简短，让消费者易读、易记、易懂，如"娃哈哈"、"可口可乐"等。

（四）出口商品的商标要符合异国的文化

商标品牌的设计必须考虑到各国、各地区、各民族不同的文化，不能使用消费者忌讳和讨厌的词语、图案和符号。

（五）品牌的"时代特色"

时代在变，消费者的审美观也在不断变化，品牌形象也需要与时俱进。纵观世界许多著名品牌在经营过程中，品牌形象都发生了一些改变，如图 6-8 所示。

三、品牌策略

品牌策略就是企业如何合理地利用品牌以发挥品牌在市场营销中的作用。企业选择品牌策略的决策过程如图 6-9 所示。

（一）品牌使用决策

品牌使用决策是指企业是否赋予产品一个品牌。使用品牌对大多数产品来讲都有积极的作用，但并不是所有的产品都必须采用品牌。一些企业对原来使用品牌的产品实行"非品牌化"，目的是节约成本，从而降低价格，增加销量。此外，一些用于加工的原材料或一些散装出售的产品，也可不用品牌。一般来说，虽然企业可以不使用品牌，但应该注册厂址、厂名以及生产日期，以便对消费者负责。如果企业决定使用品牌就必须通过各种手段来提高产品的可识别性，从而达到利用品牌的意义。

NIKE——从蓝白搭配到亮眼的红色

苹果——从彩色回归到最纯粹、富有科技感的黑白色

百事可乐——从纷繁复杂到简洁清晰、色彩分明

图 6-8 著名企业品牌形象的变迁

资料来源：http://www.u-we.com/brandtheory/post/55.html.

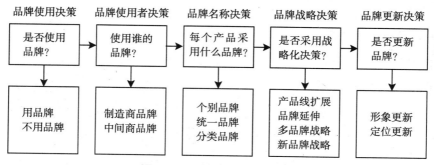

图 6-9 品牌策略的决策过程

（二）品牌使用者决策

品牌归属策略是指企业决定在产品上使用谁的品牌，是使用制造商的品牌还是使用中间商的品牌。

制造商直接使用自己的品牌，就是制造商品牌，这种情况的品牌使用决策在市场上占据支配地位。与此同时，制造商将产品卖给中间商，并贴上中间商的品牌，这时就采用的是中间商品牌。

（三）品牌名称决策

无论产品是采用制造商品牌还是中间商品牌，企业都需要选择产品的品牌名称。在品牌名称的决策方面有四种策略可供选择：

1. 个别品牌名称

在不同的产品上使用不同的品牌，如宝洁公司的洗发水有几种产品，每一种产品分别都有一个品牌，包括"潘婷"、"海飞丝"、"飘柔"、"沙宣"等。这种策略的好处是没有将公司的形象和声誉系在某一品牌名称的成败上，降低单个产品失败给企业带来的影响；能区分产品档次，便于顾客进行识别，同时也能适应不同细分市场的需求，这种策略的缺点在于，企业要为每一个产品分别进行品牌设计和广告宣传，费用支出较大，也可能由于力量分散影响宣传效果。

2. 统一品牌名称

也称单一家族名称，即企业对其所有产品或同一产品线上的所有产品都使用同一个品牌，如"戴尔"、"康师傅"等产品都采用这一策略。这种策略的好处是可以借助于企业的品牌声望对产品进行推销，对新产品来说更为有利；同时集中宣传可以帮助企业节省促销费用。其缺点在于，某一产品的失败都会使企业的品牌受到影响，因此对产品的品质等具有较高的要求。这种策略适用于那些久负盛名的著名企业，以及价格、品质相近的产品。

3. 分类品牌名称

也称分类家族品牌，即企业对各大类产品分别使用不同的品牌。这种策略适用于那些产品种类较多、关联性较差的企业，如食品与服装、电器与酒类等。另一种情况是，虽然经营的是同一类的产品，但产品在质量方面存在明显的差异，因而也采用不同的品牌用以识别。分类品牌可以避免不同产品之间的互相影响或者混淆。

4. 统一品牌名称和个别品牌名称并用

企业在每一产品的品牌名称前加上统一的企业名称。这种策略既可以使产品既统一又各具特点。使用企业的品牌可以充分利用企业的声誉，而不同产品的品牌又体现出不同产品的特点。如通用汽车公司所有类型的汽车品牌都有"GM"这个统一品牌名称，后面再分别加上"别克"、"凯迪拉克"、"雪佛莱"等个别品牌名称，这样即突出了产品的统一性，又彰显了不同产品的个性化。

（四）品牌战略决策

品牌战略决策是当企业战略目标发生变化时，企业要决定产品品牌是否也须发生变化。品牌战略决策一般有四种选择：

1. 产品线扩展

产品线扩展是在同样的品牌名称下，把产品的不同规格，如新口味、新功能、新包装等方面考虑到品牌名称中去。如伊利牛奶就包括低脂牛奶、高钙牛奶、早餐奶等。这种战略能够更好地推出新产品，以满足消费者各式各样的需求，并且也能充分利用剩余的生产能力。但是分得过细的产品项目也会让消费无所适从，因为当消费购买时可能会面临选择何种口味、多大容量、何种功能等问题。

2. 品牌延伸

企业将现有的成功品牌延伸到新产品上。如本田在生产汽车的基础上，推出了割草机、吹雪机、摩托车等新产品，其广告宣传语——在两个车库中可以放6辆本田。这种战略能使新产品在消费者心中立即树立高质量的形象；但是也容易因为新产品的失败而降低消费者对企业其他产品的信任度。

3. 多品牌战略

企业在同一类产品上引进其他品牌，目的是根据产品的不同特色，迎合消费者不同购买动机。如宝洁拥有多种不同品牌的洗衣粉。这种战略能很大程度地占据销售商的货架，促使消费者在任何时候都可能购买到公司的产品；但是多品牌战略可能会分散企业的资源，不能集中资源为高利润的产品服务，并且每个品牌可能只占有很少的市场份额，甚至可能没有盈利。所以，采用多品牌战略要做到"多而精"，这样才能让每个品牌都成为企业的利润增长点。

4. 新品牌战略

当企业要推出新产品时，企业为新产品建立一个新的品牌名称。这种战略能使新产品以全新的面貌展现给消费者；但是，太多的新品牌可能导致企业资源分散，忽视了对已有品牌声誉的维护。

（五）品牌更新决策

品牌更新决策指在面临新的竞争和消费偏好的改变时，企业考虑是否应改进或废弃原有的品牌而设计新品牌。当企业的品牌不能适应经营环境以及消费者需求的变化时，企业可以采取品牌更新策略。品牌更新主要有两种方式：

1. 品牌形象的更新

品牌形象的更新包括对品牌的样式、图案、色彩等方面所做的改动。品牌形象的更新也有两种方式：一是骤变，即完全舍弃原有品牌，采用全新的品牌，带给消费者新的感觉，但是这种方式就需要企业花费大量的新品牌的宣传费用，才能让消费者了解新品牌；二是渐变，即对原有品牌进行逐步的改进，这种更新方式的花费较少，又易于保持原有的信誉，但会受到旧品牌的消极影响。

2. 品牌定位的更新

企业的品牌可能会因为竞争形势、社会文化等因素而发生改变。品牌定位的更新就是指对该品牌的内涵、价值、文化等方面进行修正使之适应经济和社会文化的发展。品牌定位的更新可以通过产品性能的改进、产品外观的改变来实现。

【案例6-3】
七匹狼品牌管理案例

从20世纪90年七匹狼男装夹克到今天家喻户晓的七匹狼男性品牌系统——服装、香烟、啤酒业、皮具、茶叶、白酒，七匹狼集团公司已经走过了十年的历程。在这十年的发展历程中，七匹狼集团以服装为龙头，不断探寻一条多元化、集团化、现代化的企业发展之路。七匹狼的品牌管理主要有以下几方面：

1. 720°品牌管理系统——新格的视点与工具

从 1997 年起，新格及概念特区与七匹狼的共同互动中，正是应用 720°品牌管理系统在不断地为七匹狼品牌运营提供创新智慧。在这一系统下，七匹狼采用以下的方式对品牌进行管理：一是消费者、公司自身和工作单位是品牌经营的三大组织工作要素。二是品牌管理工作贯穿于品牌建设、品牌维护、品牌发展与延伸以及品牌再造的每一个环节。三是品牌沟通是品牌经营的核心任务。"营销就是传播"。只有为品牌形象塑造最体现差异、最活跃、最激情的部分，才能为品牌创造出不一样的品牌个性。四是品牌个性的创造是一个高度精细的创意传播过程。

2. 内外互动，认识品牌身份

品牌资产是客户价值与消费者价值的凝聚，是企业与消费者在彼此关系中长期的持续对话，是品牌信息与顾客体验合二为一的过程。这就说明，品牌身份的认识不仅仅是企业或者消费者单方面的认识，而是两者之间的互动，从而对品牌形成一致的看法。

3. 文化底蕴，凸显品牌个性

品牌的文化底蕴是企业和消费者容易相互沟通的渠道。七匹狼以"狼"为品牌形象主体，作为个性的表达语言。七匹狼的品牌形象的规划是："狼的智慧——无止境的生命哲学"，代表着团队挑战、个性、执着等深刻的文化底蕴。

4. 定位规划，沟通品牌资产

七匹狼找到一条塑造形象差异的具有真正生命的途径——创造品牌性格而非特征。七匹狼致力于将品牌打造成一个资产，让"七匹狼"这一品牌成为资产。

5. 调性设计，策划品牌空间

由于七匹狼的多样化经营，所以每个产品的调性都要与品牌的个性相吻合，最终丰富七匹狼的品牌个性。因而，对于多样化经营的企业来说，每种产品的调性都要与品牌个性相一致，这有利于消费者对企业每个产品形成统一的印象，进而对品牌下的每种产品形成偏好。

6. 差异经营，创造品牌价值

差异创造价值，差异创造品牌的"第一位置"。这主要体现在以下几个方面：一是重塑价值链；二是组织以价值链为基础的企业运营模式；三是选择独特的价值行销法则，突出品牌形象。

资料来源：http://wenku.baidu.com/view/38007321dd36a32d737581c5.html.

【拓展阅读】

产品分析工具——BCG 矩阵

美国波士顿咨询公司根据增长率和市场占有率把产品分为四个类型：明星产品、金牛产品、问号产品以及瘦狗产品（见图 6-10）。

市场份额

	高	低
高	明星 ☆	问号 ？
低	金牛 $	瘦狗 X

增长率

图 6-10　BCG 矩阵

（1）明星产品（高市场份额、高增长率）：该类产品处于成长期，通过改进或者稳定质量等可能成为企业的现金牛产品，需加大投资以支持其迅速发展。

（2）问号产品（低市场份额、高增长率）：该类产品处于导入期，鉴于此类产品的不确定性，因而对待它时要采取谨慎的态度，精确预测其可能达到的效益。

（3）金牛产品（高市场份额、低增长率）：该类产品已进入成熟期，采用维持或收获战略。

（4）瘦狗产品（低市场份额、低增长率）：该类产品处于衰退期，企业可采取撤退战略，以减少在此产品上的投入。

资料来源：吴嫦娥. 波士顿矩阵法在本社教材调研中的应用［J］. 科技与出版，2011（8）.

本章小结

本章主要介绍了 4P 中的产品策略。产品是企业营销活动的主心骨，离开了产品，营销活动就没了依托。现代市场营销中的产品概念已逐渐演变为包含基本效用、品质特性、消费者的期望、附加价值以及前景趋势的整体概念。因而对企业的要求也就越来越高。产品策略主要包括产品生命周期策略、产品组合策略以及产品的品牌策略。通过对产品生命周期、产品组合策略及产品品牌策略的管理，企业可以更好地实现覆盖或巩固市场的目的。

第七章 定价策略

休布雷的定价秘诀

休布雷公司是美国一家生产伏特加酒的知名企业，其产品之一——史密诺夫酒在美国的伏特加酒市场上的占有率超过 20%。在 20 世纪 60 年代，休布雷公司曾遭遇过竞争对手的价格竞争，但休布雷公司在这次价格应对中的完美表现赢得了众多人的赞赏。

竞争对手针对休布雷公司的史密诺夫酒推出了质量相当的另一种新型伏特加酒，但单价却比史密诺夫酒低了一美元。根据经验，休布雷公司有三种对策：一是降价一美元，以维持市场占有率；二是维持原价不变，通过促销费用的增加来维持市场占有率；三是维持原价不变，听之任之。

事实上，无论采用哪种策略，休布雷公司都会处于被动应对的劣势地位。但该公司所采取的措施却让所有人都意想不到。他们将史密诺夫酒的价格又提高一美元，同时推出一种与竞争对手价格相当的瑞色加酒，以及一种价格更低的波波酒。

休布雷公司的策略一出，竞争对手降价所带来的威胁就不攻自破了。一方面，史密诺夫酒的身价就自然得到提升；另一方面，休布雷公司推出的瑞色加酒也让竞争对手的新产品沦为一种普通品牌。结果，休布雷公司成功地捍卫了自身的市场占有率，还在利润上获得了一定的增长。

资料来源：http://www.100guanli.com/Detail.aspx。

【案例启示】休布雷公司的定价策略成功地解除了竞争对手的威胁。实际上，在企业的营销活动中，定价是一个重要环节，因为定价可能影响到产品的销量、市场份额、利润等，还会对企业的竞争形势、行业地位产生影响。因此，如何定价、何时提价、何时降价都是企业需要考虑的问题。

本章您将了解到：

● 定价目标及影响因素

● 定价方法

● 定价策略

● 价格变动时企业的应对策略

第一节　定价目标及影响因素

定价是真理的时刻——定价是所有营销活动的焦点。

——雷蒙德·科里

产品进入市场必须有一个合适的价格，以使消费者认识并接受，为企业创造效益。企业要制定正确的产品价格，首先需要了解企业定价的目标，其次要分析影响定价的各种因素，这样才能为产品制定出合理的、有竞争力的价格。

一、定价目标

定价作为企业营销活动的一个重要环节，其目标的制定和实现都为企业营销总目标而服务。分析企业不同的定价目标，才能采取不同的定价策略。一般来说，企业的定价目标主要包括以下几个方面：

（一）保证企业持续经营

企业的一个重要目标是要能够保证持续经营。这一目标只是企业为求生存的一个短期目标，当企业经营稳定后，企业的定价目标就会发生变化。

（二）争取利润最大化

利润最大化是指企业以获取高额利润为定价的目标。在这种目标的指导下，企业可能会采取制定较高的价格以实现利润最大化，但也要注意高价格可能带来的是低销量；企业也可以采取低价策略，以扩大销量，进而获得高额利润。企业无论是采取高价还是低价，都是为了最大限度地获得利润。

（三）保持或扩大市场占有率

市场占有率是企业竞争力水平和经营现状的直接反映，只有不断扩大市场占有率，企业才能在日益激烈的竞争中维护企业的市场地位。在该目标指导下，企业可以在保证产品质量的前提下以低价占领市场，也可以通过高价高促销迅速进入市场获取一部分利润，待竞争加剧时再适当降价进行市场渗透。

（四）保持最优产品质量

有些企业是以生产高品质的产品为目标，这时，在定价方面就需要用较高的价格来弥补高质量产品的研发成本、生产成本以及产品的服务成本等。

（五）抑制或应对竞争

价格是企业竞争中最为敏感的方面，以此为目标能够有效地帮助企业适应和应对竞争环境。

二、影响定价的因素

一般来说，新产品上市、竞争环境发生改变、供求关系发生变化等情况出现时，企业就需要对定价策略加以考虑。在定价的过程中，影响定价的因素是多方面的，企业需要考虑成本、供需状况、竞争情况以及消费者的承收能力等，如图7-1所示。

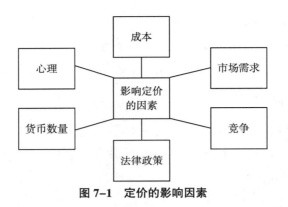

图 7-1　定价的影响因素

（一）成本因素

成本是影响产品价格最直接的因素，产品的价格必须包含各项成本要素。产品成本主要由生产成本、营销成本及储运成本这三部分构成。这三种成本分别来自于从生产产品到实现销售的过程中企业所产生的消耗。生产成本是指产品在生产的过程中所消耗的原材料、加工费、管理费等；营销成本是指为销售产品而发生的促销费用、人工工资、公共关系支出；储运成本是指产品经过分销渠道所发生的储存及运输费用。一般来说，产品的价格必须既能够补偿产品在生产和营销过程中的所有费用，还应形成一部分的利润以补偿产品经营者为之承担的风险支出。因此，产品成本越低，企业可能获得的利润就越高，在定价方面也更具灵活性，因而更容易在市场上占据主动地位。

（二）市场需求因素

产品的价格除了受成本因素的影响，还受市场需求的影响。马克思指出，在市场经济条件下，受到供需关系的影响，商品的价格围绕其价值上下波动。在一切商品经济中，供需关系与产品价格的形成和变动都存在着密切的关系。一般情况下，产品价格与市场需求量呈反比例关系。价格上升，需求量下降；价格下降，需求量则上升。但对于不同的商品来说，价格与需求量的变化幅度是不同的，因此企业在定价时应当对产品的需求价格弹性有所了解。企业必须准确把握自身产品的需求价格弹性，从而做出正确的定价决策。

 【拓展阅读】

需求价格弹性

需求价格弹性（E）是指某种商品价格变动 1% 时对其需求量产生影响的程度。

$$E = \frac{需求量变动的百分比}{价格变动的百分比}$$

当 E<1 时，产品的需求价格弹性较小。此时，价格的变动不会引起销售量的大幅变化。这类产品应采取稳定的价格策略。

当 E>1 时，产品的需求价格弹性较大。此时，价格的略微变动都会引起需求的大幅变化。这类产品适宜采取降价策略以扩大销量。如果要提价，那么就要防止销量大幅度滑坡。

（三）竞争因素

竞争因素对产品价格的制定有很大的影响，企业要深入分析产品所处的市场竞争状况，从而制定相应的价格策略。一般来说，市场竞争可以分为完全竞争、完全垄断和不完全竞争三种状况，不同竞争状况对市场营销者的商品价格制定产生不同的影响。

1. 完全竞争对制定价格的影响

在完全竞争的市场中，产品的价格是由市场中的供需关系决定的，任何一家企业对定价都没有决定权，他们和消费者都是价格的接受者。

2. 完全垄断对制定价格的影响

完全垄断是指某种产品的生产和销售完全被一家或少数几家企业独立控制的状况。在完全垄断的市场中，企业缺乏竞争因素因而不存在降低成本的外在压力，可以自由地决定产品的价格。但完全垄断企业的定价有时也可能会受到来自政府及公众力量的干预。

3. 不完全竞争对制定价格的影响

不完全竞争是现代市场经济中普遍存在的典型竞争状况，它介于完全竞争与完全垄断之间，包括垄断竞争和寡头垄断竞争两种情况。在垄断竞争的市场下，少数的企业占据有利条件，在定价方面有较大的主动权。寡头垄断市场的价格是由几家大企业共同制定的，称为联盟价格。任何一个寡头企业在价格方面的变动都会引起其他企业的猛烈反击。因此，寡头垄断市场的定价需非常谨慎。

（四）法律政策因素

市场经济有着自身无可避免的弊端，如价值规律、供求规律和竞争的自发性，这些都会使商品市场出现无序的情况。在这种情况下，政府的法律政策就扮演着重要的角色，通过制定相关法律法规对市场进行宏观调控。因此，在这种情况下，企业在根据自身情况和竞争形势作出自由的定价的同时，又必须在国家干预的范围内成为价格的接受者。因此，企业制定价格时，不仅要分析竞争力量的因素，还应关注政策和法律因素，从而制定适宜自身发展的价格策略。

（五）货币数量因素

商品的市场价格受到市场货币流通量的影响。价格是商品价值的货币表现形式，单位货币的价值量对商品的价格有制约作用。货币作为价值尺度，其单位价值量与货币（纸币）流通量呈反比关系，即货币流通量越大，单位货币价值量就越小；反之亦然。而货币流通量与商品价格则呈正比关系，即货币流通增加，商品价格随之上涨；反之亦然。在其他条件不变的情况下，一国的物价水平为其货币流通量所决定。货币流通量的计算公式为：

$M=PT/V$

式中，M 为货币流通量；V 为货币流通速度；P 为平均商品价格；T 为商品供应总量。

如果市场流通的货币量超过了市场交易的需要，就会导致货币贬值，物价上涨，进而形成通货膨胀。分析市场货币流通情况、物价水平以及物价变动的原因是企业制定产品价格必须考虑的重要影响因素。值得注意的是，当物价变动时，企业要实时地制定相应的价格调整策略，这样才能在物价变动时保证产品的销售。

（六）心理因素

消费者的购买行为都有一定的心理动机，因此心理因素也是影响企业定价决策的一个重要因素。但其难以考察且随机性较大，因而最不易测量，这就需要企业做好需求调查和分析，充分了解和把握消费者的心理。消费者一般会根据产品能够提供的效用大小来判断商品的价值，进而对产品有一个估价。这个估价就是消费者的期望价格。它并不是一个具体的数字，而是一个模糊的价格范围。如果产品的定价太高，超过消费者的心理预期，那么产品就自然难以被消费者所接受；但如果定价太低，又会使消费者对产品的质量产生怀疑，甚至拒绝购买。消费者的心理上会存在"便宜无好货，好货不便宜"的价值判断与追求价廉物美商品的矛盾。因此，企业应充分利用消费者的这一矛盾心理，做出恰当的定价决策。

此外，消费者的预期心理也会对购买行为产生一定的影响。如消费者对未来一定时期内房地产市场的供求状况有一个乐观的估计，即使当前房价再高，消费者也会争相抢购。反之，如果消费者预计未来房地产交易的价格会下跌，那么消费者就极有可能持观望的态度。这一预期心理对于供需关系会产生一定的影响，进而对企业的定价也会产生影响。因此，研究消费者的预期心理，并在此基础之上制定有针对性的价格策略对于企业来说有重要的意义。

随着社会经济的发展，消费水平的不断提高和竞争日趋激烈，心理因素对定价的影响将越来越大。研究消费心理对于制定合理的价格和获取竞争优势都有着重要的作用。

【案例 7-1】

别克凯越 Excelle 轿车的价格策略

目前上海通用汽车推出针对事业上刚刚起步、生活上刚刚独立的年轻白领的赛欧汽车（8.98 万~12.98 万）和针对的是已经取得成功的管理层的别克君威（22.38 万~36.9 万）。然而在中国，中档轿车市场才是蕴含巨大利益的主流市场，同时也是竞争最激烈的市场。

为了进军中档轿车市场，2003 年 8 月别克推出了售价为 14.98 万元的别克凯越 LE-MT 豪华版（1.6 升手动挡）和售价为 17.98 万元的别克凯越 LS-AT 顶级版（1.8 升自动挡）。在价格的制定上，别克可谓煞费苦心。因为中档车市场竞争相当的激烈，且爱丽舍、日产阳光、宝来、桑塔纳 2000 等车型已经占据的相当大的市场份额。在这样的大环境下，别克凯越只有更好的性价比才可以在市场中占有一席之地。所以在价格上，别克凯越的市场定价不高，采用的是满意定价的方法，制定中等的价格，同时兼顾了厂商、中间商及消费者三者的利益；在性能上，别克凯越配置了许多高档车的设备。

同时，我们可以看到它采用了尾数定价的技巧。别克凯越 1.6 的定价虽然与 15 万元只是差了 200 元，但是消费者在心理上却认为没有到 15 万元，从而带给顾客价廉的感觉。同时别克凯越采取了以数字 8 为结尾，很符合中国人的习惯。

别克凯越进入市场 3 个月，销量就突破 2 万辆，创造了中国轿车业的奇迹，这和上海通用稳定的价格策略是分不开的。

资料来源：http://wenku.baidu.com/view/b8d99dc75fbfc77da269b13d.html.

第二节　定价方法

公司定价太低会损害公司的盈利能力，定价太高则无法产生有效的需求。

——佚名

企业通过对定价目标和影响定价的相关因素进行分析后，就可以着手具体的定价工作了。任何企业都不能主观上随意为产品确定价格，而是必须采取科学的、行之有效的定价方法。一般而言，企业的定价方法可分为三类：成本导向定价法、需求导向定价法和竞争导向定价法。

一、成本导向定价法

成本导向定价法就是把产品的总成本作为定价的依据。成本导向定价法有三种较常用的具体形式：

（一）成本加成定价法

成本加成定价法是最简单的方法，即是在产品的单位成本上加上一定的利润比例，就形成了产品的价格。计算公式为：

$P = C \times (1 + M)$

式中，P 为产品价格；C 为单位产品总成本；M 为加成率。

这种方法简单易行，但是加成率的确定则是一个重点，目前大多使用这种方法的企业，在确定加成率时都是根据同行业中同类产品的利润情况来确定的。如果同行业的企业都采用这种方法，那么行业内产品价格差异不大，缓和了行业内的竞争。但是这种方法仅从卖方的角度出发，忽略了市场需求、消费者心理和竞争状况的变化，因而不是最合理的定价方法。

（二）目标利润定价法

目标利润定价法是利用总成本及预计的销售量来确定产品的目标利润，并在此基础上确定产品的价格。其计算公式为：

$P = (F + E) / Q + V$

式中，P 为单位产品价格；F 为固定成本；Q 为预期销售量；E 为目标利润；V 为单位产品的变动成本。

目标利润定价法可以明确地预计企业的利润，适用于那些销售量稳定、可预测的市场环境下。但其缺陷在于，价格的确定依赖于预期的销售量。当产品不能达到预期的销售量时就可能会影响到企业的利润。因此，企业必须要考虑影响销售量的多方面因素，从而制定合理的价格。

（三）损益平衡定价法

损益平衡定价法又称盈亏平衡定价法，它是以盈亏平衡点的价格水平为依据来确定产品价格的一种方法。其基本原理是，预计当企业的产品销量达到某一水平时，企业实现损益平衡，即产品的总收入与总成本相一致。这时的价格为产品的损益均衡价格。其计算公式为：

$$P = F/Q + V$$

式中，Q 为预计销售量；F 为固定成本；P 为损益均衡价格；V 为单位商品的变动成本。

但是，企业从事生产经营活动的目的不仅仅是为了收回成本，而在于获得目标利润。因此，制定价格时还必须加上目标利润。其公式为：

$$P = F/Q + V + E$$

式中，F 为固定成本；Q 为预计销量；V 为单位产品变动成本；E 为单位产品的目标利润。

企业在定价的过程中，可以利用损益平衡定价法对各个定价方案进行比较。在任意给定的价格水平下都会产生一个盈亏平衡的销售量，企业只需预测在这一价格水平下的销售量，并与盈亏平衡时的销售量进行比对，就可以选择出适合的定价方案。如果有多个方案可以实现损益平衡，那么企业就应根据预期的目标高低来确定定价方案。

【案例 7-2】
成本导向定价法的应用

1. 成本加成定价法

某电视机厂生产 2500 台彩色电视机，总固定成本 800 万元，每台彩电的变动成本为 2000 元，确定加成率为 20%。则采用总成本加成定价法确定价格的过程如下：

单位产品固定成本 = 8000000 ÷ 2500 = 3200 （元/台）

单位产品变动成本 = 2000 （元/台）

单位产品总成本 = 5200 （元/台）

单位产品价格 = 5200 × （1 + 20%） = 6240 （元/台）

采用成本加成定价法，确定合理的成本加成率是一个关键问题，而成本加成率的确定，必须考虑市场环境、行业特点等多种因素。某一行业的某一产品在特定市场以相同的价格出售时，成本低的企业能够获得较高的利润率，并且在进行价格竞争时可以拥有更大的竞争优势。

2. 目标利润定价法

前例中该电视机厂的总投资额为 900 万元，投资回收期为 5 年，预计销售量为 2500 台，则采用目标收益定价法确定价格的基本步骤为：

第一，确定目标收益率。

$$目标收益率 = \frac{1}{投资回收期} \times 100\% = \frac{1}{5} \times 100\% = 20\%$$

第二，确定目标利润额。

$$目标利润额 = 总投资额 \times 目标收益率 = 9000000 \times 20\% = 1800000（元）$$

第三，计算单位产品价格。

$$单位产品价格 = \frac{固定成本 + 目标利润}{预计销售量} + 单位产品变动成本$$

$$= \frac{8000000 + 1800000}{2500} + 2000 = 5920（元/台）$$

3. 损益平衡定价法

例如，某制鞋厂在一定时期内发生固定成本 F 为 80000 元，单位变动成本 V 为 0.7 元，预计盈亏平衡点的销量 Q 为 100000 双。目标利润 E 为 10 元/双。

$$则产品价格 = \frac{固定成本}{销量} + 单位产品变动成本 + 单位产品目标利润$$

$$= \frac{80000}{100000} + 0.7 + 10$$

$$= 11.5（元/双）$$

资料来源：http://baike.baidu.com/view/958815.htm.

二、需求导向定价法

需求导向定价法是指企业根据市场需求量的大小和消费者对产品的反应来确定商品的价格。其定价方式有以下三种方法：

（一）理解价值定价法

所谓"理解价值"是指把消费者对某种产品价值的评判作为定价的依据。这种方法是从消费者角度出发，能够制定出消费者更能接受的价格，但是消费者的"理解价值"常常与产品的实际价值有一定的偏差，所以在采用理解价值定价法时，企业要采取一定的营销手段和策略来影响消费者对产品价值的认知，使消费者对产品产生一种积极的价值观念，企业再对宣传的这种价值进行定价。

（二）需求差异定价法

企业在考虑顾客类型、消费数量、消费时间、消费地点等方面的差异后，确定产品价格。如一些高端客户追求高价值的产品，这时企业就可以给定高价，反之则定低价；大批量的购买者可获得低价，反之则采取高价。

（三）逆向定价法

企业通过调查消费者可接受的最终产品价格，计算企业产品的成本和利润，然后逆向计算出最终销售价格。这种定价方法不以实际成本为主要依据，而是以消费者可接受的价格水平为依据，这样在保证利润的前提下，也能获得消费者的认可。市场营销渠道中的批发商和零售商较多地采用这种定价方法。

【案例 7-3】

需求导向定价法的应用

1. 理解价值定价法

某著名婴儿奶粉企业在宣传时强调其奶粉是真正源自国外，采取了打"进口牌"的推广策略，从公司名称到形象包装，都定位"国际化"，使消费者对该品牌的印象就定位为进口品牌。其市场定价甚至比多美滋、美赞臣、惠氏、雅培等洋品牌高出一大截，该品牌奶粉系列产品中最贵一款的价格为 298 元/800g，而上述四大洋品牌同规格产品的定价则在 180~200 元 1800g 之间。

2. 需求差异定价法

某连锁酒店企业对其房价在不同的季节、不同的时间，如周末、节假日都规定有不同的价格。一般淡季时每间房的房价为 120~150 元，周末会上调 10%，定价为 160 元/间左右，而旅游黄金周时价格会继续上涨，达到 200 元/间左右。

3. 逆向定价法

福建某食品公司，2004 年推出"脆酥"系列，由于此类产品像饼干又不是饼干，市场上无同类产品可比，所以在制定市场零售价格和渠道经销商价格政策时，采取了召开消费者焦点会议和经销商座谈会，分别就这个新产品让直接顾客提出针对性的价格意见，然后市场部根据各类顾客的不同意见进行综合，制定出合理的价格策略，从而一炮打响，获得巨大成功。

资料来源：http://www.yesky.com/channels/357/2500357_5.shtml.

三、竞争导向定价法

竞争导向定价法主要是以竞争者的价格为参考来进行定价，其目的是为了增强竞争力。这种定价方法下，企业产品的价格可能与竞争者相同，也可能高于或低于竞争者。只要竞争者价格不变，即使企业产品成本或需求发生变动，企业的产品价格依然保持不变；如果竞争者价格发生变化，企业产品的价格也随之变动。这类定价方法主要有以下三种：

（一）随行就市定价法

随行就市定价法是一种跟随行业领导者的产品价格进行定价的方法。随行就市定价法不仅能够帮助企业应对市场需求的变化，取得一定的经济收益，而且还能让企业更好地处理与同行业者的关系，实现行业的良性竞争。

（二）投标定价法

投标定价法通常用于建筑包工、大型设备制造、政府大宗采购等，这种办法是买方引导卖方达成交易的一种办法。该方法的程序一般是由买方（招标方）公开招标，卖方（投标方）在规定时间内通过密封报价参与竞争，最终买方根据物美价廉的原则择优选取，到期当众开标，中标者与买方签约成交。

（三）拍卖定价法

卖方预先向社会公布拍卖信息，展出拍卖物品，有意向的买方先查验物品，然后在规定的拍卖时间里公开竞争叫价，直到没有最高价格时，喊出最高价格的买方就获得拍品。

【案例 7-4】

时尚杂志行业的竞争导向定价法

某时尚杂志创刊于 1945 年，是全球最畅销的时尚类女性杂志，其主要内容是呈现国内外最新的时装、美容以及现代生活的流行趋势。该杂志的目标读者是受过高等教育的女性，在保持良好的生活情趣和女性气质以外，还关注自己的事业发展，拥有一份理想的工作并有高于平均水平的个人和家庭收入。该杂志定价为每本20 元。因其在行业的领导地位，使整个时尚类杂志呈现出竞争导向定价的局面，除了《上海服饰》以 6.5 元的零售价进行差异竞争外，2003 年第一季度时尚类杂志的前 10 名中，另外的 8 家都采取了跟该杂志一样的"贴身竞争"定价为 20 元。

第三节 定价策略

在营销组合中，价格是唯一能产生收入的因素，而其他因素都表现为成本。价格也是市场营销中最灵活的因素。

——菲利普·科特勒

产品价格的制定是企业营销组合的重要组成部分。有竞争力的定价策略是企业获取市场份额、增加销售、实现盈利的重要武器。在日益激烈的市场竞争中，企业要充分分析市场需求状况、产品特点、产品所处的生命周期以及消费者的需求等因素，选择合理的定价策略，顺利实现定价目标和企业盈利。

一、新产品定价策略

新产品定价是一个复杂的过程。合理的定价能促使新产品迅速打开销路，并占领市场，为企业带来利润；不合理的定价则可能使新产品遭受失败。企业在推出新产品时一般采用以下三种定价策略：

（一）高价策略

高价策略又称撇脂定价法，当新产品具备竞争者所不具有的新功能和新特色时，企业可以为新产品制定高价，以期产品能在短时间内帮助企业收回开发产品的成本，实现盈利。当新产品的日益成熟时，企业就可以通过适当降价以维护市场地位，并参与市场竞争。

（二）低价策略

低价策略又称市场渗透定价法，这种定价策略恰好与高价策略相反，在新产品投入市场时，企业为其制定一个尽可能低的价格，从而使新产品占据价格优势，并最终迅速占领和拓展市场。

（三）中间价格策略

中间价格策略又称满意价格策略，就是给新产品制定一个不高不低的价格。这种价格一般是通过目标利润定价法计算所得。采取这种策略制定的价格一般较为合理、风险小，并且使企业在回收成本的同时获得适当的利润。

【案例7-5】

iPod 的新产品定价策略

苹果 iPod 是前几年最成功的消费类数码产品之一。iPod 刚推向市场时，其零售价为 399 美元。在当时，即使是对美国人来说，也已经属于高价位产品。尽管如此，还是有许多人为之倾倒，争相购买，似乎拥有一台 iPod 已经是一种时尚。没过多久，苹果认为这一部分市场仍有价值可寻，于是就又推出了一款容量更大的 iPod，定价为 499 美元，仍然获得很好的销路。可以说，苹果的撇脂定价策略非常成功。

当取得成功后，苹果并非就死守高价位不变。在观察到外部环境的变化后，苹果就适时地调整了定价策略。一方面，苹果的高价产品已经成功地占领了高端市场，同时，也在整个市场范围内起到了很好的宣传促销效果，市场对这种产品有较大的需求；另一方面，竞争对手也推出了类似的产品来与之竞争。苹果需要用低价来扩大市场占有率。因此，苹果推出了一款名为 iPod shuffle 的大众化产品，将价格定位在 99 美元。但是苹果原来的高价产品并没有退出市场，而是与低价产品形成"高低搭配"的格局。苹果的 iPod 产品在几年中的价格变化是撇脂定价和渗透式定价交互运用的典范。

二、产品组合的定价策略

当产品属于某个产品组合时，企业就需要探索一整套促进产品组合内每种产品都能获利的价格。给产品组合定价是十分困难的，因为各种产品的成本和需求是不同的，遇到的竞争激烈程度也不同。因而，产品组合的定价策略主要有四种情况：

（一）产品线定价

产品线定价是根据不同产品的成本及需求之间的关系，将产品定价为不同的层次。许多行业都可以采用这种定价策略，如某生产男士衬衣的企业将其衬衣分为高档、中档和低档三个层次，定价分别为 258 元、168 元和 98 元。通过这种定价方式，令顾客确信企业是按质论价的，即"一分价钱一分货"。顾客会按照自身的消费水平和消费习惯去购买某一档次的产品。

（二）必需附带产品定价

必需附带产品是指那些必须与主体产品一起使用的产品，如剃须刀片、胶卷等。一般来说，必需附带品都属于易耗产品。在对这类产品进行定价时，企业会制定较低的主体产品价格而给必需附带品制定高价。这是因为消费者要想使用主体产品就必须购买必需附带品，这样具有高价格、易消耗特征的必需附带品就给企业带来了更多利润。例如，吉列公司低价销售剃须刀架，通过高价易耗的刀片赚取利润。

（三）非必需附带产品定价

企业向市场提供主要产品的时候，会附带供应与主要产品有相关性的任选品或附件。如汽车销售商除了提供汽车外，还提供 GPS 导航仪、车用冰箱、收音机等。在制定这类产品的价格时，企业需要考虑市场需求状况、消费者的喜好等因素，从而制定合理的价格。

**【拓展阅读】**

服务业也用产品组合定价策略

服务业中也有类似的定价策略。如通信行业中，电话费被分为固定的月租部分和变动的额外通信费用。这部分固定的月租就属于必需附带产品，顾客必须支付一定的月租，才能使用其他功能。如果消费超出规定的额度，还要进行额外收费。

（四）副产品定价

有时企业的产品生产过程中会产生大量的副产品，如果企业对这类产品进行合理定价，也能带来一定的收益。为副产品制定价格，企业必须找到一个需要这类副产品的市场，并且能够接受包括运输、存储成本在内的产品价格。这样才能把副产品很好地销售出去。例如，动物园中动物的粪肥就是具有销售价值的副产品，动物园可以联系有机肥需求方，制定合理价格后进行销售。

（五）产品群定价

有时，企业为了促进各种产品的均衡销售，可能会将相关的产品组合在一起，一并销售。例如，化妆品公司将具有美白功效的爽肤水、乳液、日霜、晚霜、眼霜等组合在一起，定价比单独购买要有所优惠，这样可以促进这一系列产品的销售。采用这种定价方式时，企业应意识到，这一产品群的价格具有较大吸引力时，顾客才会愿意购买。否则会让消费者认为企业是在强买强卖、捆绑销售。

三、折扣和折让定价策略

企业为了迅速收回货款、刺激消费、促进淡季销售等，会在一定的时候对产品的基本报价单进行修改。这种情况下，价格的调整就被称为折扣和折让。

（一）折扣

折扣的种类有很多种，但是总的来看，每种折扣方法都是给予消费者一定的现金优惠，具体的折扣定价的类型如表 7-1 所示。

表 7-1　折扣的类型

类型	描述	特点	举例
现金折扣	企业为收回资金，激励买方迅速付款	保证企业现金流通，减少收账和坏账损失	"2/10，净 30 天"，表示买方应在 30 天内付清货款，若在 10 天之内就付清，就将获得 2% 的折扣
数量折扣	对大量购买产品的买主所给予的优惠	多用于批发，随购买量的增加，折扣率也会增大	购买数量少于 100 单位，则每单位 10 元；购买数量为 100 或更多，则每单位 9 元
功能折扣	对分销渠道中不同功能、不同类型的分销商给予不同的优惠	主要根据分销商的功能来提供不同的折扣，但每条渠道的功能折扣是相同的	100 元的产品，给零售商的折扣为 40%，给批发商的折扣则在零售商的基础上再折扣 10%
季节折扣	为了保持稳定的业务量，在淡季提供一定的折扣或优惠	短暂性、季节性折扣	酒店、宾馆会在淡季提供一定的折扣，以促进销售

（二）折让

折让是企业降价优惠的另外一种形式，常见的有"以旧换新折让"和"促销折让"。"以旧换新折让"是指在购买新产品时交回旧产品而给价格上作出的减让，一般适用于汽车等耐用品行业。"促销折让"是对分销渠道的中间商提供的降价，作为他们支持企业销售活动的一种报酬。

折扣和折让能为企业带来短期销售额的增加，但是企业在实行折扣和折让时要注意分析企业的现金流、折扣或折让的成本、竞争对手的反应以及消费者的心理等因素，并且要注意与市场现有的折扣或折让标准相区分。

四、地区定价策略

地区定价是指企业怎样为处在不同国家、不同地区的产品进行定价。因为产品大多存在异地销售的情况，面对这种情况，企业要灵活地处理产品价格与运输、储存等费用的关系，要考虑这部分成本应该由谁承担，才能使产品更有吸引力。地区定价策略主要有以下几种：

（一）FOB 产地定价

FOB 产地定价就是指买方按产品的出厂价购买产品，并承担从产地到买方所在地的一切费用和风险，而卖方只负责交货前的保存、保管等事项。采用这种定价方式对于离产地较远的客户较为不利，因为客户需要承担较高的运费，客户的成本也会增加。

（二）统一交货定价

统一交货定价是指无论买方所在地区的远近，企业对所有买方制定的价格都是一致的，即产品价格加上平均运费。这种定价方式与 FOB 定价正好相反，它不考虑地区远近的差价，因而容易争取到更多远方的客户。应用统一交货定价的一个最常见的例子就是信件，平信不因远近而增加邮资，但会考虑重量的因素。

（三）区域定价

区域定价是指企业将销售市场划分为几个不同的区域，对每个区域销售的产品制定不同的价格，而区域内的价格都是一致的。在采用区域定价时，由于考虑到运输问题，一般较远的区域价格也相对较高。

（四）基点定价

基点定价是指企业指定一些城市为销售基点，买方需承担从基点到买方所在地的运输费用。采用基点定价方式时，不考虑货物的原产地在哪里，对于客户来说相对公平一些。

（五）免收运费定价

免收运费定价是指企业自己承担部分或全部运费以促成交易的定价方式。这种方式会增加企业的成本，但企业可以通过增加的销售额来弥补成本的提高，从而形成企业的竞争力。

【案例 7-6】

统一交货定价法

本世纪初，日本人盛行穿布袜子，石桥便专门生产经销布袜子。当时由于大小、布料和颜色的不同，袜子的品种多达一百多种，价格也是一式一价，买卖很不方便。有一次，石桥乘电车时，发现无论远近，车费一律都是 0.05 日元。由此他产生灵感，如果袜子都以相同的价格出售，必定能打开销路。然而，当他试行这种方法时，同行全都嘲笑他。认为如果价格一样，大家便都会买大号袜子，小号的则会滞销，那么石桥必赔本无疑。但石桥胸有成竹，力排众议，仍然坚持统一定价。实际上，不管大号还是小号，人们对袜子的需求都是固定的，脚大的需要穿大号袜子，脚小的就需要穿小号袜子。由于统一定价方便了买卖双方，深受顾客欢迎，布袜子的销量达到空前规模。

资料来源：hhtp：//baike.dichan.com/word-%D5%DB%BF%DB%D3%AA%CF%FA.html.

五、心理定价策略

心理定价指企业将不同消费者的心理需要以及对不同价格的判断作为定价的考虑因素，以便与消费者达成情感和心理上的一致性。主要有以下几种定价策略：

（一）尾数定价

尾数定价也称为非整数定价，就是给产品的价格定为带有零头的数字，或者保留小数点后的尾数，给消费者一种价格便宜的感觉，同时还能使消费者对产品的定价工作产生信任感，他们可能认为这样带有零头的数字是经过仔细核算才制定的。如原本可以定价 100 元的商品，定成 99.9 元，这种方法在需求价格弹性较大的中低档商品中应用较多。

（二）声望定价

声望定价与尾数定价法相反，它定价的目的是突出产品的地位和声望，使产品树立起高档次的形象。如"海飞丝"在中国上市时，宝洁为其制定了在同类产品中最高的价格，最终获得了巨大的成功。相反，中国瓷器在巴黎世界博览会展出时，其标价只有 300 法郎，使那些本想买来做摆设的顾客欲购又止，因为 300 法郎的价格完全不能满足消费者炫耀的心理。

（三）参照定价

参照价格是指消费者在购买产品时，对于产品的价值和价格已经有一个定位，或是一个用来参考的价格。因此采用参照定价时，企业应考虑参照价格形成的几种方式，如过去此类产品的价格、当前市场上此类产品的价格等，进而通过影响消费者对产品的参照价格来定价。某些企业将自己的店面选择在一些高档品牌的附近，以此显示这些产品都属于同一类型，并通过启发消费者将本企业产品的价格与其他高档产品的价格对比等方式，来影响消费者的参照价格。

（四）促销定价

促销定价是指企业暂时将一种或几种产品的价格降低，以吸引顾客的方式。企业采用促销定价并不仅仅是为了促进这几种产品的销售，还希望通过吸引消费者前来，从而可能对其他正价的产品产生兴趣。如服装企业最常用的就是对一些过季的或旧款的衣服打折，同时将新款上架。这样一方面可以增加促销品的销售量，另一方面也是在为新品做宣传，从而也增加了消费者购买新品的可能性。

【案例 7-7】

心理定价策略

微软公司的 Windows 98（中文版）进入中国市场时，一开始就将价格定为 1998 元人民币。这是一种典型的声望定价，一方面该价格在当时同类产品中已算较高，且该价格与当时的年份和产品的版本号也都相同，凸显出 Windows 98 的与众不同。另一方面，尾数"8"的发音与"发"相近，也会给中国消费者一种吉利的感觉。

金利来品牌也很好地利用心理定价的策略，其下的西装、衬衣、领带等均定位在高档价位。而且他们致力于向消费者传递这样一种信息：金利来的产品都是经过精心挑选过的，产品绝不会有质量问题，因此，高价是为了保证产品的质优。这一方式使消费者产生"一分钱一分货"的感觉，从而极大地提升了金利来产品在消费者心目中的形象和地位。

资料来源：http://wenku.boidu.com/view/11564a3c0912a21614792931.html.

六、差别定价策略

差别定价是指企业在定价时充分考虑顾客、地点、时间等方面的差异，为产品制定出两种或多种价格。这样的定价方式能很好地满足处在不同地区、不同购买时间的不同购买者的特殊需求，以扩大市场，增加销量和收益。需要注意的是，这种差异价格不是根据成本来制定的。

【拓展阅读】

差别定价的前提

（1）该产品市场必须能进行市场细分，并且每个细分市场有不同的需求强度。

（2）防止低价购买商品的消费者，把产品以高价进行转售。

（3）差别定价所得的收益必须能支付实施差别定价所需的成本，并有盈余。

（4）确保竞争者不能以低价在高价市场上销售。

（5）差别定价必须是合法的。

差别定价主要有以下几种形式：

（一）顾客差别定价

企业将同种产品或服务以不同价格销售给不同的消费群体。如某些社会成员如学生、老人、残疾人等在乘坐公交车时有一定的优惠；这种定价方法在一些国家是不允许的，因为这可能存在"价格歧视"。

（二）产品形式差别定价

企业对不同规格（质量、花色、款式等）的产品制定不同的价格。如不同口味的饮料、不同款式的手表等，都可制定不同的价格。这种定价主要以市场的需求状况为依据。

（三）产品地点差别定价

企业根据产品或服务所处的不同地点定出不同的价格，在这种定价方式下，产品的成本可能没有任何差异。如火车卧铺的上下铺票价不同；同一头牛不同部位的肉价格也不一样。

（四）时间差别定价

企业为处在不同季节、时期，甚至同一天的不同时间段的同一产品制定不同的价格。如电费在白天和夜晚的价格就不一样；旅游业在淡季和旺季定价也不相同。

【案例 7-8】

蒙玛公司的差别定价

蒙玛是意大利一家时装公司，它在同类产品的市场中以"无积压、零库存"而著称，其关键就在于对产品实行分时段的差别定价。蒙玛公司规定，所有的产品上市以后，都以 3 天为一个周期。每过一个周期，其零售价格就降低 10%，依次类推，当过了一个月之后，其时装的售价就降到原价的 35%。这时，蒙玛公司就将时装以成本价出售。这种定价方式吸引了许多消费者，一方面，刚上市没几天就有降价，对消费者来说是一个很大的诱惑；另一方面，出于对产品断货的担心，消费者也会急于购买。因此，蒙玛公司的时装经常是上市不久，就被一抢而空。通过这种时间上的差别定价法，蒙玛公司既提高了销售量，又减轻了库存或积压的压力，从而大大提高了蒙玛公司的经营业绩。

资料来源：http://www.docin.com/p–101919427.html.

第四节　价格变动与企业对策

环境在变，价格也会相应改变。如何对竞争者的变价做出及时、正确的反应，也是企业定价策略的重要内容之一。

——佚名

随着市场需求状况、竞争情况以及营销目标和策略的不断变化，企业时常需要做出价格变动的决策。价格变动决策一般包括降价或提价决策以及如何应对价格变动时购买者和竞争者的反应。

一、降低价格

对于企业而言，降价决策可能引起行业内企业的不满，进而引发价格战。但是，当企业面临以下情况时必须考虑降价。

（一）企业生产能力过剩

导致产品库存大幅度增加，即使通过增强推销、产品改进或其他营销手段也没能改变现状。这时，就需要利用降价来扩大销售。

（二）企业遭遇强有力的价格竞争

市场份额逐渐被竞争者蚕食。为了保住市场份额，企业就必须降价。

（三）企业的产品成本低于竞争者，但销路却没有竞争者好

这时就需要适当降价来进一步打开销路。在这种情况下，由于企业的成本低于竞争者，因而在降价过程中可处于较为有利的位置，同时也能依靠大销量来进一步降低成本，实现良性循环。

【拓展阅读】

采用降价策略存在的风险

（1）低质量误区。在消费者看来，只有产品质量没有竞争者好才会出现降价情况。

（2）不稳定的市场占有率。降价能获得市场占有率，但却不能获取消费者的忠诚，当出现更低的价格时，消费者就可以转向其他企业。

（3）需要充足的现金以应对持久的"价格战"。面对拥有大量现金储备且能打持久"价格战"的竞争者，企业是否能应对。

二、提高价格

提价确实能给企业带来巨大的利润，但是却会引起消费者、经销商，甚至企业销售人员的不满，同时价格的上涨也可能导致产品竞争力的下降和市场占有率的降低。那为什么仍然有企业在某些情况下还是要提高价格呢？原因主要有两点：一是企业所经营的产品出现供不应求的现象，已经无法满足所有消费者的需求，通过提价以平衡供需关系。二是通货膨胀导致企业成本上升，利润减少。为了平衡收支，企业就须提高价格来抵消通货膨胀带来的成本的增加。

企业提高价格主要为了提高利润和弥补增加的成本，因而企业的提价要以这两个目标为前提。企业提价的策略主要有：直接提价，并向消费者阐明成本上升导致价格上涨；减少现金、数量折扣；改变产品的规格，如减少分量或变换包装，尽量做到隐蔽性的提价；将产品和附加服务分别定价；拓展高利润的产品市场，逐步压缩利润较低的产品市场。

无论采取何种提价策略，企业要注意信息的传递与沟通，力求取得消费者的理解，才能使提价顺利实施。

三、购买者对价格变动的反应

不论是降价还是提价，消费者对价格变动都会有最快速的反应。对于消费者来说，价格变动不仅仅是简单的价格调整，可能还隐藏着其他信息。因此，企业对消费者的反应要有充分的认识，并且认真分析，及时采取应对措施。

消费者对降价的认识：该产品可能将被新品种所取代；产品质量出现问题；企业陷入经营困局，产品可能面临停产，企业可能不会再提供与产品相关的配件及服务；价格可能会进一步降低，现在购买可能会吃亏，还是等降得更低时再买。

企业要尤其重视消费者的这些反应，制定恰当的降价幅度、时间等，并且对产品质量和企业实力加以宣传，避免消费者产生这些认识而引起降价的失败。

通常来说，提价会阻碍销售，但是也可能有积极的意义。因为，消费者有时对提价可能有以下猜测：产品是热销货，要是不尽快下手购买，可能就脱销了；产品提价可能是因为它有非比寻常的价值；价格可能会持续上涨，及早购买可避免将来支付更多的价钱。消费者往往存在"买涨不买落"的心理，例如，在黄金价格上涨时，黄金销量却大幅度上涨，就是因为消费者受到这种心理的影响。

四、竞争者对价格变动的反应

一旦企业决定对价格进行调整，竞争者就可能会迅速做出反应。这时，企业就需要对竞争者有深入的了解，从而预测竞争者可能采取什么措施。如果企业面对一个强有力的竞争者，那么竞争者可能有两种情况：

第一，竞争者在应对价格变动时，一直采取一种既定的方式，即跟随企业的价格变动做出调整；这种情况下，竞争者的反应能够被预测，企业只须针对竞争者的反应做出策略的变动。

第二，竞争者对每次的价格变动都会做详细的分析，并结合自己的目标和利益做出反应。在这种情况下，企业的重点就是分析竞争对手的利益和目标。

竞争对手对价格变动的反应可能会因为行业、产品特征等方面的差异而有所不同。无论竞争者采取何种反应，企业在主动做出价格调整之前就要通过详细地调查和分析，判断竞争者可能做出的反应，并制定应对措施。

五、如何应对竞争者价格变动

当竞争者的价格调整策划已久，企业对此毫不知情时，如何应对这种突如其来的价格变动就成为企业的一门必修课。一般而言，当竞争者做出价格调整时，企业要冷静地分析市场情况，并全面地掌握竞争者的动态，从而做出正确的决策。

企业应首先对产品性质进行分析，并结合企业所处的市场地位，来制定相应的应对策略。

（一）产品性质

对于同质性产品而言，面对竞争者的降价，企业一般应以跟进为主。否则，消费者就会转而购买竞争者的无差异产品，进而导致企业的产品滞销，丢失市场份额。当竞争者提价时，在正常的情况下，企业一般不会跟随提价。但当普遍的企业都面临成本的压力，且提价对于整个行业有利时，企业就可能会选择跟随提价。对于异质性产品而言，产品的差异性会使企业在应对策略上更具灵活性。因为消费者在选购产品时不仅考虑价格因素，还会考虑品质、功能、服务等带来的额外效益。因此，当竞争者变动价格时，企业应调查竞争者是否在产品质量、服务、特色等方面有所改动，再根据自身的特点来制定应对策略。如竞争者将其颇受消费者欢迎的产品实施降价策略以扩大销售，企业如果在产品的性能、特色上较为突出，则可以选择维持原价不变，否则的话也应考虑降价。

（二）市场地位

一般来说，处于领导者地位的企业在竞争中更容易受到来自其他企业的挑战。面对这些企业的价格攻势，市场领导者可以有以下几种对策：

1. 维持原价不变

市场领导者在产品的市场占有率方面本身就具备一定的优势，维持原价可能会对市场占有率有一定的影响，但企业可以在维持原价的基础上，通过一些非价格手段来提升竞争力，如改进产品质量、提高服务水平、加强促销等。

2. 降价

如果市场领导者在成本方面本身就具有优势，那么市场领导者也可以采取降价来应对竞争。降价可以保留一大部分对价格较为敏感的客户群，或吸引一部分新的消费者，从而使销量和产量都有所提升，形成规模效益，进一步降低成本。

3. 提价

企业在提价的同时还必须考虑到产品质量的提升、功能及特色的增加，或推出新品牌，从而提升企业的形象。

【案例 7-9】

科龙的"反其道而行"

2001 年 3 月，家用电器行业的价格战局势愈演愈烈。彩电、空调纷纷降价，而科龙却一反常态，宣布全面提升其冰箱的价格。在这次提价中，科龙有超过二十款冰箱都有不同程度的升幅，其中升幅最高的为 8%，平均升幅为 4.5%。然而，市场销售却不跌反涨，这是为什么呢？在业界人士的广泛关注下，科龙介绍了提价的两大原因。

第一，发挥品牌对销售的拉力。科龙集团在品牌方面加强了传播的力度，在中央电视台黄金时段的广告极大地提升了科龙品牌的知名度和美誉度。同时，科龙集团还大力加强品牌的传播。这些都为科龙冰箱的销售产生了巨大的拉力。

第二，供不应求，提价有理。科龙投入巨额资金在技术方面，加强研发。2000 年推出的两款新品销售业绩较去年同期增长了 15%。部分地区甚至出现供不应求的状况。因此，科龙的提价可谓"顺应经济规律"之举。

对此，业界人士也有评论：科龙的提价并非一时兴起，而是早有预谋。从 2000 年开始，科龙就进行了一系列改革，如技术、品牌等，为捍卫自身的市场地位做足了准备。

资料来源：http://wenku.baidu.com/view/11564a3c0912a21614792931.html.

 【拓展阅读】

定价神话

战略定价公司的资深评价人小乔治·克雷斯曼总结了三个关于定价的神话：

（1）将成本完全包含在利润内会给我们带来利润。克雷斯曼说："当我们定的价格包括了所有成本的时候，客户就会为我们的费用做一番假设评价。然后，就会得到合乎逻辑的结论，那就是我们应该增加的费用，因此，我们就可以涨价，同时客户将会比以前更爱我们。"

（2）根据变化的市场份额来给我们的产品定价会给我们带来利润。因为"正确的问题不是什么样的价格会使我们得到预定的销售额和市场份额，而应该是我们究竟能向多大的市场提供我们的服务"。

（3）根据消费者的需求来定价会给我们带来利润。"当你试图询问消费者将付多少钱时，"克雷斯曼说，"千万别问。因为你不会喜欢他们的答案。相反，你应该问：'我们应该用什么样的价格来说服消费者支持我们的产品和服务'"。

资料来源：菲利普·科特勒，凯文·莱恩·凯勒. 营销管理［M］.上海人民出版社，2006.

本章小结

本章主要介绍了产品定价的相关内容。定价活动受成本、需求、竞争、政策以及消费者心理等因素的影响，同时定价策略的优劣也影响着企业的竞争地位和市场份额。企业常用的定价方法包括成本导向定价法、竞争导向定价法和需求导向定价法。在应对市场竞争的过程中，企业的定价并非一成不变，把握市场形势、制定合理的价格变动策略才能有效地维护企业的竞争地位。

第八章 销售渠道策略

中国空调企业的营销渠道模式

　　稳定、高效的营销网络能够给企业带来经济性，成为企业发展中的重要推动力。因此，在我国空调行业，各大企业都致力于形成自己的营销渠道。

　　1. 美的模式——批发商带动零售商

　　美的向一个地区的几个批发商直接供货，而零售商则由批发商负责供货。制造商负责制定零售指导价，并为零售商的终端形象展示及促销活动提供指导。在售后服务方面，经销商和制造商共同承担。

　　2. 海尔模式——制造商主导、零售商支配

　　在海尔的营销渠道模式中，制造商承担了大部分的职责，包括制定市场价格、促销活动等。零售商相对地处在被支配的地位，只需按照海尔的规定辅助营销活动的开展即可。

　　3. 格力模式——厂商股份合作制

　　在格力的营销渠道中，格力公司负责全面的宣传和促销活动。分销工作由合资的销售公司进行，并制定批发价格和零售价格，经销商必须严格遵守。售后服务也由合资公司承担。在各地分销商的经营中，格力公司只针对品牌建设提出建议，而具体的终端活动，如店面装修、当地的广告促销等则由各分销商自行设计和决定。

　　资料来源：http://wenku.baidu.com/view/bd386466f5335a8102d22012.html.

【案例启示】各个家电企业在渠道建设方面都有一套自己的方式，而各家企业的销售渠道也各有优势。销售渠道策略的选择可谓影响深远。它不仅影响着产品能否及时到达目标市场，而且还影响着销售成本、销售效率等。企业的销售渠道策略应与自身的优势、特点相匹配，不选"最好"的渠道策略，只选"最合适"的渠道策略。

本章您将了解到：

- 销售渠道的概念及模式
- 影响销售渠道的因素
- 销售渠道设计的步骤
- 批发商与零售商
- 产品实体分配的相关内容

第一节　销售渠道概述

唯有"传播"和"渠道"才能形成真正差异化的竞争优势。

——菲利普·科特勒

一、销售渠道的概念

销售渠道是指一些相互协作将产品或服务从生产领域转移到最终消费领域的组织所形成的通道。其作为通道的含义是指，商品和服务在转移过程中各个中间环节所形成的路线或途径。该路线始于生产商，经至批发商、代理商、零售商等中间商，最后终于消费者。

在当前的市场经济环境下，自产自销的方式已经不能满足飞速发展的市场需求了。企业需要利用中间环节才能使其商品或服务到达更多的消费者手中，并实现产品的价值。这些中间环节就是企业销售渠道中的中间商。对于整个市场来说，中间商解决了生产和消费在时间、空间上的矛盾。对于生产者来说，中间商可以帮助企业进行产品拓展和销售，促进产品流通和资金的融通，这既提高了生产者的效益，又可以降低风险。因而销售渠道的选择对于生产者有着重要的意义。

一般来说，某个具体的市场营销渠道中，各参与成员的功能主要涉及以下八个方面：营销市场调研、促销、市场拓展、编配分装、谈判、实体分销、资金融通、承担风险。前五个方面主要是为了促进企业产品的销售，后三个方面主要是为销售产品提供辅助作用。企业要根据企业的需要合理选择承担这些功能的中间商，从而帮助企业降低成本，提高产品分销的速度，进而更好、更快地满足市场的需求，实现盈利。

二、销售渠道的模式

（一）销售渠道的层次

在分销的过程中，任意一个对产品拥有所有权或销售责任的机构称为一个销售层次。层次的多少决定了销售渠道的长短。按照有无中间层次可将销售渠道分为直接渠道和间接渠道。

1. 直接渠道

直接渠道是指生产者直接将产品卖给消费者（或用户）。直接渠道的形式主要包括派推销员上门推销、开设自销门市部、邮寄销售、通过订货会或展销会与用户直接签约供货、电话电视营销、网上销售、自动售货等。

2. 间接渠道

间接渠道是指产品需要经过中间商才能实现由生产领域到消费领域的转移。批发商、代理商、零售商等中间商为生产者和消费者之间架起一座产品流通的桥梁。间接渠道分为四种模式，如图8-1所示。

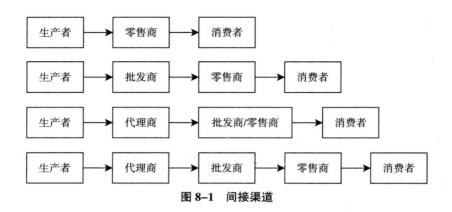

图 8-1　间接渠道

直接渠道与间接渠道并不冲突，企业可以综合利用两者的优点以便更有力地促进销售。一般来说，企业可以在产地或主要销售市场采取直接渠道，以便有效控制销售情况；而在受地域限制的区域则可以使用间接渠道，以扩大产品的市场覆盖面。

【案例 8-1】

戴尔直销渠道策略

戴尔公司目前已成为全球最大的计算机直销商。该公司的创始人迈克尔·戴尔曾不止一次地宣称他的"黄金三原则"——坚持直销、摒弃库存、与客户结盟。戴尔在他的《戴尔直销》一书中明确指出："在非直销模式中，有两支销售队伍，即制造商给经销商，经销商再给顾客。而在直销模式中，我们只需要一支销售队伍，他们完全面向顾客。"那么，戴尔公司是如何面向顾客的呢？

1. 将客户作为企业营销的中心，而不是竞争者

戴尔对客户和竞争对手的看法是：想着顾客，而不是竞争者。因为顾客才是销售利润的唯一来源，满足顾客才能真正获得竞争优势。

2. 市场和顾客细分

戴尔公司与其他企业的另一个不同是不仅要做产品细分，还要做顾客细分。戴尔坚持认为："分得越细，我们就越能准确预测顾客日后的需求与其需求的时机。"通过市场细分，戴尔能更好地服务顾客，真正从顾客需求出发。

3. 戴尔的直销特点

戴尔公司坚持直销是因为通过直销模式，顾客不仅可以通过与戴尔的互动购买到性价比高的产品，更重要的是顾客可以得到戴尔公司一整套先进技术和至真至善的服务，收到很好的投资回报。另一特点就是建立电话服务网络，这样可以在最短时间内解决顾客的问题。

4. 利用互联网，开展网上营销

戴尔运营着全球最大规模的互联网商务网站，该网站销售额占公司总收益的40%~50%。戴尔"以信息代替库存"的做法，让戴尔能最快地获得顾客的需求，并且及时定制策略，减少了库存。

最后，需要指出的是，戴尔也有其经销商，或者说也利用渠道。但戴尔的经销商主要是提供服务，而不是销售产品，戴尔希望通过更专业的队伍来补充企业在市场覆盖面和服务能力上的缺陷。戴尔的直销模式不仅为戴尔带来了越来越多的顾客，也逐渐成为其他电脑供应商学习的对象。

资料来源：http：//wenku.baidu.com/view/f10a74a1b0717fd5360cdcf0.html.

（二）销售渠道的宽度

销售渠道的宽度取决于每个层次中同类型的中间商的个数，通常有以下三种方式：

1. 密集分销

密集分销是指每一层的中间商都尽可能多，使渠道尽可能加宽，从而使产品能得到最大范围的销售。消费品中的便利品（如卷烟、火柴、肥皂等）和工业用品中的标准件、通用小工具等，适于采取这种分销形式，以提供购买上的最大便利。密集分销的缺点是分销成本较高。

2. 独家分销

独家分销是指在某一区域范围内只选择一个中间商行使其产品的代理权或销售权。独家分销是销售渠道中最窄的一种，通常只对某些技术性强的耐用消费品或名牌产品适用。采用独家分销有利于生产者对中间商的控制和管理，有利于提升自身产品的品牌形象。独家分销也可能产生一定的风险，如果中间商出现问题，就会对生产商及其产品产生较大的影响。

采用独家分销的形式时，产销双方通常会签订合同，规定中间商不得同时经营其他竞争性商品，生产者也不得在同一地区另找其他中间商代理产品。

3. 选择性分销

选择性分销是指生产者在某一地域内有条件地选择几个较适合的中间商开展分销活动。采用选择性分销时，主要应考虑中间商的信誉、经营水平等，以维护产品的良好形象。这种分销策略比独家分销的销售面要广，因而有利于稳固企业的竞争地位；相对于密集分销来说，它有效地降低了成本，同时也方便企业对中间商的管理。

三、分销渠道的类型

在分销渠道中，生产商、批发商、零售商等构成了渠道成员。根据渠道成员之间联系的紧密程度，销售渠道可以分为传统渠道系统和整合渠道系统。

（一）传统渠道系统

传统渠道系统中的生产商、批发商、零售商之间的联系较为松散，没有统一领导，渠道成员大多只关注个人利益，而忽视了整条分销渠道的利益，渠道成员之间没有控制权，因而经营效果不好。由于各自的地位、利益不同，各渠道成员之间经常产生各种冲突和矛盾。传统渠道系统的弊端日益显现。

（二）整合渠道系统

整合渠道系统强调了渠道成员之间的权利、义务关系，是通过整合而形成的新型销售渠道。

1. 横向渠道系统

横向渠道系统是指在相同层次上选择两个或两个以上的企业，利用各自的优势方面（如技术、资金、资源等）来共同开发和利用市场机会，从而实现整个销售系统的最优化。

2. 纵向渠道系统

纵向渠道系统也称垂直营销系统，它是指销售渠道中的各个环节形成一个统一的整体，渠道中有一个领导者，对整个销售渠道的运作实行统一规划和专业化管理。领导者的选择取决于各环节的实力强弱，最强的一方对其他各方具有所有关系，或者给其他各方以特许权，或者直接领导这种营销系统的协作。这种组织形式有助于控制渠道的运作，管理渠道成员，能够有效地解决那些因不合作而产生的降低渠道运作效率的现象。纵向渠道系统有三种主要类型：一是公司系统。企业负责产品的制造和全部分销环节，这种方式就是企业控制了产品制造、销售的全过程。二是契约型垂直营销系统。处于不同层次的独立企业之间通过契约的形式建立起制造、分销的合作关系。这种契约联合有三种形式：批发商组织和建立的连锁零售店；零售商组织的联营商店；生产商企业授权的各种特许组织，如特许批发或特许零售店。三是管理型垂直营销系统。由实力最强或规模最大的一方来管理和协调制造与分销的各个环节，但不以所有权或特许权的形式来管理。

3. 多渠道系统

多渠道系统是指企业所建立的两种成两种以上的分销渠道，如一家大的零售公司既拥有百货商店，又拥有超级市场、折扣商店等，这些商店均由这家公司统一管理。

第二节　销售渠道决策

渠道是决定产业走向的重要力量之一。

——迈克尔·戴尔

在现代市场环境下，大多数企业都不是直接将产品销售给顾客，而是要借助一些中间商来帮助产品更好地、更经济地传递到消费者手中。因此，销售渠道决策就关系到产品能否最好地输送到目标市场，并且销售渠道决策在很大程度上也影响着企业的其他营销决策。企业必须对渠道决策加以重视才能使其充分发挥效用。销售渠道决策需要考虑的内容包括渠道设计决策、渠道方案评估和渠道管理决策。

一、影响销售渠道的主要因素

销售渠道模式的确定包含渠道的长度和宽度。渠道的长度是指从生产者到消费者所需的中间环节的数目，渠道的宽度是指在销售渠道中，某一层次包含多少个分销点。一般来说，同一层次的分销点越多，那么销售渠道就越宽。销售渠道受多种因素的影响，如图 8-2 所示。

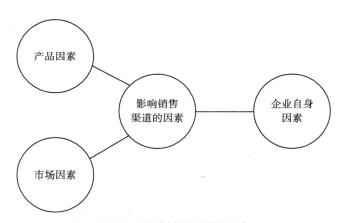

图 8-2　影响销售渠道的因素

（一）产品因素

1. 产品的单价

产品单价越高，分配路线就越短，宽度就越窄；反之，单价越低分配路线就越长，宽度也越宽。如一些数码产品，其单价较高，所以分配渠道就短且窄，有些甚至直接采取直销的方式。相反，洗发液、沐浴露等大众日用品，其单价相对较低，因而生产者会选择多层中间商，并且每一层次上选择多个中间商，从而保证产品能够最大限度地接触消费者。

2. 体积大小与重量

产品的体积和重量过大，会很大程度上增加运输和储存费用。因而，这类产品就应该尽量选择较短的分配渠道。

3. 式样或款式

款式新颖的产品在销售时都有很强的实效性，如流行时装，针对这类产品，企业应该尽量缩短分销渠道，保证产品在过时之前迅速销售出去。

4. 产品的自然属性

有些产品具有易腐、易损、易失效的自然属性，如水果、蔬菜等，针对这类产品，企业应尽量缩短销售渠道，从而使产品尽快销售出去，避免变质。

5. 技术性与售后服务要求

如家用电器等耐用品，通常其技术要求比较高，或者要求售后提供比较频繁的维修保养类服务，那么这些产品就适宜采取如下销售渠道形式：生产商直接将目标产品销售给消费者，或通过少数几个特约的中间机构将产品卖给消费者，这些特约机构还需承担部分售后服务的任务。

6. 专用产品与标准产品

专用产品是指那些专门定制生产的产品，如专用水泵。这类产品一般都是购买者直接与生产者商议，确定产品规格、式样等，因而这种产品一般没有中间商。标准产品是指那些通用的具有标准质量水平、规格的产品，如刀具、通用机械。这类的销售渠道可长可短。

7. 产品的生命周期

产品所处的生命周期的哪个阶段对销售渠道也有一定影响。为了将处于导入期的新产品尽快打入市场，企业在有实力的前提下，可以选择较长、较宽的销售渠道，以便使产品迅速占领市场；当产品不断成长直至成熟期后，企业就可以有针对性地对销售渠道进行调整；当产品处于衰退期时，企业就应结合营销策略，缩短或直接放弃销售渠道。

（二）市场因素

1. 潜在顾客的数量

潜在市场的规模取决于潜在顾客数量的多寡，通常来说，潜在市场规模越大，就越要借助中间机构的力量和优势来帮助企业分销产品。

2. 市场的区域特点

根据市场的区域特点，销售渠道主要涉及以下几种情况：一是对于比较集中的工业产品市场，适于采取直销模式；二是在消费品市场的集中区，适于采取将直销和零售商销售相结合的模式；三是在消费品市场的一般区域，适于采取生产商—批发商—零售商—消费者的模式。

3. 消费者的购买习惯

消费者的购买习惯，如对购买场所的偏好、愿意支付的价格、对服务水平的要求，都影响着销售渠道的选择。如某些消费者对服务水平要求很高，这时就要有相对较长的销售渠道，以保证消费者能够接受一对一的服务。

4. 竞争状况

对于同类商品，在选择分销渠道时，应注意研究和互相参考。一般来说，采取与竞争性商品同样的分销路线，比较保守，但风险也相对较小。也有企业另辟蹊径开创了独特的销售渠道而获得巨大成功的，如戴尔电脑，采取企业直接发货给消费者的直销方式，也占领了不少市场份额。

（三）企业自身因素

1. 商誉与资金

拥有雄厚资金实力的大企业可根据企业的需要选择适合的销售渠道，甚至规划企业专属的销售网点，实现产销结合；反之，那些实力较弱的小企业没有能力自己建立分销渠道，甚至没有足够的销售人员，这时就要借助中间商来销售企业的产品或提供相关服务。

2. 管理能力与经验

企业的管理能力和经验也会影响到销售渠道的选择。有的企业具有先进的技术和充足的生产能力，但是对市场营销知识了解甚少，这时就需要专门的中间商帮助企业销售，但是在选择中间商时一定要确保中间商能够尽力为企业销售。

3. 可能提供的服务

企业是否能为中间商提供更多的服务，如负担广告费用、提供专门的陈列柜和委派人员指导销售，这些都会影响中间商的选择，进而就会影响企业的销售渠道。

4. 企业控制销售渠道的愿望

有些企业为了能够控制产品生产、销售的所有环节，就会采用较短的销售渠道。如戴尔就为了充分保证产品质量采用直销模式。相反，有些企业对渠道的控制愿望没有这么强烈，只希望能最大限度地占领市场，则可以选择较长较宽的销售渠道。

二、销售渠道的设计

销售渠道设计是否合理，直接影响销售渠道的作用能否得到最大限度的发挥。销售渠道设计一般有以下几个步骤：

（一）分析消费者对服务水平的要求

销售渠道设计的最终目标就是为了更好地销售产品和服务消费者。因此，分析消费者对服务水平的要求是设计销售渠道的第一步。企业要了解消费者喜欢购买什么商品、喜欢在哪里购买、是否愿意等待、对售后服务的要求等，从而确定销售渠道的长度和宽度。

（二）确定销售渠道的长度

企业在进行销售渠道设计时首先要确定企业应采取直接渠道还是间接渠道。企业要根据所生产产品的特性以及市场的特点决定选择自产自销的方式，还是经中间商分销的方式。如果企业需要经由中间商分销的话，还应确定选用几层渠道。

（三）确定销售渠道的宽度

确定宽度即为确定每层中间商的数量。这一决策的制定主要考虑市场容量以及市场需求的大小等因素。

（四） 规定渠道成员的权利和责任

企业应考虑各中间商的不同功能，对交易条件和双方的职责作出规定。如生产企业要给中间商提供价格折扣、质量保证、供货退货保证等，中间商要按生产企业的要求进行相应的市场营销活动、保证一定的销售额、保证服务质量等。

三、销售渠道设计方案的评估

假定企业现在设计了几种可供选择的销售渠道方案，接下来就希望能从中挑选最能满足企业实现长期营销目标的方案，这时企业可以从经济效益、可控性和适应性三方面进行方案的评估与选择。

（一） 经济效益评估

经济效益评估主要是指从销售额和成本两方面来考虑采用某种渠道所能获得的利润。利润越大，经济效益就越高，销售渠道的可用性就越强。

（二） 可控性评估

可控性评估主要是考虑生产企业对中间商的控制能力。一般来说，生产企业与中间商的接触越直接、越密切，销售渠道的可控性就越强。而生产企业对中间商的控制能力越强，就越能直接激励中间商的经营活动，也就越能促进企业产品的销售。

（三） 适应性评估

适应性评估主要是考虑销售渠道的设计对环境变化的适应性程度。企业所处的营销环境是不断变化的，如果某种分销渠道能较好地适应各种变化，那么其适应性就较好。因此，生产企业在与中间商签订合约时，就应考虑适应性以决定合约的期限为长期或短期，从而避免在某些特殊情况下企业的分销渠道失去灵活性，错失机会。

通过对销售渠道的分析和评估，企业可以更加明确当前销售渠道的优势和劣势，并根据企业的目标进行策略调整。销售渠道分析可借助表 8-1 进行。

表 8-1 销售渠道分析

销售渠道	销售量	销售额	占总销售的比例	月平均销售
企业销售部				
企业外部销售人员				
代理商				
经销商				
其他渠道				

四、销售渠道的管理

企业在完成销售渠道的设计工作后，还需要对销售渠道成员进行有效的选择和激励，对销售渠道的适应性和有效性进行定期的评估和完善，开展其他确保销售渠道设计目标顺利完成的工作等。这一系列工作就构成了销售渠道的管理活动。

（一）选择渠道成员

生产商的竞争能力和品牌声誉等，决定了其吸引中间机构的水平。在渠道模式明确后，如何选择有效的中间商，并确保其高效率高效果地工作，就成为销售渠道管理的首要任务。一般说来，选择的标准应包括：渠道成员的经营时间长短、销售和盈利能力、信誉好坏；经营何种产品；发展潜力如何；是否具备良好的协作性；业务人员的规模和素质；拥有顾客的类型、潜在消费能力、需求特点等。

（二）激励渠道成员

企业在选择渠道成员后就需要不断地加以激励，促使其出色地完成销售业务。要想更好地激励渠道成员，企业首先要对渠道成员有理性的认识，不能仅仅把其看作产品的分销商，而是要像看待最终用户那样来看待中间商。因为只有中间商和企业建立起合作关系，才能保证产品的顺利销售。

在对渠道成员进行激励时，企业要做到换位思考，充分认识到中间商不是被雇佣者，而是一个有自己经营目标、经营策略，并追求利益最大化的独立经营者。也就是说，中间商最主要的角色首先是顾客的采购代理，其次才是企业的销售代理。因而，中间商只会关注那些消费者愿意购买并能为自己带来利润的产品。企业在激励渠道成员时，就必须从中间商真正感兴趣的利益层面出发。值得注意的是，大多数中间商不会分别为每个品牌的产品做销售记录，因而企业要想了解产品的销售情况就需要给予中间商一定的激励政策，鼓励他们为产品做销售记录。企业还需要制定一些实际的激励办法，如销售奖励、辅助销售以及建立长期产销合作关系等。

（三）协调产销关系

制造商与中间商的关系主要有三种不同形式，即合作关系、合伙关系和分销规划：

1. 合作关系

一般来说，生产商和中间商都会建立一定的合作关系，通过具体的激励或惩治手段来实现产销关系的平衡趋向，具体而言表现为两种情况：一是通过销售折让、专项优惠、高利润空间等措施来激励中间商的合作积极性和主观能动性；二是对合作效率和效果长期较差的中间商，采取抑制手段，如降低利润空间、延迟供应，甚或直接停止合作关系。

2. 合伙关系

合伙关系属于一种更高级别的合作关系。通常，具有一定经营规模的生产商和中间商通过签订协议来构建起某种合伙关系，并在协议里明确各参与方的权责。生产商按照协议执行效果给予中间商一定的酬劳。

3. 分销规划

分销规划是指建立一个有计划的、专业化管理的纵向营销系统，把企业和中间商的需要联系起来，统一规划所有中间商的营销活动，如规定销售额、存货水平、门店装修风格、销售培训等。这种办法是为了在企业总体营销目标不变的情况下，通过分析每个中间商的需要，帮助中间商制定推销方案，从而使各中间商的经营能够达到最佳水平。如宝洁和沃尔玛通力合作，共同制订营销方案，努力为消费者创造优越的价值。总之，企业应尽力使中间商与自己站在同一阵线上，风险分担，利益共享，从而减少与缓和产销之间的矛盾，实现双方的密切协作，共同搞好营销工作。

（四）评估渠道成员

企业必须定期按照一定的标准对渠道成员进行评估，评估的内容包括销售配额的完成情况、存货水平、向顾客交货的时间、在促销与培训时与企业的合作程度、售后服务的质量等。采取适当标准对中间商进行评估，可以很好地监督中间商，同时又能促进中间商之间展开良性的竞争。但是，必须注意的是，由于各个中间商的规模、实力、不同时期的战略重点不同，并且所处的市场环境也有很大的差异，企业在对各中间商进行评估时要考虑到他们的差异，采用最公平、合理的评估标准和手段对其实施评估，这样才能真实地反映各中间商的情况，为企业选择和激励中间商提供依据。

【案例 8-2】

奇瑞汽车的销售渠道策略

奇瑞汽车股份有限公司（以下简称奇瑞汽车）作为我国汽车市场的后起之秀，在其发展的过程中不断进行创新，其中销售渠道策略取得了很好的成效。奇瑞汽车根据自身的情况先后采用了分网销售、直营店销售和汽车城等创渠道模式。

1. 4S 渠道模式

奇瑞汽车从 1997 年成立之初，采用的是当时汽车制造业普遍采用的模式，即 4S 渠道模式。4S 渠道模式的基本做法是建立专卖店（整车销售、售后服务、零部件供应、信息反馈"四位一体"的 4S 店）。奇瑞汽车采用的这种分销模式是按照国内合资厂家的模式建立起来的，但是由于奇瑞与其他合资企业之间存在的不同，这使得奇瑞汽车的渠道策略受到了阻碍。

2. 分网销售

为了解决 4S 渠道销售策略所带来的问题，奇瑞汽车在 2005 年 1 月，对企业的渠道策略进行调整，重点推行了分网销售和品牌专营制度。在这种渠道模式下，奇瑞汽车要求代理商只能代理奇瑞汽车的某种品牌，以提高单个品牌的销售额。分网销售很好地解决了以前在渠道中存在的水平冲突和垂直冲突的现象，但是一些新问题依然不断涌现，例如新产品上市后难以迅速占领市场、市场拓展困难、消费者购车难、许多经销商不愿销售二级代理商品等。

3. 直营店销售方式

2005 年，奇瑞汽车看到了分网销售所带来的问题以及广州直营店所产出的巨大效益的时候，便决定增加一种新的销售渠道策略。2007 年 7 月，奇瑞汽车在杭州建立了第二家直营店。2007 年 10 月，奇瑞在南京直营店开业。这以后，奇瑞公司在销售欠佳的地区采用了这种新的渠道策略作为补充，目的是为了弥补分网销售策略所带来的不足。

4. 奇瑞汽车城渠道模式

2007 年初，作为对分网渠道模式的补充，奇瑞汽车提出了建立超级 4S 店集群的"纵横中国"计划。经销商只要有一张独立营业执照、一个独立 4S 店、一个独立的组织机构、一笔独立且封闭的运营资金就可以申报奇瑞汽车城，不受一个企业只能代理一个事业部产品的政策影响。这种渠道策略直接将奇瑞汽车的销售发展成为一个遍布中国大江南北的销售模式。

无论是从最早的"4S"模式，还是到汽车城模式，无不体现奇瑞汽车在销售渠道上的创新，并且这种创新给奇瑞汽车带来了巨大的成功。

资料来源：刘宇，马卫.奇瑞汽车销售公司销售渠道策略分析 [J].汽车工业研究，2010 (11).

第三节　中间商的类型

营销渠道的本质就是给消费者以购得商品的便利性。

——佚名

在企业的销售渠道中，中间商的类型多种多样，但是根据在商品流通过程中地位和作用的不同，中间商的类型可分为批发商和零售商两种。

一、批发与零售的区别

批发是指那些为了将商品和服务进行转售或加工生产而整批购买货物的组织或个人所发生的经济活动。那些从事批发活动的组织或个人，就被称为批发商。

零售是指将产品或服务直接销售给最终消费者，以满足其非商业性需求的一切经济活动。零售商是指那些通过零售的方式销售产品或服务的商业企业。

批发商和零售商都属于中间商的范畴，但是两者却在服务对象、地位、交易数量和频率、营业网点设置方面有很大的差异（见表8-2）。

表 8-2　批发商和零售商的区别

差异\\类型	服务对象	地位	交易数量和频率	营业网点设置
批发商	转售者和生产者	处于流通过程的起点或中间环节	数量大 频率低	网点数目较少，但市场覆盖面广，并多集中在租金低廉的地段
零售商	最终消费者（个人或集体）	处于流通过程的终点	数量小 频率高	网点数目多，一般开设在繁华地区

服务对象和地位的差别是批发商和零售商最本质的区别，而后两个方面的差异则是派生出来的，非本质上的差异。通过了解批发商和零售商的不同之处，企业才能结合产品的特点，选取恰当的中间商，帮助企业将产品更好地分销出去。

二、批发商的类型

批发商的分类方式多种多样，但是大多数分类都是根据所有权关系和经营方式的不同来进行的，具体类别如图8-3所示。

（一）商人批发商

商人批发商指那些买下商品的所有权，进行独立经营的批发商。这类批发商

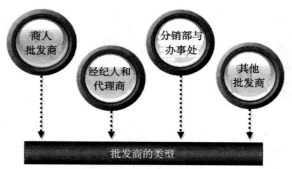

图 8-3 批发商的类型

是批发业最大的一部分，约占行业的 50%。商人批发商又可分为两类：完全服务批发商和有限服务批发商。完全服务批发商是指提供全套服务的批发商，如存货管理、专门的销售人员、送货服务等与销售相关的各项服务。而有限服务批发商所提供的服务则少于前者。

（二）经纪人和代理商

与商人批发商相比，经纪人和代理商没有商品的所有权，并且只执行少数几项职能。这类批发商活动的目的是为交易双方提供便利，从而获得一定的佣金。经纪人是为交易双方牵线搭桥，协助双方进行谈判。最常见的例子是保险经纪人、不动产经纪人等；代理商则是长期代表买方或卖方执行交易事项。代理商一般有制造商代理商、销售代理商、采购代理商、佣金商等。

（三）分销部与办事处

与前面两种类型不同的是，分销部和办事处都是企业自主设立和控制的。分销部的职能与商人批发相同，有一定的存储、销售和促销能力。办事处则只是企业长期驻外的业务代表，没有存货，不执行销售和促销业务。企业自行设立分销部和办事处都是为了能够及时、客观地掌握市场信息，并对市场需求做出快速的反应。

（四）其他批发商

在一些特定行业，我们经常会看到一些特别的批发商，如农产品集货商、散装石油厂和油站、拍卖公司等。这些特殊的批发商为促进部分特殊产品的销售发挥了很大的作用。

三、零售商的类型

零售商是最终面向消费者的机构，零售商的数目众多，形式和规模各异，根据有无门店可以将零售商分为两大类：零售商店和无门市零售商。

（一）零售商店

1. 专业商店

专业商店指专业化经营一条产品线，并且该产品线包含多种花色和规格，能更好地满足特定消费市场的需求，如专门为胖人定制服装的服装店。这种类型的零售商店要想真正实现专业化经营，就必须深入分析目标市场的需求特点，找到对专业化经营产品感兴趣的目标群体。

2. 百货商店

百货商店指经营多条产品线，并具有较大规模的零售商店，一般每条产品线都作为一个独立的部门。这类商店能为消费者提供完善的服务，满足消费者多样化的需求。

3. 超级市场

超级市场是一种规模大、成本低、销量高、经营范围广、自助服务式并拥有更多产品线的零售组织。它为消费者提供了更多、更方便的选择，并且实现薄利多销，从而很好地满足了消费者的需求。

4. 便利商店

便利商店设立的目的就是为消费者尽可能地提供方便。它们一般位于住宅区附近，规模较小，销售的产品多数是便利生活用品。同时这类商店的多数是全天营业，并且产品的周转率和价格相对较高。

5. 混合商店、超级商店和特级市场

这三种是比超级市场规模更大的零售企业。消费者在混合商店除了能购买食品外，还能买到药品；超级商店就是那些营业规模更大，产品应有尽有的零售商

店；特级市场是集超级商店、廉价商店和仓库销售功能于一体的，规模比超级商店更大的零售商。

6. 折扣商店

折扣商店所经营的都是有一定折扣的产品，其价格比一般商店低，销量也比较大。其特点为：①产品实行"薄利多销"的原则。②经营全国性的品牌，并保证产品质量。③提供自助式服务，减少雇员。④产品周转速度快。目前，折扣商店的经营模式已经从一般商品转向特殊商品，出现一些专业化的折扣商店，如运动品牌的折扣店、名牌服装折扣店等。

7. 仓库商店

仓库商店是一种设在租金低廉的地段、服务水平低、产品价格低廉的大型商店。其价格比一般商店低 10%~20%。这种类型的商店一般拥有很大的库存量，因而占用了大量的资金。

8. 目录展示室

目录展示室一般应用于大量供应选择的毛利高、周转率快的品牌商品。顾客在参观了展示室的产品后，对感兴趣的产品开出订单，然后由商店送货上门。

（二）无门市零售形式

1. 直复营销

直复营销也称直接营销，其销售过程是营销者通过各种媒体向顾客发出广告介绍产品，顾客用电话或信件向商家订货，商家接到订货通知后，按要求将产品送到顾客手中，通常以邮递的方式。

2. 访问销售

访问销售产品销售人员携带商品或者样品上门推销的一种零售方式。如雅芳、玫凯琳就采用了这种一对一的推销方式。

3. 自动机器售货

产生于第二次世界大战后的自动售货机可以设立在消费者能接触到的任何地方，并且销售的产品种类也越来越多，从而最大限度地为消费者提供便利。

4. 购货服务公司

购货服务公司是专门为学校、医院、政府机关等大单位提供特定采购服务的零售组织。这类组织负责从选定的零售商那里采购所需的产品，并且还能获得零售商承诺的一定折扣。

第四节　产品实体分配

只有商品实体从生产者手中转移到消费者手中，才能最终实现其使用价值。

——佚名

一、产品实体分配的含义

产品从生产领域到消费领域的转移，不仅要实现所有权的转移，还要实现产品实体在空间上的转移。实体分配就是指企业有计划地控制产品从起点到最终消费点的整个转移过程，确保产品及时、准确地送到消费者的手中，以满足消费者的需求。有效的实体分配需要进行合理的计划和管理，以控制成本的上升。

产品实体分配过程涉及很多方面，但总的来说一般包括订货、仓储、存货、运输。这一系列活动的每一个环节所发生的费用都会影响产品的成本，进而影响产品的竞争力。据调查，运输、仓储和存货在实体分配的过程中产生的费用最多，占用资金最大，因而对实体分配的规划与管理应主要是针对这三项来进行。此外，企业还应重视产品实体分配和营销组合的关系。例如，倘若存货不够，则不能满足消费者的需求。因此，企业的实体分配规划和管理工作要时刻关注企业的营销组合决策，才能真正做好实体分配工作。

二、产品实体分配的目标

产品实体分配的总体目标是把恰当的产品在准确的时间、以最低的成本配送到准确的地点。实现这一目标并非易事，因为实体分配涉及企业的各个部门，因此，企业必须要协调好各部门之间的关系，确保各部门通力合作，为实现顾客价值服务。例如，销售部门与存货管理部门就要有很好的沟通，才能知道究竟应该配送什么产品；存货管理部门与运输部门要协调一致，才能保证产品在准确的时间进行配送等。

对于企业而言，实体分配的最大难点是在降低成本的时候，又要保证服务质量。提高服务质量就意味着高成本，但是在现代市场环境下，消费者开始更加重视产品的服务质量。因此，企业就需要提高服务质量，从而获得消费者的青睐。服务质量的提高可以从以下几个方面着手：提高送货的及时性，保证顾客能在需要的时候收到产品；准确处理订单和发送货物；密切关注存货和缺货比率，做到持续供货；提高送货的频率与可靠性；增加与产品相关的服务，如需收费，要制定能让消费者接受的计价方式；确保产品的运输工具和运输方式能将产品安全送达消费者手中。

三、产品实体分配的管理

要想以低成本、高质量实现产品的实体分配，企业就要切实掌握实体分配的每个流程，实现每一流程的合理和高效，这样才能确保整个实体分配过程的效益。由于实体分配大致分为订货、仓储、存货和运输四个方面，这里就从这四个方面来介绍实体分配管理。

（一）订货

任何实体分配都是从顾客下单开始的。一旦收到订单，企业就必须立即准确地加以处理。如果存货充足，只要接到订单，企业就马上安排发货；如果遇到无货的情况，企业就应马上向生产部门下发生产订单。当货物已顺利配送、转运后，企业应该将相应的单据分送到各个部门。

随着信息技术的发展，为了提高订单处理效率、缩短交货时间，许多企业都开始采用电脑化的订单处理系统，加速了订货—发货—结账这个过程。如通用电气就采用了电脑化的订货系统，该系统在收到订单后会自动检查是否有足够的存货、货物放在那里，同时结合顾客的信用情况安排发货。当发货成功后，电脑会自动提醒顾客付款，并更新存货记录，同时还会将货物的运输情况告诉相应的销售人员。这一系列的处理过程花费的时间不到 15 秒，大大节省了订货的处理时间。

（二）仓储

由于生产和消费在时间和空间上不是经常协调一致的，因而存货就是调节两者差异的最有效手段。但是，存货就意味着资金的占用和管理成本的增加，因而企业要合理安排与仓储相关的内容。企业必须明确在哪里设置仓库、需要设置多少、需要多大规模以及设置什么类型的仓库。

一般来说，部分企业的仓库就设在工厂内或附近，有些则设在全国各地；有些企业在多个地方设置规模相对较小的仓库，有些则设置少数大规模的仓库；企业既可以用自己的仓库，也可以租用别人的仓库；在仓库类型上，企业既可选择普通的老式的多层仓库，也能选择由电脑自动控制的立体仓库。这些选择都要根据企业的具体情况来确定。总之，无论如何选择，企业都要力求使成本与服务质量达到平衡。

（三）存货

实体分配管理的另一项重要决策就是决定存货水平。管理存货水平的主要目标是在保证顾客需求能及时供应的前提下，决定存货量的大小。存货太多，就会产生大量的管理成本；存货太少，则可能造成脱销，引起顾客的不满。存货决策最重要的两个要素是进货点和进货量。

1. 进货点

企业要确定何时进货，即当存货下降到多少时，企业才决定进货，这时需要再进货的存量就称为进货点。如某企业在存货下降到 200 个单位时，企业就考虑再进货，那么 200 单位的存量就是再进货点。影响进货点的因素主要有产品的销售状况、运输时间长短、进货手续的繁简、产品的特性以及对服务标准的要求等。总的来说，存货管理的原则是既要避免脱销引起的顾客不满或顾客流失，又要防止货物积压所带来的成本增加和资金占用。

【拓展阅读】

确定进货点需要考虑的因素

（1）进货期时间，进货期时间是指从配件采购到做好销售准备时的间隔时间。

（2）平均销售量，平均销售量是指每天平均销售数量。

（3）安全存量，安全存量是为了防止产销情况变化而增加的额外储存量。

按照以上因素，可以根据不同情况确定不同的进货点计算方法。

在销售和进货期时间固定不变的情况下，进货点的计算公式如下：

进货点＝日平均销售量×进货期时间

在销售和进货时间有变化的情况下，进货点的计算公式如下：

进货点＝（日平均销售量×进货期时间）＋安全存量

进货点可以根据库存量来控制，当库存下降到进货点时就组织进货。

2. 进货量

进货量是指确定每次进货的数量。进货量与进货成本呈反比的关系：当进货量越大时，企业单位进货的次数就相对减少，那么单位进货成本就越低。但是，进货量与库存费用是呈正比的关系：进货量越大，所需要对存货支付的保管费、仓储费、损耗费就越多。

鉴于进货成本和库存费用对进货量的影响，所以在考虑进货量时我们就可以从这两方面出发。确定进货量的方法是多种多样的，这里我们就只讨论经济批量模型，因为其他模型都是从经济批量模型衍生出来的。运用经济批量模型要明确单位产品总成本为单位进货成本与单位库存费用之和，那么当确定的进货批量使单位产品总成本的最低时，即为产品的最佳进货量，也称经济订货批量。其公式为：

$$Q = \sqrt{\frac{2DS}{PI}}$$

式中，D 为年需要量；S 为每次订购费用；P 为单价；I 为储存费用率；Q 为经济订货批量。

（四）运输

运输管理最重要的就是选择哪种运输方式，因为这直接影响到运输的费用、时间、货运条件和产品价格，也会对消费者的选择产生一定的影响。运输方式一般有铁路、水路、公路、管道和航空五种方式（见表 8-3）。

表 8-3　运输方式简介

	优点	缺点	运输的典型货物
铁路	成本低、运量大，受自然因素影响较小，运输连续性好	速度较慢	矿石、农产品等体积和重量较大的物品
水路	成本低、运量大	速度慢，灵活性和连续性差，易受自然条件影响	沙石、金属等价值相对较低，体积重量大的物品
公路	灵活性强，周转速度快，装卸方便	运量较小，耗能大，成本高	服装、食品等价值较高，体积较小的物品
管道	损耗小、连续性强、安全性高、运量大	灵活性差	石油、天然气等液体或气体物品
航空	运输速度很快、效率高	运量小、成本高、能耗大	珠宝等价值高的物品，或鲜花等极易腐烂的物品

在选择运输方式时，企业一般要考虑五大标准，即速度、可靠性、运力、灵活性、成本。通过对这五大标准、产品特点、仓库位置等方面的综合考量，企业才能选择最恰当的运输方式，从而保证产品能安全、按时、低成本地运送到目的地。

总之，企业只有切实做好订货、仓储、存货、运输这四个环节，才能保证实体分配目标得到实现。

【拓展阅读】

电子商务时代的分销模式

随着网络和信息技术的发展，电子分销模式正越来越受到企业的关注和青睐。与传统的渠道运作方式相比，电子分销模式有着许多优点：降低企业成本，如促销成本、库存成本；缩短供应链，有助于企业实现快速响应；打破了空间的障碍，增加了企业的交易机会；便于收集和整理客户信息；能够与消费者直接互动，实现更加个性化的沟通模式……

电子分销模式对企业的渠道策略无疑有着重大的影响，但这并不能够否定传统渠道模式——产品交付到消费者的手中还要依赖于传统渠道的支撑。

本章小结

本章主要介绍销售渠道的相关内容。销售渠道是指商品或服务从生产领域向消费领域转移过程中，所有帮助转移的组织或企业连接形成的通道，它由生产商和中间商构成。销售渠道的决策对企业的销售会产生重要的影响。销售渠道可以分为传统渠道系统和整合渠道系统，而强调渠道成员之间的权利、义务关系的整合渠道系统受到越来越多生产厂商和中间商的青睐。同时，销售渠道的通畅离不开产品的实体分配，有效的订货、仓储、存货及运输才能发挥销售渠道的作用。

第九章　促销策略

奢侈品的广告放哪里？

现代社会里，广告已经成为消费者了解商品信息的重要途径。许多企业选择"狂轰滥炸"的密集式广告宣传企业的产品，许多消费者也因此记住了一些商品。然而，有句话说得好："物以稀为贵。"也正因如此，越是狂轰乱炸式的宣传，越是成就不了精品。那么，对于那些奢侈品来说，如何尽量地使消费者了解到产品信息，而又不影响品牌本身的身份呢？

就奢侈品而言，其目标客户群人数少、品位高、要求特别苛刻，因而其广告的投放也就更加具有挑战性。实力媒体的副总经理指出，奢侈品广告投放的重点就在于精确地确定广告的投放形式和媒体。

目前，一些较大的奢侈品的品牌，例如路易·威登、Dior、Channel 等的广告仍然集中在高档杂志的期刊上，尤其是那些有口皆碑的经典杂志。另外，对于奢侈品品牌来说，富裕的女性消费者一直是主力。而这一群体已不再是单纯的富太太群，她们有自己的工作，平时很忙，因此广告就需要能够使她们在了解尽可能多的信息的同时，减少获取信息的时间成本。为此，有些奢侈品品牌在新店开张或新品上市时，除了在杂志投广告，报纸也是重要渠道之一，以使这一部分消费者有更多接触的机会。而从 2005 年开始，电视、网络也逐渐成为奢侈品广告的投放阵营。

奢侈品广告的投放，关键在于精确选择投放方式和媒体。要凸显奢侈品的个性及特点，品牌商必须着力独辟蹊径，对准目标客户群，才能做出最好的广告。

资料来源：朱华，吕慧.市场营销案例精选精析［M］.北京：中国社会科学出版社，2009.

【案例启示】广告媒体的选择对于奢侈品广告的投放有重要的影响。而广告只是促销策略的一种，对于众多企业来说，设计了优质的产品、制定了合理的价格、选择了合适的渠道，而无法令目标市场了解的话，那营销的效果也会大打折扣。因此，了解促销组合、促销策略也是企业成功营销的"必修课"。

本章您将了解到：

● 促销组合的内涵、影响因素及制定促销组合的程序

● 广告设计及广告策略

● 营销公共关系的内涵及形式

● 人员推销队伍的构建及推销策略

● 营业推广设计步骤

第一节　促销组合策略

我们的目的是销售，否则便不是做广告。

——大卫·奥威格

促销是指企业采用一定的方法和手段，使消费者了解企业的产品，并对企业的产品产生好感，从而促使消费者最终购买产品的一系列活动。促销的实质就是信息沟通。企业将产品的相关信息通过促销传递给消费者，然后消费者对这些促销信息作出反应。这一过程就是信息在企业与消费者之间不断流动的过程。促销是市场营销组合的重要组成部分，强有力的促销能给企业的销售带来巨大效益。

一、促销的作用

（一）快速让消费者了解产品的信息

促销的实质就是信息的沟通。当企业决定向市场推出产品时，促销就能帮助企业更快地了解产品的相关信息，如功能、特色、价格等，从而使产品和品牌能够迅速在消费者心中树立形象。

（二）扩大产品的市场需求

通过采取灵活多样的促销方式，企业可以在一定程度上激发消费者的购买欲望，从而扩大产品的市场需求量。如在商场打折促销时，推出满 1000 元送 400 元的活动，人们就会不断地消费，从而增加商场的销售量。

（三）突出特色，增强竞争力

企业的促销活动能够快速地将本企业产品的特色、功能等宣传出去，同时也让消费者了解到本企业产品与其他同类竞争产品的不同之处，便于消费者选购，从而扩大销量，增强企业的竞争力。

（四）及时获取反馈信息，增加决策的科学性

企业在促销活动过程中，能及时了解消费者对产品的期望以及对促销活动的反馈，从而使企业能够快速地调整营销策略，保证决策的科学性。

二、促销组合

促销的方式包括广告宣传、营销公共关系、营业推广以及人员推销。这些方式并不是孤立的，有计划地将几种方式组合在一起，能起到不一样的效果，这就是促销组合。

（一）促销组合的基本方式

1. 广告

美国广告主协会对广告的定义是：广告是付费的大众传播，其最终目的是传

递信息，改变人们对广告商品或事项的态度，诱发其行动而使广告主获得利益。详见本章第二节。

2. 营销公共关系

营销公共关系是指直接或间接为企业营销活动服务的一系列公共活动。这些公共活动以传递企业形象为目的，从而增强消费者对企业的认可度，为企业的营销活动创造有利的公共环境。详见本章第三节。

3. 人员推销

人员推销是指企业直接委派销售人员通过与消费者直接接触，使消费者了解企业的产品，进而产生购买意愿的促销方式。详见本章第四节。

4. 营业推广

营业推广是指一种短期性的刺激工具，用来促使消费者迅速或更多地购买企业某一特定产品或服务。详见本章第五节。

（二）影响促销组合决策的因素

对于企业来说，促销组合的选择直接影响到促销效果的好坏。因而，在进行促销时首先要对影响营销促销组合决策的因素进行分析。其中，影响促销组合决策的因素如图 9-1 所示。

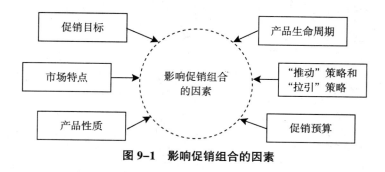

图 9-1　影响促销组合的因素

1. 促销目标

促销目标是整个促销决策的指引，是影响促销组合决策的首要因素。促销目标不同，就意味着企业会采取不同的促销策略。如企业将树立企业形象作为促销的目标，那么在安排促销组合时，企业就会着重采用营销公共关系这种促销方式，而其他促销方式就成为辅助。

2. 市场特点

市场特点的差异主要有购买潜力、文化、购买规模等，不同的市场特点对应不同的促销策略。如在文化底蕴深厚的市场里，企业的促销策略就要突出产品与文化的契合点，从而赢得消费者的认同。

3. 产品性质

促销的目标就是为了促进产品的销售，因而产品性质的差异也在很大程度上影响促销策略的制定。如对肥皂、牙膏等日常消费品进行促销时，大多数企业会选择营业推广和广告这两种促销方式。

4. 产品生命周期

不同的促销方式在产品的不同生命周期发挥的效用是不同的，因而在制定促销组合时要深入考虑产品所处的生命周期，如表9-1所示。

表9-1 产品生命周期对促销组合的影响

产品生命周期	促销的目标	消费品	工业品
投入期	使消费者了解和认识产品	广告为主，配合营销公共关系	人员推销为主，广告辅助
成长期	使消费者对产品产生兴趣，并扩大购买量	广告和营销公共关系共同进行	人员推销
成熟期	使消费者形成对产品的偏好，巩固市场	广告、营业推广、人员推销并用	人员推销
衰退期	争取最后一次扩大销量	营业推广为主、配合人员推销	营业推广及人员推销

5. "推动"策略和"拉引"策略

"推动"策略和"拉引"策略会对促销组合产生较大的影响。"推动"策略是企业通过利用促销手段来促进消费者购买产品。这种战略下，企业大多采用营业推广和人员推销的方式，推动消费者购买产品。而"拉引"策略则是从消费者的角度出发，关注消费者的需求，从而制定促销决策（见图9-2）。

6. 促销预算

促销预算的多寡，直接影响促销组合的搭配。如果一个企业促销预算充足，则可以最大限度地使用各种促销方式；但是，如果预算有限，企业就必须经过周

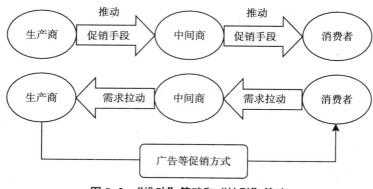

图 9-2 "推动"策略和"拉引"策略

密的规划，从而制订最科学合理的促销方案。

（三）促销组合的决策程序

在对影响促销组合的每个因素进行考量后，企业就可以开始制定促销组合决策，一般来说促销组合决策的程序如图 9-3 所示。

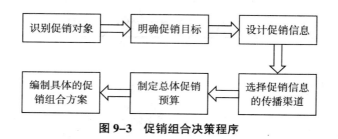

图 9-3 促销组合决策程序

1. 识别促销对象

企业首先需要识别企业促销的对象是哪些？这些对象可能是潜在购买者，也可能是已有的购买者；既可以是个人，也可以是群体、特殊公众，或一般大众。只有识别了促销对象，企业才能真正制定有针对性的促销组合决策。

2. 明确促销目标

企业在任何时期和任何市场环境下开展的促销活动都是有目标的，不同的促销目标对应不同的促销方案。值得注意的是，无论企业采用怎样的促销组合，其促销目标都要与营销总目标相适应。

3. 设计促销信息

在识别促销对象和明确促销目标后，企业就要根据促销对象的需求信息设计能对其产生影响的促销信息。一般来说，设计促销信息包括设计信息内容、信息结构和形式。

（1）信息内容。企业促销信息内容的设计可以从消费者消费诉求出发，消费者诉求大致可分为理性诉求、情感诉求和道德诉求三种。针对不同的诉求类型，企业可以设计不同的促销信息。

（2）信息结构和形式。信息的有效性不仅依靠它的内容，还要有合理的结构和形式来支撑。促销信息结构和形式的设计是包括信息展示的方式、次序以及促销内容用怎样的形式来表达。

4. 选择促销信息的传播渠道

通常来说，促销信息的传播渠道有两大类，即人员传播渠道和非人员传播渠道。

（1）人员传播渠道，是指产品的促销信息直接由企业促销人员当面传递给促销对象，并及时获取反馈。这种传播渠道能使消费者更全面地了解促销产品的信息，同时也能通过直接的沟通扩大产品的知名度。

（2）非人员传播渠道，是指借助大众媒体的一种促销沟通形式。这种传播渠道能广泛地接触消费者，但却没有信息的反馈。两者的区别如表 9-2 所示。

表 9-2 人员传播渠道与非人员传播渠道的比较

	人员传播渠道	非人员传播渠道
来源	对受众的直接了解	对受众一般水平的了解
信息	根据受众反馈，企业可利用信息的内容与形式不能为企业所控制	信息短期不变，信息的内容与形式能被企业控制
媒介	人际接触和个体接触，在一定时期内只能同为数甚少的消费者沟通	缺少个体接触，在短时期内可同众多的消费者沟通
受众	编码失误影响一个消费者，易于引起消费者的注意	编码失误影响整个市场，难以引起并保持消费者注意
效果	可以直接完成购买	消费者的行为反应不能直接完成

资料来源：纪宝成，吕一林. 市场营销学教程 [M]. 北京：中国人民大学出版社，2002.

5. 制定总体促销预算

确定促销预算是促销决策最困难的一步。促销预算过高，就意味着成本过高，使促销活动得不偿失；促销预算不足，则可能达不到促销的目标，还可能使消费者产生不满的情绪。因而，适当的促销预算是促销决策能顺利实施的保障。

6. 编制具体的促销组合方案

促销决策的最后一步就是在拥有一定预算的前提下，结合企业的实际情况，将促销预算分配给人员推销、广告、营业推广和营销公关这四种促销方式，并使这四种促销方式协调一致，为最终实现营销目标服务。

第二节　广告策略

广告担负着两个角色，一个是让人们想买产品，另一个是告诉人们到什么地方能够买到。

——赫伯特·潭尔特纳

提到广告，很多人都能不假思索地说出几句广告词来。"原来生活可以更美的"——美的电器，"酸酸甜甜就是我"——蒙牛酸酸乳，"大宝明天见，大宝天天见"——大宝面霜，"衡水老白干，喝出男人味儿"——衡水老白干酒……令人印象深刻的广告不胜枚举，那么这些广告是如何形成的呢？在制定广告策略的时候需要考虑哪些事项呢？

广告，字面意思就是广而告之，也就是公开且广泛地向公众传递信息。美国广告主协会对广告下的定义是：广告是付费的大众传播，其最终目的是传递信息，改变人们对广告商品或事项的态度，诱发其行动而使广告主获得利益。

一、广告媒体的选择

广告媒体是企业选择投放广告的渠道，不同的媒体针对的群体是不同的，因此媒体的选择也要根据广告所针对的目标群体而定。常见广告媒体有以下几种方式：报纸、杂志、电视、广播、网络以及其他媒体。各种媒体的优缺点如表 9-3 所示。

表 9-3　广告媒体的内容及优缺点

广告媒体	优点	缺点
报纸	• 读者稳定、传播面广 • 时效性强，特别是日报，能够保证广告的及时性 • 地理选择性较好 • 制作简单 • 成本较低	• 保留时间短 • 广告的表现空间仅限于平面设计 • 印刷质量值得商榷
杂志	• 专业性强，读者群更集中、稳定，适合刊登专业产品的广告 • 保留时间长，传阅者较多 • 印刷效果较好	• 发行量不如报纸，广告覆盖面较小 • 信息传递不够及时
电视	• 综合视觉和听觉效果，表现力较强 • 播放及时，覆盖面广，选择性强 • 能反复播出，有助于加强印象	• 成本较高 • 众多广告都在电视上投放，容易被收视者忽视
广播	• 地理位置和目标顾客的选择性较强 • 传播方式具有及时性 • 成本较低	• 播放转瞬即逝 • 信息难以保留
网络	• 覆盖面广，针对性强，信息容量大 • 成本低 • 与电视一样有较强的表现力，也能够反复播出 • 互动性较强	• 缺乏对网络广告的监管 • 网络广告存在无序竞争 • 强迫性广告太多，引起网民反感
其他（户外广告牌、车身广告等）	• 一般能够引起较高的注意率 • 展露的重复率高 • 成本低	• 覆盖面小，传播范围有限 • 效果难以测评 • 传播内容不宜复杂

选择广告媒体时应通过组合和搭配，以便用最低的投入获得最大的广告效益。企业可以选择某一媒体进行重点投放，也可以选择多种媒体交叉投放，最重要的是要考虑企业的实力和广告的特点，从而确定最佳的组合方式。

二、广告设计

广告设计是指企业在制作广告时所确定的基本宣传点、诉求方式及表现手法等。

（一）确定基本宣传点

基本宣传点是企业向消费者传达的主要内容，也是一个广告的主题。这个基本点就像是一条绳子将广告的其他要素串联起来，形成一个完整的广告作品。一般来说，广告的基本宣传点可以有以下几点：

1. 功效

即在广告中以产品区别于同类产品的独特功能为宣传重点，如某品牌洗衣粉在宣传时强调，该产品比其他的洗衣粉多了强力去污因子，能有效去除顽固污渍，从而与其他品牌的洗衣粉形成区别。

2. 品质

即通过强调产品的优异品质来进行宣传。1997 年乐百氏纯净水的广告以"27 层净化之旅"为宣传点，突出了乐百氏纯净水在品质上的优势。

3. 品牌

即通过宣传企业的品牌文化、品牌内涵等来达到提升产品知名度的目的。

4. 观念

即人为地从观念上对产品重新定义并加以宣传，以突出产品特性。如某蛋糕类产品在宣传时强调自己是"非蛋糕"，使得大家对这种"像蛋糕而又不是蛋糕"的产品产生了兴趣。

5. 价格

即通过宣传产品有竞争性的价格来达到广告的效果。

（二）确定诉求方式

广告诉求主要是指"Who、What、How"的问题，这三个单词到底代表的是什么含义呢？

Who——向谁说？产品的目标群体是谁，广告就向谁说。否则，广告的效果就形同"对牛弹琴"了。

What——说什么？企业最想宣传的和消费者最想了解的产品特质，就是广告最应该说的内容。

How——怎么说？这就涉及广告的表现手法，如写实、对比、示范、号召、比喻等都是常用的广告手法。

在确定广告的诉求方式时有三种策略可以选择：感性诉求策略、理性诉求策略、感性与理性相结合的策略。

1. 感性诉求策略

感性诉求主要是通过情感上的表现来诱发消费者的情绪，从而激发其购买欲望。感性诉求所传达的情感通常包括亲情、爱情、生活情趣、心理感受等。

2. 理性诉求策略

理性诉求策略一般是通过介绍产品的品质、功能、优点等，让消费者从理性的角度作出判断和选择。例如，许多药品广告就采用了理性诉求方式，这种方式也使消费者对产品更有信赖感。

3. 感性与理性相结合的策略

这种策略采取"双管齐下"的方式，以理性的方式介绍产品，以感性的方式刺激欲望。

三、广告策略

由于形式及投放时间的差异，广告在实施的过程中可以分为广告系列策略和广告时间策略。

(一) 广告系列策略

广告系列策略是企业通过调查研究，制定一系列有统一发布形式和内容的广告，以广泛吸引消费者的注意，增强产品在消费者心中的形象。广告系列策略可以从广告形式、广告主题、产品本身以及产品功效等方面来实施。

1. 形式系列策略

形式系列策略是指企业在为产品做宣传时，采用统一的广告形式，但内容因产品不同而有所差异的广告策略。由于广告的形式较为统一，可以帮助消费者形成相关性记忆。

2. 主题系列策略

主题系列策略是指企业针对不同时期市场需求的变化以及企业营销策略的需要，推出不同主题的广告，以刺激消费者的心理需求，吸引消费者的注意力。如某服装品牌的广告就以"四季"为主题，夏季时主打"夏威夷风光"，冬季时主打"巴黎冬天"等。

3. 产品系列策略

产品系列策略是指企业根据所推出的系列产品的特点而开展的系列广告。由于系列产品具有品种多、声势大等特点，系列广告可以配合企业营销策略的需要而灵活开展。

4. 功效系列策略

功效系列策略是指企业在宣传某一产品的功效时，运用多则广告分别描述的策略。运用这种策略时，企业可以在同一时期针对某一产品设计多则广告，每一则广告着重突出产品的一种功效；或者根据市场动向的变化在不同时期突出产品的不同特点。采用单一的广告来介绍产品的功效时，可能会出现由于内容太多而使广告失去重点的现象。而功效系列的广告会使产品的宣传重点更为明确，对目标市场的针对性也就越强。

（二）广告时间策略

广告时间策略是指企业针对不同的市场需求、产品生命周期的不同阶段以及企业营销策略的不同侧重点，如何对发布广告的时间、频率等进行合理的安排，以实现广告宣传效果的最大化。有些广告要求发布频率高且集中，以达到短时期内攻占市场的效果；有些广告则强调均衡发布，以配合企业"持久战"的营销策略。

1. 从发布时间看

广告的时间策略可分为集中策略、均衡策略、季节策略及节假日策略。

（1）集中策略是指企业在短时期内密集发布产品的广告，形成大范围的影响力，以达到在市场中迅速引起注意、扩大声势的目的。

（2）均衡策略是指广告发布的时限较长，通过长时间的反复宣传，持续加强消费者对广告的记忆，在潜移默化中影响消费者的需求。采用均衡策略时应注意广告的内容、表现形式以及广告播放的频率，避免使消费者产生厌烦感。

（3）运用季节策略进行广告宣传的产品都带有较强的季节性因素，因此，对这类产品的宣传主要集中在销售旺季之前进行，为旺季到来时产品的销售做好铺垫。在销售旺季时，广告宣传达到顶峰，旺季结束，广告就可以撤离了。采用季节性策略时，要注意把握带有季节性商品的规律，以便把握时机，及时开展宣传活动。

（4）节假日策略是指在节假日之前投放广告，而节假日一到就停止广告，多用于零售业和服务业，具有较强的针对性。企业在运用节假日广告时，应注意将要宣传的信息，如优惠时间、优惠方式等信息及时、突出地传递给消费者，以保证广告宣传的效果。

2. 从发布的频率看

广告的时间策略可分为固定频率策略和变动频率策略。广告的发布频率就是指在一定时期内发布广告的次数的多少。

（1）固定频率策略是指在一定时期内，企业发布广告的次数是固定的。例如，企业发布广告的周期为一个星期，一周发布三次，这就属于固定频率的广告。

（2）变化频率策略是指在每个广告周期里，发布次数不固定的形式。变化广告的投放频率可以使宣传活动更适应销售的变化。采用这种广告策略时，可以有波浪型、递增型和递减型三种不同的变化方式。

【拓展阅读】

变化频率策略不同方式的适用范围

波浪型是指广告频率从高到低、再从低到高呈现出波浪式变化的方式，适用于流行性商品的宣传。递增型是指广告的频率越来越高，到顶峰时就停止的情况，多运用于季节性产品的宣传中。递减型是指广告的频率由高到低逐渐减少的情况，多运用于新产品上市或举行优惠促销活动时的广告宣传。

广告时间策略运用是否得当，涉及企业的投入与产出问题。恰当地确定广告的投放时机，可以使企业以较小的广告费用投入换来较好的宣传和销售效果。因此，企业在选用广告策略时，应综合考虑各种方式，以实现广告效益最大化。

【案例 9–1】

伊利营养舒化奶的广告策略

近年来，伊利集团发展迅速，屡屡刷新纳税纪录，为国家和社会做出了许多贡献。但伊利公司始终坚持精益求精的态度，在对市场的进一步探索中，伊利集团发现了一群具有"乳糖不耐受"特点的消费者，即不能喝牛奶的消费者。为了满足这部分消费群体的需求，伊利集团专门研发了"营养舒化奶"。在舒化奶的推出上，伊利选择了强势的广告宣传。

（1）在为营养舒化奶进行广告宣传时，伊利集团首先从改变人们的观念出发，宣传"乳糖不耐受"的相关知识以及舒化奶能满足消费者饮奶需求的独特功能。与此同时，伊利集团还开展以"兴师百万，寻找不能喝牛奶的人"为主题的户外活动，配合宣传营养舒化奶。

（2）在广告媒介的选择上，伊利结合了多种媒体传播方式，不仅在电视、网络、移动媒体（如公交车、地铁）等平面广告上进行广泛的宣传，还利用各销售终端展开现场促销和广告宣传，让消费者亲身体验新产品的效果。

（3）在广告时间的选择方面，伊利主要采用了集中策略。在电视和移动媒体上，伊利采取了高频率、大规模的集中播放来扩大产品的知名度和影响力，保证产品能够迅速融入市场。

（4）在广告的内容方面，营养舒化奶没有对高科技的开发技术进行宣传，而是从温馨、平易近人、通俗易懂出发，通过描述健康的家庭生活引起观众的注意，促进人们从思想到消费行为的转变。

正是通过这一系列完善的广告策略，伊利集团最终将营养舒化奶成功推入市场，成为企业的另一个利润增长点。

资料来源：苏斌. 营养舒化奶重庆市场广告策略制定［J］. 现代商贸工业，2008（5）.

第三节　营销公共关系

从本质上说，营销就是一门吸引和留住有利可图的顾客的艺术。

——菲利普·科特勒

公共关系是指企业在生产和商业行为中所需要面对和处理的所有关系。许多不懂营销的人会觉得，营销就是营销，怎么会和公关扯上关系呢？用哲学的观点来看，任何事物都是普遍联系的。而事实上，随着市场经济的不断发展，公共关系的应用领域正不断扩大，从辅助营销到解决企业发展中的重大问题、危机事件的处理等，都能看到公共关系发挥的作用。

营销公共关系是指直接或间接为企业营销活动服务的一系列公共关系活动，是企业公共关系的一个重要组成部分。营销公共关系也称为营销公关，是由营销与公共关系相结合所产生的。从目的看，营销公关目的是树立良好的企业形象或品牌形象，因而是具有战略性意义的长期行为；从促销的角度出发，营销公关不像广告和其他促销手段那样直接介绍产品，而是通过一些活动使公众对企业更加了解和信任，从而间接促进销售。

一、营销公共关系的任务

（一）建立对某种产品的兴趣

企业通过赞助文化、娱乐和体育活动，给公众留下深刻印象，建立公众对产品的兴趣。如联想赞助 2008 年奥运会，使联想的产品获得了消费者的关注，向消费者传递了联想产品高质量、高端的形象，从而引起消费者的兴趣。

（二）协助新产品上市

新产品上市时，营销公共关系能帮助企业以一种消费者更能接受的方式向公众介绍新产品。如玩具公司利用电影推出企业的新产品。

（三）树立企业形象，提升企业声誉

企业的形象是社会大众对企业的整体评价与印象，它与企业的声誉有着密切的联系。好的形象和声誉是企业巨大的无形资产，它们对产品的销售有着重要的影响。因此，营销公共关系的一个重要任务就是维护好企业与社会各界的关系，致力于提升企业在社会公众心目中的形象，并通过一系列公关活动来提升企业的声誉。例如提供良好的售后服务、主动为慈善事业贡献力量等。

（四）维护已出现问题的产品

如果产品出现问题，企业要寻找原因，同时也要努力进行补救，实现由坏事到好事的转变。有时宣传得当，反而会化祸为福达到意想不到的正面效果。

二、营销公共关系的活动形式

当你看到企业举办社会性的联欢或竞技活动、举办新闻发布会以及参与慈善活动时，你会想到这是企业的公关活动吗？是的，这些都属于企业营销公关的活动形式。实际上，营销公关的活动形式远不止这几项，主要包括六大部分。

（一）媒体事件活动

媒体事件活动是企业一项重要的公共关系活动，企业通过一些事件来吸引新闻媒体的注意，并通过媒体的报道向社会传播企业希望扩散的各种营销信息。例如新品上市召开新闻发布会、组织媒体同事进行参观采访、炒作一些事件并吸引媒体来采访等。通过媒体向社会介绍企业和产品，不仅节约广告费用，而且可以利用新闻的广泛传播性和权威性提升企业的知名度和声誉度，效果甚至可能比做广告还要好。

【案例 9-2】

捐款引发的"封杀王老吉"

2008 年汶川大地震后，在中央电视台的赈灾晚会上，王老吉的生产商——加多宝集团为灾区捐出了一亿元的善款，而就在这时，一场轰轰烈烈的"造势活动"正渐渐铺展开来。

次日晚，国内知名论坛——天涯上出现了一篇主题为"封杀王老吉"的帖子引起了惊人的关注。帖子这样写道："王老吉你够狠！捐一个亿！为了整治这个嚣张的企业，买光超市的王老吉！上一罐买一罐！"虽然只有短短几十个字，但是却引发了媒体和网民疯狂的转载和回帖。

在这样危难的时刻，加多宝集团的善举已出人意料地感动了社会公众，加上网络舆论的"推波助澜"，一时之间，加多宝成为"爱心企业"的代表。公众也将这份帖子的呼吁变成了真真切切的购买行动。他们觉得，购买一罐王老吉，就等于向灾区贡献了一份力量。

"封杀王老吉"事件堪称一次完美的事件营销。上亿元的捐款本就已经"一鸣惊人"了，"封杀王老吉"的帖子更是吸引眼球、煽动人心，话题顿时由"讨论"上升到"购买"的实际行动。就这样，"天时、地利、人和"的齐聚成就了王老吉的成功造势。

资料来源：何五元，林景新.营销造势Ⅱ [M].广州：暨南大学出版社，2010.

（二）赞助社会活动

企业定期为社会公众举办一些文娱联欢、体育竞赛等活动也是一种常见的公关活动。这种联欢性质的活动一方面体现了企业服务社会的理念，另一方面也为企业做了宣传。2008 年迎接北京奥运会时，许多企业就借着这股"体育之风"，大力赞助全民运动的户外活动，为企业赢得了良好的声誉。

（三）主题活动

主题活动是企业主动策划一些特殊的事件以吸引社会各界的注意，如企业的周年庆典活动、新产品造势活动等。这类主题活动可以邀请新闻媒体、社会名流等参加，这样一来，不但扩大了活动的知名度和影响范围，也巩固了企业与社会各界的关系。

（四）公益事业

参与公益事业是提升企业形象、扩大企业知名度的重要方式。如赞助"希望工程"、支持环保、为灾区捐款等，这些活动都能为企业增色不少。

（五）公共关系广告

春节的时候，几乎随处可见"某公司携全体员工祝全国人民新春快乐"的广告，这就是公共关系广告的一种，利用广告的形式向公众表达节日的祝贺、感谢等。另一种类型的公共关系广告就是倡议式的广告，如倡导大家注重环保、爱护小动物等。

（六）信息交流

信息交流是指通过赠送宣传册、样品、召开座谈会等方式与政府、供应商、中间商、消费者等社会公众形成定期的信息交流，以维护和巩固企业在他们心中的印象。如日本日立公司出版的英文版双月刊《明天的时代》中经常刊登描绘日本神话、文化和历史的文章，也报道企业的技术研究、新产品开发情况，图文并茂，引人入胜，是一份内容丰富且具有娱乐性的出版物。通过这种信息交流，消费者对企业的了解不断增加，企业的声誉也在不知不觉中获得了提高。

三、营销公共关系的策略

营销公共关系的策略主要有以下几种：

（一）营造氛围

营销公共关系的策略之一就是，在产品的广告实施前通过一些公共关系的活动营造良好的市场氛围，为广告的播出以及产品投放到市场中打下一个良好的基础。一般说来，新产品的新闻发布会是企业最常用的方式。新闻发布会能够提供关于产品的最新信息，有利于企业为产品打造良好的口碑，预先为产品做一定程度的宣传。

（二）为顾客提供超值服务

当企业没有创新型的新产品或较为引人注目的特性时，企业可以通过为客户提供新的超值服务的公关活动来吸引顾客的注意，既能增加客户的满意度，又能起到扩大产品宣传力度的效果。

（三）构筑产品与顾客的有效结合点

通过举办一些公共关系的活动，将消费者与企业的产品有效地联系起来，增加消费者与产品的关联度，从而扩大产品的销量。例如，美国一家料理公司为了促进其产品的销售，以该公司的名义赞助举办了料理演讲大会，该演讲会在消费者中引起了极大的反响，媒体也争相报道，从而对该产品的宣传起了极大的推广作用。在该企业的广告打出之后，其产品的销量也有较大幅度的上升。

（四）借用公益团体的影响力

由于公益团体具有公益性、说服力强等特点，能有效地引导广大公众的舆论，并可能对广大消费者的购买动机都产生一定的影响。如一些公益社团推崇使用环保袋、爱护小动物等，这些社会团体能够在一定程度上影响人们的消费趋向。企业可以通过开展一系列与公益团体合作的公关活动，借助于公益团体的社会影响力来提升企业的知名度、塑造良好的企业形象，从而对企业产品的宣传和销售都能起到极大的促进作用。

四、营销公共关系面临的法律风险

任何企业营销策略的制定和营销活动的开展都不能违反国家的法律法规。营销公共关系最可能触发法律的就是欺诈性的宣传活动，因而，企业不能为了短期的商业利益而传播欺诈性的信息。企业要做到实事求是地通过营销公共关系来宣传企业的产品或企业形象，才能真正树立起良好的产品和企业形象。

【案例 9-3】

美国某电脑公司的公共关系营销

美国电脑业巨头曾安排一场人机大战的公关活动，他们把打遍天下无敌手的俄罗斯国际象棋大师卡氏请到了纽约，与该公司开发的超级计算机对弈。经过一天激烈拼杀，计算机以两胜一负三和的战绩把无敌手的卡氏拉下马。卡氏虽然在人机大战中失败了，但他仍是"人与人对弈"中当之无愧的棋王。

该公司举行的这次公关活动，最大的赢家绝非象棋理论，也绝非象棋科学，而是电子计算机的主人，即该电脑公司。决赛虽然是该公司开发的超级计算机取得最后胜利，但是，整个过程更像这家大公司精心创意的广告的胜利。据初步统计，整个比赛公司花了近 500 万美元，包括广告费以及编制电脑超级程序的费用。可由于传媒在有关"人机大战"的众多报道中，必须常常提到该公司的名字，因此，该公司可节约近 1 亿美元的广告费。这样算起来，该公司几乎等于没花钱就使自己的形象和实力增添了新的光彩。

该公司顺应了现代人的意识，针对自己领先世界计算机技术的产品特点，策划了震动全世界的"人机大战"。然而，仅仅以广告的形式是不能取得如此良好的效果的，正是公司对公共关系的巧妙利用，才使得公司能够通过这次活动达到很好的宣传目的。

资料来源：晓芹. 四两拨千斤——世界知名企业谋略策划大手笔 [J]. 广告大观（综合版），1997(19).

第四节　人员推销

每个人都靠推销一些东西活着。

　　　　　　　　　　　　　　　　——罗伯特·史蒂文森

一、人员推销的内涵及特点

（一）人员推销的内涵

　　人员推销是指企业直接委派销售人员通过与消费者的直接接触，使消费者了解企业的产品、进而产生购买意愿的促销方式。人员推销有利于推销人员直接向消费者介绍产品，让消费者充分了解产品，从而达到销售的目的。人员推销是人类最古老的促销方式。在现代市场营销环境下，人员推销也依然发挥着重要的作用。

（二）人员推销的优点

1. 能更好地接触销售对象，使推销更有针对性

　　推销人员与消费者直接接触，可以制定出符合消费者特色的推销策略。

2. 加深双方的友谊

　　推销人员可以与消费者建立起良好的关系，并且加深对彼此的信任和理解，易于使消费者对企业的产品产生偏好，从而培育出消费者忠诚。

3. 信息传递的双向性

　　在推销过程中，推销人员可以及时地将信息传递给消费者，同时消费者又能马上对这些信息做出反应，帮助推销人员调整推销策略，并且也能使企业更深入地了解市场需求情况和消费者的潜在需求，进而有利于制定更科学的营销策略。

4. 推销人员可采用灵活的推销方式

在与消费者沟通的过程中，推销人员既能按照自己预先设计的方式进行推销，同时又能根据消费者的反应，调整推销方式，以适应消费者。而且，如果消费者有疑问和不满情绪，推销人员可以马上解决这些问题。

（三）人员推销的缺点

1. 接触的消费者有限，推销范围狭窄

企业的推销人员总是有限的，而顾客的数量却很大，这就使得企业只能接触到一部分顾客，推销范围就相对比较狭窄。

2. 成本高

每个推销人员的推销活动都会花费大量的成本，这些都必然导致产品成本的上升，从而影响产品在价格上的竞争力。

3. 对推销人员各方面的素质要求较高

推销人员除了对推销的产品有全方位的了解外，还要有人际交往和沟通方面的技巧，这样才能很好地引导消费者购买企业的产品。

二、人员推销的基本形式

人员推销的基本形式主要有上门推销、柜台推销以及会议推销。

（一）上门推销

上门推销是指由推销人员携带产品样本、说明书、订货单直接拜访消费者，以推销企业的产品。这种推销方式是一对一地向消费者介绍企业的产品，从而能更有针对性；但是由于是上门推销，消费者可能会拒绝推销人员入门推销，从而导致推销工作不能开展。

（二）柜台推销

柜台推销是指企业在适当地点设立固定的门市，派专门的销售人员接待消费者进入，以推销企业的产品。在固定的门市内，推销人员可以为消费者提供全套服务，帮助消费了解产品，也因为有实体的门店，可以让消费者更加放心。但

是，柜台推销是典型的等待消费者上门的方式，缺少上门推销主动积极的特点。

（三）会议推销

会议推销是指企业委派推销人员在订货会、交易会、博览会等会议现场推销企业的产品。这种推销方式可以有广泛的接触面，可以实现集中推销，也可以向多个消费者同时推销，增加成交额。但是，这种推销方式可能遇到强有力的竞争者，并且易受会议参与人数和范围的限制。

【案例 9-4】
非凡的推销员——乔·吉拉德

乔·吉拉德因售出 13000 多辆汽车创造了商品销售最高纪录而被载入吉尼斯大全。销售是一门需要智慧的学问。每位推销员都有自己独有的推销之道。乔也不例外，那么，乔的推销业绩如此辉煌，他的推销诀窍是什么呢？

1. 250 定律：不得罪一个顾客

每位顾客的背后大约有 250 个与他相关的人，只要让其中 2 个顾客不满意，由于"口碑效应"就可能有 500 人会拒绝与这位推销员打交道。

2. 名片满天飞：向每一个人推销

每个人都使用名片，但乔的做法与众不同：他把名片递送到任何可能的地方。因为乔认为，有人就有顾客，如果你让他们知道你卖的是什么，你在哪里，你就有可能获得更多机会。

3. 建立顾客档案：更多地了解顾客

乔说："不论你推销什么东西，最有效的办法就是让顾客相信——真心相信——你喜欢他，关心他。"投顾客所好，让他们感觉你了解他们，你就必须掌握顾客的各种资料。

4. 猎犬计划：让顾客帮助你寻找顾客

乔的一句名言就是"买过我汽车的顾客都会帮我推销"。1976 年，猎犬计划为乔带来了 150 笔生意。乔付出了 1400 美元的猎犬费用，收获 5000 美元的佣金。

5. 推销产品的味道：让产品吸引顾客

乔总是想方设法让顾客先"尝一尝"新车的味道，他让顾客坐进驾驶室，自己触摸操作一番。如果顾客住在附近，乔还会建议他把车开回家，顾客会很快地被新车的"味道"陶醉了。

6. 诚实：推销的最佳策略

诚实，是推销的最佳策略，而且是唯一的策略。但绝对的诚实却是愚蠢的。推销容许谎言，这就是推销中的"善意谎言"原则，乔对此认识深刻。

7. 每月一卡：真正的销售始于售后

乔有一句名言："我相信推销活动真正的开始是在成交之后而不是之前。"乔每月都给他的 1 万多名顾客寄去一张贺卡。1 月份祝贺新年，2 月份纪念华盛顿诞辰日，3 月份祝贺圣帕特里克日……凡是在乔那里买了汽车的人，都收到了乔的贺卡，也就记住了乔。

正因为乔没有忘记自己的顾客，顾客才不会忘记乔·吉拉德。

资料来源：http://ishare.iask.sina.com.cn/f/21371062.html.

三、人员推销队伍管理

（一）明确推销队伍的任务

在构建推销队伍之前，企业必须明确推销队伍的作用是什么、为什么要构建这样的推销队伍、他们有哪些任务。只有明确了这些，才能构建更高效的推销队伍。一般来说，推销队伍的任务主要有：培育企业的忠实顾客，并挖掘和培养新顾客；能够熟练地将产品的相关信息传递给消费者；能为消费者提供其所需的服务；主动与消费者沟通并促成交易的达成。对于企业来说，不同的推销队伍可能有不同的任务，但归根结底都要以促进产品销售为最终目标。

（二）挑选推销人员

在明确推销队伍的任务后，企业就要挑选出合适的推销人员，组成推销队伍。在选择推销人员时，企业要注重发掘推销人员是否具备以下素质：正确的职业道德；良好的个人修养；强烈的求知欲和广博的知识；抗压能力；熟练的推销技能；优秀的身体素质。

（三）构建推销队伍结构

推销队伍结构的划分方式多种多样，以下介绍几种常见的方式：

1. 区域推销队伍结构

这种推销队伍结构将每位推销人员分派到按区域划分的不同销售区域，每位推销人员只需对自己所属区域的顾客负责，这样使推销人员责任清晰，也能与顾客建立起较为稳固的关系。同时，推销人员在有限的区域里活动，也减少了差旅费用。这种方式可能会使推销人员仅仅关注所负责地区的产品销售，并且容易使其为了争夺有限的资源，而忽视企业产品销售的整体效益。

2. 产品推销队伍结构

这种推销队伍结构将推销人员分配给不同的产品，负责一种或多种产品的销售。这样可以使销售人员充分了解自己负责的产品并专注于产品的销售。但是，当企业产品种类不断增多时，企业就需要发掘新的推销人员，从而导致经营成本的增加。

3. 顾客推销队伍结构

在将消费者按照一定标准进行细分后，企业将推销人员分配给不同的细分顾客群。这种划分方式使推销人员更加关注消费者，从而更好地满足消费者的不同需求，促进交易成功。

4. 复合式结构

当企业在广泛的区域内向不同消费者销售多种产品时，企业通常就会采用复合式推销结构。这种推销队伍是将区域推销队伍结构、产品推销队伍结构、顾客推销队伍结构整合起来，进行推销人员队伍结构的构建。企业可以按照产品与区域，产品与顾客，区域、顾客及产品来配置推销人员。这种推销队伍结构拥有其他三种推销队伍结构的优点，多数大企业就采用这种推销队伍结构。

没有哪种单一的推销队伍结构能适应所有企业。企业在选择构建推销队伍结构的方式时，要以向顾客提供最好的服务和实现营销目标为导向，结合企业的实际，安排最有效的推销队伍结构。

（四）推销人员的薪酬管理

为保留和吸引优秀的销售人员，企业就必须有一套具有竞争力的薪酬管理制度。推销人员的薪酬管理既要能激发推销人员的工作热情和积极性，又要能够反映他们的工作绩效。通常，推销人员的工资有三种形式，即纯薪金制、纯佣金制和薪金佣金混合制。每种薪酬制度都有各自的特点，企业在决定采用何种薪酬制度时，要综合考虑推销人员的工作经验、市场特点、产品的供应现状等，从而制定有效的薪酬制度。

（五）推销人员的考核

1. 考核资料来源

企业对推销人员考核的资料通常来源于推销人员的销售报告、企业销售记录、企业内部员工评价、顾客的评价。在获得考核资料时，企业要认真分析这些资料的真实性，才能对推销人员进行公平、公正、公开的评价。

2. 考核标准制定

在实施考核时，企业一般会选择一些考核标准来衡量推销人员的实际表现，这些标准通常有销售额完成率、销售毛利率、销售费用率、货款回收率、顾客访问率、访问成功率、顾客投诉次数、挖掘和培育新顾客的数量等。

四、人员推销的策略

（一）试探性策略，亦称刺激—反应策略

试探性策略是在推销人员不了解消费者需求的情况下，事先准备好推销方案，然后试探性地与消费者沟通，进而使消费者购买所推销的产品。在推销的过程中，推销人员要时刻注意消费者情绪的变化和消费者提出的问题，逐步了解消费者的真实需求，从而进一步给予消费者新的刺激，以促使交易达成。

（二）针对性策略，亦称配合—成交策略

针对性策略下，推销人员事先了解消费者的一些基本情况和需求特征，进而有针对性地介绍一些消费者可能感兴趣的产品，努力引起消费者的"共鸣"，促使消费者购买产品。

（三）诱导性策略，也称诱发—满足策略

诱导性策略是以推销人员为主导，因而对推销人员的推销技巧有很高的要求，同时这也是一种创造性推销策略。这种策略下，推销人员要想办法激发消费者产生对产品的需求，然后再突出说明该产品能够很好地满足消费者的需求，从而最终使交易在"不知不觉"中达成。

五、人员推销的过程与技巧

大多数有效地推销活动都会经历以下几个步骤，如图9-4所示。

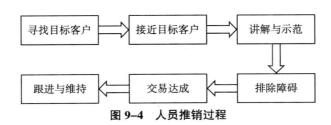

图9-4　人员推销过程

（一）寻找目标客户

推销过程的第一步就是寻找目标客户。推销人员要通过一些线索发掘潜在的目标客户，并且要分析目标客户的经济实力、交易额、特殊需求、地理位置以及未来的消费能力等，从而使推销过程能够真正面向有价值的目标群体。

（二）接近目标客户

在接近目标客户之前，推销人员要做好适当的准备工作，例如，了解顾客的特征、爱好等，并且要设计一个大致的推销方案，估计可能遇到的障碍。在做好充足准备后，推销人员必须知道如何与目标客户会面，采用怎样的开场白，怎样向目标客户展示样品以吸引消费者的注意。

（三）讲解与示范

在讲解与示范的过程中，为了全面介绍产品同时促使消费者购买产品，推销人员可以按照 AIDA 模式来讲解产品。其中，A 代表 Attention（争取注意），I 代表 Interest（引起兴趣），D 代表 Desire（激发欲望），A 代表 Action（见诸行动）。推销人员首先用一种有意思的方式争取目标客户的注意以引起消费者的兴趣，从而激发消费者的购买欲望，最终促使消费者付诸行动。

（四）排除障碍

推销人员在推销的过程中，一定会遇到以下交易障碍：一是目标客户可能对推销人员的讲解欲言又止，这时就应让对方发表意见。如果遇到恶意相对的客户，推销人员应坦然处之。二是当顾客对产品价格存在异议时，推销人员应尽力展示产品的特色和价值，让顾客觉得产品物有所值。三是当消费者不愿接受新产品时，推销人员要客观地介绍产品或服务，并将该产品或服务与他们所熟悉的产品或服务进行比较，着重介绍旧产品或服务没有的功能，鼓励顾客接受新的消费观念。

（五）交易达成

当客户逐渐消除疑虑并表现出将要购买的意愿时，推销人员要善于捕捉到这些信号，并不失时机地促使交易达成。如果客户依然没有购买的意向，推销人员可以告诉客户如果现在不购买可能会遭受损失，或者给予客户一定成交诱导，如附送赠品、享受特价等。

（六）跟进与维持

在交易达成后，推销人员要切实履行交易中商议的所有事项，使客户感到满意并愿意继续购买。

【案例 9-5】

人员推销案例

对话 1：

李老太到集市买李子，她走到第一家水果店门口，问店员：这个李子怎么卖？

店员回答说：1 块 8 一斤，这李子又大又甜，很好吃的……

李老太没等她话说完，转身就走了。

对话2：

李老太走到第二家水果店门口，问：你这李子怎么卖？

店员回答说：1块8一斤，您要什么样的李子呢？

李老太说：我要酸的李子。

店员说：正好我这李子又大又酸，您尝尝……

李老太选了一个尝了尝，有一点儿酸，于是买了两斤。

对话3：

李老太提着李子回家时路过第三家店，她想验证下她买的李子是不是贵了，于是她便问：你这李子多少钱一斤？

店员回答说：1块8一斤，你要什么样的李子呢？

李老太说：我要酸的李子。

店员奇怪：您为什么要酸的呢，这年头大家都要甜的？

李老太说：我儿媳妇怀孕四个月了，想吃酸的。

店员说：原来这样。那您为什么不买点猕猴桃呢？猕猴桃口味微酸，营养丰富，特别含有丰富的维生素，同时这些维生素很容易被小宝宝吸收呢。既可以满足您儿媳妇的口味，也为小宝宝提供了丰富的维生素，一举多得呢！

李老太觉得有理，于是又买了两斤猕猴桃。

推销是一门积极主动的艺术，深入了解客户目前的状况，更多地为客户考虑，吸引客户购买更多。这样，推销才真正能实现价值。

资料来源：http://wenku.baidu.com/view/036d69dace2f0066f5332274.html.

第五节　营业推广

　　不论你卖什么，要让它清晰地传达给你的潜在顾客，让他们感到买了它比不买它要来得好。

——佚名

一、营业推广的内涵及特点

（一）营业推广的内涵

　　营业推广是一种短期性的刺激工具，用来促使消费者迅速或更多地购买企业某一特定产品或服务。

（二）营业推广的特点

1. 能够迅速吸引消费者的注意并使其购买产品

　　尤其是在推出新产品或吸引新顾客时，营业推广强烈的刺激很容易引起消费者的注意，同时，营销推广一般会给消费者带来一定的利益，进而更容易促使消费者购买企业的产品。

2. 仅是一种辅助性的促销方式

　　在决定采取这种促销策略时，也要与人员推销、广告和公共关系相结合，才能全方位地将产品的促销信息传递出去。

3. 帮助企业实现营销目标

　　营业推广实际上就是让利消费者，从而使消费者更快、更多地购买企业的产品，实现企业的营销目标。

4. 没有持久性

营业推广是一种短暂性的强烈刺激，没有持久性，可能不利于培养新顾客的忠诚度。

二、营业推广的方式

营业推广的方式多种多样，针对不同的对象，企业可以有不同的推广方式。

（一）针对消费者的营业推广

消费者是直接购买企业产品为企业带来销量和利润的群体。因而，针对消费者的营业推广是许多企业热衷的营业推广方式。针对消费者的营业推广的工具如表 9–4 所示。

表 9–4　主要的营业推广工具

营业推广	特　　点	举　　例
赠送样品	有利于推出新产品，成本较高	欧莱雅向消费者赠送凝水活采系列护肤品小样
优惠券	持券可抵销部分金额，从而刺激消费者购买产品	麦当劳提供的折扣券，凭券可享受比店内直接购买更便宜的食物
打折促销	消费者购买产品时享有一定折扣	某服装品牌推出全场 7 折优惠，或满 500 元返 1000 元的活动
包装兑换	用产品包装兑换现金	燕京啤酒为回收瓶盖给予现金补偿
抽奖促销	赋予消费者购买产品后抽奖的权利	商场推出满 500 元可抽奖一次的活动
联合促销	两个或多个企业一起促销的行为	美国马克威尔牌咖啡与日本面包公司的联合促销
有奖销售	购买产品可以中奖	和其正饮料推出的揭盖赢奖活动

针对消费者的营业推广方式直接从消费者的角度出发，让消费者感到获得额外的收益，进行促进产品的销售。

（二）针对中间商的营业推广

为鼓励中间商，企业也会采取营业推广的促销方式，力求中间商更尽力地销售企业的产品。主要的方式有：现金折扣，即采购一定数量的产品就能获得相应的折扣；津贴补助，即为中间商提供一些营销开支方面的补助等；销售奖励，企业根据中间商的销售业绩，可给予一定的奖励，如免费旅游、实物奖励、采购优惠等。

（三）针对内部员工的营业推广

内部销售人员推销产品的积极性会直接影响产品的销售，因而企业也须针对内部员工制定一系列营业推广方式，从而鼓励销售人员更加积极、主动地推销企业的产品。一般来说，可以采取的方式有：销售竞赛、提供培训、技术和服务指导等。

三、营业推广方案设计

营业推广方案的设计主要有以下几个步骤：

（一）确定营业推广的对象和目标

企业要明确营业推广的对象是谁，要实现什么目标。只有明确了对象和目标，企业才能针对营业推广对象，在目标的指引下制订出具体的实施方案，从而实现营业推广的目标。值得注意的是，在确定营业推广的目标时，企业不能只以短期内销售额的增长为目标，而是要注重与消费者之间建立起长期的关系，这样才能真正实现营销的目标。

（二）选择营业推广的工具

在选择推广工具时，企业要根据各种营业推广方式的特点、营业推广对象以及产品特点选择最合适的推广工具。只有选择适合的推广工具才能顺利实现营业推广的目标。

（三）确定营业推广的时机和期限

无论推广何种产品，时机的选择和持续时间的长短都很重要。恰当的推广时机能够使企业在最准确的时间实施营业推广方案。推广期限的确定会直接影响消费者对营业推广活动的感知：营业推广时间过长，消费者就丧失了新鲜感；营业推广时间过短，消费者还没来得及反应，活动就结束了，达不到营业推广的效果。

（四）实施营业推广的方案

在制订营业推广方案后，企业就可以实施营业推广方案。

（五）评估营业推广结果

企业在营业推广结束后，要采用一定的方法对结果进行评估，以了解营业推广实施的效果。一般来说，评估营业推广最普遍的方法就是把推广前、推广中和推广后的销售额进行对比，从而了解营业推广所带来的销售额的增长情况，并且为下一次营业推广方案的制订提供一些参考。

【案例 9-6】
营业推广的应用

某企业在对消费者的营业推广中主要应用了以下两种方式：

1. 折扣型通惠卡

这是该企业在某年推出的一种购物优惠卡，消费者在当天消费满一定金额或累积消费满一定金额后就可以拥有该企业的会员卡。普通会员卡没有打折功能，只能累计积分或以积分换购商品。当消费者的累计积分达到一定的数额后，可以升级为 VIP 卡、白金会员卡等。升级后的会员卡可以享受一定程度的折扣优惠。这种方式有效地招徕了大部分的回头客。

2. 免费旅游

该企业在 1997 年初借香港回归的有利商机，适时推出了主题为"当代之旅"的港泰七日游大型促销活动。在此次活动中有 600 名顾客通过抽奖的方式成为幸运者，其旅游开支均由企业承担，共耗资 300 万元。"当代之旅"历时一年，在此期间企业利用媒体大力宣传，在对顾客感情投资的同时企业的销售额也平稳上升，以年 13% 的比例递增，顾客的回头率有所增加，市场份额明显扩大。

资料来源：http://www.xinyuwen.com/of/showArticle.asp?Article ID=89804.

本章小结

本章主要介绍了促销策略的相关内容。促销是指企业采用一定的方法和手段，使消费者了解企业的产品并对企业的产品产生好感，从而促使消费者最终购买产品的一系列活动。促销的实质就是信息沟通。促销的基本方式主要包括广告、营销公共关系、人员推销以及营业推广。企业在制定促销策略时要合理地将这几种促销方式整合起来，使产品的促销信息能够最广泛、最有效地传递到目标市场，从而促进企业促销目标的实现。

第十章　客户关系管理

开篇案例

王永庆卖的仅仅是大米吗？

　　王永庆，台湾工业界的"龙头老大"。很多人都知道，王永庆的发家是从一家小米店开始的。王永庆小学毕业后到一家米铺当学徒，第二年，他用借来的200元钱开了属于自己的一家米店。

　　为了能够把米店的生意做好，王永庆费了一番心思。当时，由于技术落后，加工出来的米里面掺杂着很多沙粒、米糠、小石头等，这在当时是很常见的。但是王永庆却不这么认为，他每次卖米之前都将米里面的杂物选干净，这个区别于其他米店的举动，让王永庆赢得了更多的顾客。而且王永庆每次都是送米上门，他有一个小本子，上面记录着每位顾客家的人数、米的消耗量以及顾客的发薪时间等。当预计到顾客米吃完时，他就主动为顾客送去大米；到了顾客发薪的时候，又上门收取米款。这都让顾客感受到他贴心的服务。最值得一提的是，王永庆每次送米上门，不是仅仅送到门口，而是耐心地帮顾客将米倒进米缸。如果米缸里还有没吃完的老米，王永庆会细心地将米倒出来，把米缸弄干净，再将新米倒进去，将老米放在最上面，这样就不会让缸底的老米变质而影响新米。这一小小的举动，让很多顾客成了王永庆的忠实客户。

　　就这样，王永庆米店的生意越来越好，他也最终成为台湾工业界的老大。虽然，在我们看来，有些小的细节微不足道，但是正是这些小的细节才是让顾客最有感触的。就像王永庆自己说的那样："虽然当时谈不上什么管理知识，但是为了服务顾客做好生意，就认为有必要掌握顾客需求，没有想到，探索实际需要的一点小小构想，竟能作为起步的基础，逐渐扩充演变成事业管理的逻辑。"

资料来源：邵家兵. 客户关系管理 [M]. 清华大学出版社，2010.

【案例启示】俗语常说："三百六十行，行行出状元。"在台湾当时的卖米行业里，王永庆的确可以算得上是"状元"了。清杂物、送米上门的举动看似不起眼，却在不经意间虏获了客户的心。而实际上，王永庆这种"从顾客的需求出发"、"为客户着想"的理念也正是客户关系管理的精髓。

本章您将了解到：

● 客户的状态及客户关系管理的内容

● 数据库营销

● 关系营销

● 整合营销

第一节　客户关系管理概述

想称霸市场，首先要让客户的心跟着你走，然后让客户的腰包跟着你走。

——佛莱德·史密斯

帕累托的"2/8 法则"指出，企业 80% 的销售业绩来源于 20% 的客户的重复购买。建立与客户之间长期的信任和依赖关系，并提高和保持客户的忠诚度是企业生存的基础，而良好的客户关系也能为企业创造更多的价值，因此，越来越多的企业开始重视对客户关系的管理。

一、客户关系管理的内涵

Gartner Group 公司最早提出了客户关系管理的概念，强调通过对客户的关注（如交流及互动）来提升企业的客户收益率。客户关系管理是一种先进的管理理念，它通过将企业的各个流程进行整合使企业能够更好地满足客户的需求，并与客户建立良好的关系，从而使企业最大限度地提高客户的满意度及忠诚度，为企业创造更多的价值。

客户关系管理首先是以客户为中心的管理，由美国营销专家劳特朋教授提出的 4C 理论就从四个方面展示了客户关系管理的关注点。4C 理论认为企业应首先从顾客出发，调查并尽力满足其需求，以客户满意为首要目标；同时企业要考虑顾客的购买成本和购买过程中的便利性；此外，企业还要与顾客进行及时有效的沟通，如图 10-1 所示。

图 10-1　4C 理论的内容

（一）顾客

企业的产品要销售给顾客才能实现产品的价值，也才能实现企业的价值，因此，满足顾客的需求就是企业的首要目标。而且，在当今消费者越来越占据主动地位的市场环境中，企业更应该把"以客户为中心"作为经营的首要准则。在营销活动中，企业应着重考虑顾客的需要和欲望，并研究消费者的购买心理，以更好地组织生产、销售和服务，从而赢得更高的顾客满意。

（二）成本

顾客在选购产品时是要花费一定的成本的。除了购买商品的资金外，顾客还要耗费一定的时间成本、精力成本、体力成本等。消费者总是希望能够将成本降到最低限度。因此，企业要做的就是，考虑顾客为满足需求而愿意支付的总成本，并努力使自身的营销活动能满足客户的这一要求。例如，企业可以通过降低成本来减少顾客花费的货币成本；提高员工的工作效率以降低消费者的时间成本；提供最便捷的渠道供消费者了解信息和选购，或提供良好的售后服务以减少消费者的精力成本和体力成本。

（三）便利性

在当前竞争日益激烈的市场环境下，企业在开展营销活动时，应认真思考如何才能给消费者提供最大的便利性。例如，企业在区域、地点等方面的选择要考虑到交通等影响"消费者易接近性"因素，以保证消费者能够容易到达商店；企业在店面设计、布局等方面要考虑方便消费者参观、挑选以及付款等流程，为消费者提供最大限度的便利。

（四）沟通

有效的市场营销活动离不开与消费者的沟通。通过沟通，企业可以更好地了解消费者在产品、服务等方面的需求，以提供适销对路的产品。企业还可以通过沟通影响消费者的态度与偏好、向消费者宣传企业的良好形象等，以达到促进产品销售的目的。在激烈的市场竞争面前，企业应该认识到，有效的沟通更有利于企业的长远发展。客户关系管理需要以"沟通"为基础，而"沟通"也可以更好地促进企业的客户关系管理，从而提升企业的营销竞争力。

二、客户关系管理的意义

市场的竞争就是争夺客户的竞争，只有不断地吸引和争取新客户，并维系和保持老客户，企业才能在激烈的竞争中保持长久的竞争力。

客户关系管理的意义不言而喻。而具体来说，客户关系管理的意义主要有以下几点：

（一）降低企业与老客户的交易成本

良好的客户关系会使客户更加了解并信任企业，这样一来，企业就可以针对老客户进行更准确、更具针对性的营销活动。一方面，企业节省了营销费用；另一方面客户对企业的信任会降低客户的成本，如搜寻成本、谈判成本等，从而降低了两者之间的交易成本，双方的价值都能实现。

（二）降低企业吸引新客户的成本

良好的客户关系会使客户主动为企业进行积极的宣传，而从消费者行为的角度来说，口碑的好坏是吸引消费者的一个重要因素。通过老客户的口碑效应，企业能更有效地吸引新客户，从而降低了吸引新客户的成本。

（三）提高客户的忠诚度

满意是忠诚的前提，有效的客户关系管理能够提升客户对企业的满意度，并逐渐转化为对企业的忠诚。这对于企业来说，是一项重要的无形资产，能够为企业带来实实在在的利润。

（四）有助于挖掘潜在商机

进行客户关系管理时，企业会对客户的购买行为、频率等数据进行收集。通过数据挖掘、商务智能等现代技术，企业可以探索到客户购买行为背后的规律，进而挖掘到潜在的商机。

【案例 10-1】

广东步步高——如何实现"步步高升"？

由于技术的迅速发展，电子产品行业增加了许多新面孔，电子产品市场开始由"卖方市场"向"买方市场"转变。与之前企业单一重视技术不同的是，现在企业更加关注的是高质量的服务水平。业界一句真理就是：谁能笼络消费者的心，谁就能抢占市场。因此，众多企业都打起了"服务牌"，把战略重点转移到服务上来。广东步步高集团也不例外。

为了更好地为客户服务、对客户进行管理，广州步步高集团做了一系列调研。根据调研结果，步步高确定了客户关系管理业务需求的三个主要方面：一是快速的客户响应；二是畅通的客户沟通；三是集中的客户信息管理。为了实现这三个方面的目标，步步高选择了杭州星际的客户关系管理软件，同时配备了高级管理人员和技术人员，组成项目操作团队，对客户关系管理系统实行严格的控制。系统模板包括接待、维修、配件管理、统计以及系统维护等模块。在客户服务体系的运营方面，步步高投入了相当多的资源，例如，对售后服务人员进行挑选和培训；建立了监督机制，包括投诉热线、网点投诉、系统检测等。

系统成功实施后，企业统一了客户服务请求入口，多渠道呼叫帮助企业提高了与客户的交流互动能力。同时，标准的客户服务模块将客户的请求集中起来，可以有效安排技术人员为客户提供更快捷的服务。

客户关系管理的理念逐渐渗透到企业运作如产品生产、营销管理、库存管理等各个环节，为广东步步高集团的长远发展奠定了坚实的基础。

资料来源：http：//www.docin.com/p-219185312.html.

第二节　客户关系管理的内容

一个企业存在的目的，在于创造新客户及维系老客户。

——西奥多·莱维特

一、客户的状态

企业客户可以分为五种：潜在客户、目标客户、现实客户、流失客户和非客户（见图10-2）。

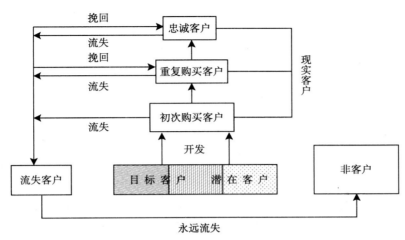

图 10-2　客户的状态及提升

资料来源：苏朝晖. 客户关系管理：客户关系的建立与维护［M］. 北京：清华大学出版社，2010.

（一）潜在客户

潜在客户是指对企业的产品有需求而且具备一定购买力的客户，是相对于已经购买企业产品的那部分消费者而言的。

（二）目标客户

目标客户是从企业的角度出发，是企业所定义的具有针对性的服务对象。因此，企业的目标客户与潜在客户常常有一定的重叠。有时候那些潜在客户就是企业的目标客户，但也有一部分消费者对企业的产品有需求，而企业却没有将这部分群体定义为自身的目标客户。

（三）现实客户

现实客户。现实客户又包含三类，分别是初次购买客户、重复购买客户以及忠诚客户。他们是实实在在为企业的销售做出推动的一类群体，对于企业来说非常重要。企业要精心地维护与这类客户的关系，使他们与企业的关系持续下去，并形成企业的忠实客户群。

（四）流失客户

流失客户是那些曾经购买过企业的产品，但因为种种原因而投向竞争者"怀抱"的消费者。流失的原因可能是产品质量的问题、服务不到位等，他们是企业进行客户关系修补的重要对象。

（五）非客户

非客户是那些对企业的产品丝毫不感兴趣的人，另外，如果企业对流失客户没有进行有效的挽回，那么他们也有可能"永远流失"，成为"非客户"群中的一员。

二、客户关系的建立

客户关系的建立需要经历三个环节：识别客户、选择客户及开发客户。

（一）识别客户

企业需要识别哪些是企业的目标客户和潜在客户，哪些是企业的现实客户，已经流失的客户有哪些等。

（二）选择客户

选择客户也就是对产品和服务进行定位的过程，集中企业的资源来服务某一类型的客户。

（三）开发客户

开发客户就是利用促销、渠道等策略将目标客户和潜在客户转化为现实客户的过程。

总的来说，企业整合调研、定位、产品、定价、促销、渠道等各方面力量的过程就是企业建立客户关系的过程。而建立客户关系的效率、效果就取决于企业营销策略的优劣。

三、客户关系的维护

客户关系的维护是指企业通过一系列的努力来巩固与客户之间的关系，并促使这种关系能够维系得更长期、更稳定的动态过程。要维护企业与客户之间的关系，首先要求企业对客户有一定的了解，这就涉及对客户信息的搜集。其次，企业要对客户进行分级，以便合理分配企业的资源。在此基础之上通过有效的沟通，提升客户的满意度，最终实现客户的忠诚。客户关系的维护不仅仅是对现有关系的维持，更重要的任务是推动客户关系不断升级。

（一）搜集客户信息

客户信息对于企业的客户关系管理有着重要的意义：

（1）通过全面搜集信息，企业可以辨别客户对企业的价值大小，为客户分级提供依据。

（2）在分析信息的基础上，企业可以更好地了解客户的需求特征，从而更好地满足客户的需求，提高客户的满意度。

（3）详尽的客户信息是实现"一对一"营销的基础。"一对一"营销是指根据每个客户的特点实施营销活动，使营销更具针对性。

信息是决策的基础，"销售未动，调查先行"说的也是这个道理，因此，许多企业建立专门的客户数据库来搜集和分析客户信息。

（二）对客户进行分级

客户分级是企业根据客户对企业的价值大小或重要程度将客户分为不同的层级，从而更合理地分配资源。

每个客户给企业带来的价值是不同的，有的对企业贡献大，有的对企业贡献小。企业也不可能将所有资源平均分配给每一个客户。客户的分级如图 10-3 所示。

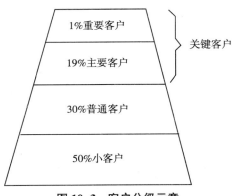

图 10-3　客户分级示意

在图 10-3 中，位于顶端的 1% 是企业的重要客户，他们能够为企业带来最大的价值。位于次高层的是占客户总数 19% 的主要客户，他们带来的价值仅次于重要客户。处于第三高层的是占客户总数 30% 的普通客户，位于最底层的是占客户总数 50% 的小客户。重要客户和主要客户是企业的关键客户，他们占客户总数的 20%，但带来的价值却可以达到 80%。

分级管理的任务就是在对客户分级的基础上，依据客户级别的高低设计不同的客户服务项目。分级管理的重点是努力提高这部分关键客户的满意度，促使他们对企业产生忠诚。此外，企业还需要积极提升各级客户的级别，为企业带来更多的价值。对于那些不具营利性的客户，企业可以选择放弃。

（三）与客户进行沟通

客户沟通是指在企业和客户之间建立起相互联系的桥梁，让客户了解企业的现在以及未来，加深企业与客户的感情。与客户进行沟通的主要目的是巩固和发展双方的关系，为提升客户满意度、促进忠诚度做铺垫。

有效的沟通应该是双向的沟通，一方面，企业将产品信息、企业动向等及时主动地传递给客户，使客户理解并认同企业；另一方面，企业应提供畅通的渠道供客户与企业沟通，并积极听取客户的意见，进行改进和提升。在与客户沟通的过程中，企业必须更加注重客户关心的东西。如在与客户的谈判上，我们应该掌握怎样的技巧；在对客户的服务上，我们应该抱有何种态度和观念等。

【拓展阅读】

客户服务的八大准则

口碑的威力比媒体广告强大 30 倍。

亲切、友善、助人与成功成正比。

客户只有一个目的——需要帮助。

老客户的价值是其销售额的 20 倍。

继续和你做生意的客户是你的最大优势。

只有满意度是不够的，要努力建立忠诚度。

客户就是收入。

态度左右服务的表现程度。

（四）客户满意与客户忠诚

1. 客户满意

客户满意是指客户需求得到满足的愉悦状态，在本书第一章就有所介绍。客户满意是实现客户忠诚的基础，也是企业持续发展的重要保障，实现客户满意对于企业有着重要的意义。

2. 客户忠诚

在汉语词典里，"忠诚"的解释为：对朋友、组织、国家或某种价值观的认同和追随。客户忠诚就是指客户认同企业的产品、服务以及文化并甘愿追随企业。客户忠诚表现在具体行动上就是：经常性、反复地购买企业的产品，乐于尝试企业的新产品，积极向他人推荐企业的产品，主动抵制其他品牌的诱惑等。客户忠诚比客户满意更能确保企业的长期利润，为企业带来的价值也更高，因此，客户忠诚是企业客户关系维护的最终目标。

实现客户忠诚可以从以下几个方面努力：

（1）持续实现客户满意。客户满意是形成客户忠诚的基础，持续的满意才有可能促使客户形成对企业的认同和追随。

（2）对忠诚的客户提供奖励。

（3）情感维系。增加企业与客户之间的信任、关怀、理解和认同，从情感的角度加强企业与客户之间的关系。

（4）提高转移成本。如果客户更换品牌的转移成本过高，例如转移品牌会损失原有的利益、企业的服务具有不可替代性等，那么就相应地提高了客户的转移障碍，降低忠诚客户的流失率。

（5）建立客户组织。企业可以通过建立会员制、客户俱乐部等方式，使企业与客户的关系更加正式化、稳固化、长期化，从而促进客户忠诚。

【案例 10-2】

除草的小兔子

一只小兔子在棕熊家做除草工，有一天，它打电话给熊太太说："您好，请问您需不需要除草工？"

熊太太回答说："我已经有除草工了。"

小兔子又说："我会帮您除掉花丛里的杂草。"

熊太太说："这些我的除草工已经做了。"

小兔子又说："我可以让您的草长得既茂盛又整齐。"

熊太太说："我的除草工也已经做了，我不需要新的除草工，谢谢你。"

小兔子挂了电话，可是一旁的朋友却奇怪了，"你不是就在熊太太家除草吗？为什么还要问它家需不需要除草工呢？"

小兔子说："只有知道自己是不是做得足够好，才能避免被开除呀！"

聪明的客户关系维护，就是永远让客户感觉到，他需要的你都做了。

资料来源：禾田.寓言中的经营智慧 [M].北京：企业管理出版社，2005.

四、客户关系的修复

当客户不再忠诚于企业，转而购买其他企业的产品时，就形成了客户流失的状态，也就是企业与客户之间的关系破裂。当客户关系出现裂痕时，企业不应该听之任之，试想一下，假如流失的客户都成为竞争对手的客户，对企业会有什么影响呢？因此，企业应当主动查找原因，对症下药，尽量挽回。

（一）客户流失的原因

新陈代谢是自然界的规律，企业也是如此，偶尔的客户流失也许只是客户想换换口味。但当客户流失率上升到一定水平时，企业就不能再坐视不理。面对这样的情况，企业首先应探寻客户流失的原因。一般来说，客户的流失主要有以下几方面的原因：

1. 客户不满意

客户满意可以促进客户忠诚，反过来看，不满意就会导致客户流失。客户的不满意可以是多方面的，如对企业的产品或服务不满——产品缺乏吸引力、客服人员态度差等；对企业管理的不满——不能及时响应、管理不够规范等；对企业行为的不满——污染环境、不承担社会责任等。

2. 情感引力不强

客户对企业的信任不够深，或者企业对客户的影响力较小时，也会引起客户流失的现象。

3. 消费习惯改变

需求和消费习惯的变化也会导致一部分客户流失。

（二）客户的挽回

根据分级管理的思路，企业对于不同级别的客户也要采取不同的挽回措施。

对于占客户总数前 20% 的关键客户的流失，企业应尽力挽回。这部分客户是企业利润的重要来源，失去他们不但会给企业造成损失还有可能伤及“元气”。

对于普通客户和小客户的流失，企业可以选择见机行事。如果成本不高，或者只是举手之劳，那么企业就可以试着挽回这部分客户。

并非所有的流失客户都需要挽回，如果这部分客户的要求超过了合理的限度，或者无理取闹有损员工士气，或者不能为企业带来利润，那么企业就可以彻底放弃这部分不值得挽留的客户。

【案例 10-3】

泰国东方酒店的客户关系管理

泰国东方酒店堪称闻名海内外的亚洲酒店，如果不提前一两个月预订，很难有机会入住。为何在一个不是特别发达的国家，有这样让人向往的酒店呢？其实，它吸引人的地方就在于它独特的客户关系管理。

在东方酒店，只要你入住了一次，你的信息就会被录入到东方酒店的客户关系管理系统里面。当你再次入住时，从你进入饭店的那一刻起，饭店的每位员工都已经知晓你的到来：当你在前台登记入住时，前台的服务人员会亲切地称呼您×先生（小姐）；当你乘坐电梯，到达你入住房间的楼层时，服务生会热情地称呼你，并帮你提行李，因为在你上电梯后前台就已经通知专人为你服务；当你进入餐厅准备就餐时，服务人员已经知道，你上一次就餐时所坐的位置以及所点的菜单，这时你只需要回答"照旧"，一切就会按照你的喜好呈现在你的面前。这一切都会让人有一种强烈的被重视的感觉，这样的酒店怎能不让人向往呢？

东方酒店另一独特之处在于，如果你是一位长期没有再次入住的客户，在适当的时候，如生日的时候你会收到一张生日贺卡，里面会另附上一封简单的信件，上面写到："亲爱的×先生（小姐），您已经很长时间没有来我们这里了，我们所有人都很想您，希望可以再次见到您！今天是您的生日，我们祝您生日快乐！"这张简单的生日贺卡加上一封简单的信，会让顾客瞬间产生再次去的冲动。这就是东方酒店富有魔力的客户关系管理。

东方酒店所做的仿佛都是微不足道的小事，但正是这些小事让它成为人人向往的地方。这就能看出东方酒店非常重视培养忠诚顾客，通过建立一系列完善的客户关系管理体系，使顾客有强烈的宾至如归和被尊重的感觉。迄今为止，世界各国的20多万人曾经入住过东方酒店，用他们的话说，只要每年有1/10的老顾客光顾，饭店就会永远客满。客户关系管理就是泰国东方饭店成功的秘诀。

资料来源：齐佳音，万岩，尹涛. 客户关系管理 [M]. 北京：北京邮电大学出版社，2009.

第三节　客户关系管理的营销策略

取得大量信息是不够的，关键是要利用这些信息，为各种客户创造个性化的服务。

——Ken Robb

近年来，客户关系管理的理念不断活跃在市场营销领域，在此基础之上也演化出不少新的营销理论，本节主要介绍数据库营销、关系营销以及整合营销。

一、数据库营销

（一）数据库营销的内涵

数据库营销是在数据库技术和互联网的基础上发展起来的营销方式。在数据库营销模式下，企业搜集和积累消费者的大量数据，通过对这些数据的深度挖掘来获得营销信息，并利用这些信息对产品进行精准的定位，更有针对性地制作营销信息以达到促进销售的目的。

【案例10-4】

啤酒与尿布

在数据库营销中，最有名的案例莫过于"啤酒与尿布"了。把这两样东西放在一起，人们可能会一头雾水，风马牛不相及的两样东西能有什么联系呢？

故事发生在全球最大的零售商——沃尔玛身上。通过对消费者、购买物品、购买频率等数据的分析，他们发现了这样一个奇怪的现象：每到周末超市中的啤酒和尿布总是同时售出，啤酒的销售与尿布的销售存在很大程度上的关联性。为什么会出现这样的现象呢？沃尔玛对这一现象进行了调查，原来，每到周末，美国的年轻母亲就相约一起放松身心，照顾小孩的任务就自然落在了年轻父亲的身上。这些年轻父亲一般喜欢一边看球赛，一边喝啤酒，一边照顾小孩。于是就在周末的采购中备足了啤酒和尿布。

　　了解到这一信息后，沃尔玛很快做出了反应。在货柜摆设中，沃尔玛将原本分置在不同地点的啤酒货架和尿布货架放在一起，大大提高了年轻父亲购买时的便利性，也大大增加了销量。

资料来源：岳霖. 啤酒与尿布 [J]. 中国中小企业，2002(7).

（二）数据库营销与客户关系管理

　　客户关系管理并不仅仅体现为一种营销理念，许多企业建立了客户关系管理系统，利用这一系统来搜集企业销售活动、售后反馈等方面的信息。数据库营销的基础是数据库，其关键在于利用客户信息推动企业的营销活动。从这个角度来说，数据库营销是客户关系管理的一个重要方面。另一方面，通过数据库的建立和分析，企业能够对客户的信息有一个全面的了解，在此基础上为客户设计更加个性化的服务支持和营销活动。从这个角度看，数据库营销对于促进企业的客户关系管理也有着重大的作用。

二、关系营销

（一）关系营销的内涵

　　关系营销就是将营销活动看作是企业与关系各方之间进行"互动"的一个过程，在这个过程中，企业与他们建立起信任和合作关系，并通过维护和发展这种关系来实现企业与客户的利益最大化。

（二）关系营销的特点

　　关系营销的特点可以概括为以下几个方面：

1. 沟通的双向性

只有企业与客户之间建立双向的信息沟通和信息分享渠道，二者之间才能建立良好的关系，这也是开展关系营销的基础。

2. "双赢"

关系营销的目的是实现双方利益的满足，并使双方的利益都能最大化，"损人利己"的方式是无法进行关系营销的。

3. 亲密

关系是否稳定并不仅仅取决于物质利益上的"双赢"，情感也起着重要的作用。因此，关系营销不仅要实现物质利益上的互惠，还需要让各个参与者从中获得情感慰藉。

4. 信息反馈

关系营销要求及时了解消费者、供应商、中间商及其他参与者的动态变化，并通过及时采取措施来消除关系中的不稳定因素。例如改进产品、服务、挖掘新的市场机会等。

（三）关系营销的核心理念

关系营销的目的就在于同客户结成长期的、相互信任且依赖的稳定关系，并借此提高客户对品牌的忠实度，促进产品的销售。一次交易的完成，并不只是为了这一次的利润，而应该让这一次交易成为下次交易的基础。交易重复多次后，企业与客户之间会形成经常性的联系，进而建立起紧密的关系，而紧密的关系又有助于企业与客户之间的多次交易。因此，关系营销的关键就在于"让客户觉得每次交易都是值得的"，持续地提高客户满意度。

三、整合营销

（一）整合营销的内涵

整合营销建立于 4C 理论基础上，是企业营销的一个新视角。管理学大师彼得·德鲁克曾说过："从营销的最终结果，也就是从顾客的观点来看，营销是整个企业的活动。"菲利普·科特勒认为,整合营销就是企业的所有部门为服务于客户利益而共同工作的过程。整合营销体现在两个方面:一是各营销要素之间并不是孤立的,它们必须共同努力以促进营销;二是营销不只是营销部门的事,其他部门也必须与之协调、配合,共同创造顾客价值并实现企业的营销目标。总的来说,整合营销就是为了建立、维护和传播企业形象以及加强客户关系而将各种营销手段进行整合,以产生协同效应的一系列营销工作。

(二)整合营销传播

媒体的发展和传播的过剩导致消费者的注意力被分散,越来越多的企业意识到,一个产品是否成功已不仅仅取决于好的设计或价格的优势、畅通的渠道,更重要的是树立品牌形象并使消费者准确地辨识企业及其产品。这一诉求促使人们重视整合营销传播的力量,从而建立起企业品牌与消费者之间长期的、维系不散的关系。

整合营销传播是建立在整合营销的理念之上的新型传播方式,它强调将多种传播方式进行整合,向外界传递统一的品牌形象,让消费者了解品牌、信任品牌并持续下去。美国学者唐·舒尔茨指出,整合营销传播的核心是以整合企业内外部所有资源为手段,再造企业的生产行为市场行为,充分调动一切积极因素,以实现企业统一的传播目标。整合营销传播的内涵主要体现在以下几个方面:

1. 以消费者为导向

随着技术的发展,企业在获取信息、储存、分析大量相关信息方面的能力得到急剧的提升。同时,消费者在选择产品、服务方面也更具主动权。在这样的形势下,企业的传播策略不再是"由内向外",而是"由外向内",即企业的关注点开始从"传播什么"向"消费者想听什么"转移。在整合营销传播下,企业将更加强调收集、分析消费者信息,探索消费者现有的或潜在的需求,将消费者提升到一个相当重要的位置。

2. 传播形态多元化

就目前的形势看,媒体特别是广告对于消费者的影响力正变得越来越弱,而产品包装、企业工作环境、产品的货品陈列、口碑传播等对消费者的影响却不断增加。在整合营销传播中，除了传统的广告、公共关系、人员推销、营业推广之外，只要有助于达成营销的方法都是营销传播的有效手段。

3. 双向沟通模式

整合营销传播的另一个关键点在于，营销信息的传递从单方面的传播转为双方的互动交流。通过不断的交流，消费者与企业之间建立良好、稳定的关系，从而为实现营销奠定基础。

（三）整合营销与客户关系管理

基于客户关系管理的整合营销是一个运用品牌价值来影响并管理客户关系的过程。一方面，企业通过战略性地传递信息、带有较强目的性的对话来影响客户；另一方面，通过长期的相互影响同客户之间创造和培养有价值的长久关系。整合营销与传统的营销传播相比，它不仅仅是利用营销信息简单地影响消费者的行为，更重要的是把发展同客户之间的关系作为企业的核心价值。

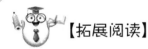【拓展阅读】

让客户回头——客户服务的三境界

（1）把分内的服务做精：尊重客户、关注客户，迅速响应客户的需求，持续提供高品质的服务。

（2）把额外的服务做足：提供客户有需求、但没有预期的服务，如一些增值服务、为客户"定制"的服务等。

（3）把超乎想象的服务做好：超乎想象的服务首先是客户并未意识到的服务，或潜意识中的需求，做好超乎想象的服务，需要企业以文化为依托，关注每一个细节。

资料来源：影响力中央研究院教材专家组编著.让客户回头：超乎想象的客户服务六大宝典[M].北京：电子工业出版社，2009.

本章小结

本章主要介绍了客户关系管理的相关内容。客户关系管理的任务是与客户建立良好的关系，从而使企业最大限度地提高客户的满意度及忠诚度，为企业创造更多的价值。客户关系管理的主要内容包括客户关系的建立、客户关系的维护以及客户关系的修复。在客户关系管理理念的驱使下，数据库营销、关系营销以及整合营销等理论不断出现，为市场营销提供了新的视角。

第十一章　市场营销管理发展的新趋势

iTunes 的蓝海营销

2004 年，IT 巨头苹果电脑公司携手百事可乐公司在美国掀起了一场前所未有的"iTunes 音乐风暴"。消费者只要买到瓶盖上印有"iTunes"下载信息的百事可乐后，就可以到 iTunes 音乐商店网页上免费下载 MP3 音乐。这一活动使得 i-Tunes 网络音乐随着百事可乐拓展到美国的各个地方，甚至偏远的小镇，这使得 iTunes 网络音乐的下载量直线飙升。

统计数据显示，两个月内，iTunes 音乐商店出售了超过 5000 万首歌曲，并以每周 250 万首歌曲的下载量持续增长。iTunes 音乐商店利用百事可乐做广告，增加了现实顾客和潜在顾客的保有量；通过利用百事可乐销售渠道的广度和深度，iTunes 网络音乐延伸到了它以往所不可能触及的角落；通过顾客对百事可乐品牌的喜爱，iTunes 音乐商店成功地树立了自己网络音乐先锋的品牌形象。

百事可乐在"iTunes 音乐风暴"中同样取得了很大的收获。首先，百事可乐的顾客拥有了免费下载 iTunes 音乐的权利，这促使消费者增加对百事可乐的购买，直接促进了百事可乐的销售；其次，百事可乐公司从苹果电脑公司取得了广告发布的费用，同时，这种广告收入的增加为百事可乐公司提升了低价竞争能力，促进了百事可乐的销售；最后，结合 iTunes 音乐商店形象特点的广告发布，百事可乐年轻、前卫的品牌形象更加深入人心。

资料来源：王建国. 1P 理论——真正的蓝海营销模式 [J]. 销售与市场，2008（28）.

【案例启示】 市场营销管理是研究企业与市场需求的最佳契合点的一门学科。市场形势不断变化，企业所面临的市场环境也日新月异。如何把握环境形势更好地占领市场优势是众多企业考虑的问题。为适应市场需求的变化，企业的市场营销观念也在不断地变化。以产品为导向的营销观念已经不再适应当前的市场需求了，取而代之的是注重买方需要、以消费者需求为导向的现代市场营销观念。而如今，随着生产力的进一步发展，人们对生态环境越来越重视、消费者意识抬头等现象的出现，企业必须改进其营销理念和经营哲学，才能获得生存和发展。

本章您将了解到：

● 绿色营销

● 网络营销

● 需求导向

● 快速反应

● 诚信营销

第一节　绿色营销

绿色营销是一种能辨识、预期及符合消费的社会需求，并且可以带来利润及永续经营的管理过程。

——Ken Peattie

绿色营销是指企业将绿色、环保、生态的理念贯穿到企业生产、营销等活动的各个环节中去，将企业的持续发展与社会环境的持续发展紧密结合在一起，把保护环境作为企业重要的社会责任。企业实施绿色营销就是要在保护环境的前提下，向社会提供绿色、无污染的、可循环的、低能耗的产品或服务。这种绿色营销的理念强调企业应以可持续发展为经营哲学，以保护环境和维持生态平衡为出发点，力求在保护环境、满足消费者需求以及实现企业目标这三者之间寻求一个平衡和统一。

绿色营销与传统的营销方式相比，具有以下几点特征：

第一，"绿色"的概念贯穿于企业市场营销的全过程中。在产品的开发设计中，企业就应有计划地开发绿色产品，致力于开拓绿色市场。在生产过程中，企业应主要采用易回收、无污染的材料，尽可能地减少能源的消耗和污染的产生。企业制造的产品在使用中不会对环境造成污染，且在使用后易于拆解或回收。

第二，企业必须采用环保标志和 ISO14000 环保标准，作为其绿色营销的标签。而且，舆论的导向会使采用环保标准的企业比其他企业更具有市场竞争力。

第三，绿色营销的理念可以是企业形象的一部分，从企业文化、企业营销理念到企业管理模式等，从整体上塑造企业的绿色形象。

随着世界范围内环保观念的宣传和加强，人们越来越多地关注到环境问题。在当前环境破坏极为严重的形势下，绿色营销的趋势就更为突出。据有关调查显示，许多消费者支持企业生产低能耗产品和可再循环产品。

绿色营销的切入点在于保护环境，为消费者提供更健康的产品。在这个过程中，消费者的环保意识得到加强，企业的社会责任感也能够得到很好的体现，从而有助于塑造企业良好的社会形象。绿色营销顺应了人们的绿色需求，增强了企业的环保意识，同时也保护了地球的生态资源，从而为经济的可持续发展开辟了新的途径。

第二节　网络营销

这个世界是由天堂、地狱、人间和网络组成的，你的营销只能在最后两大空间开展。

——阎海钧

网络的全面普及已经是不可阻挡的时代趋势。根据《第 30 次中国互联网络发展状况统计报告》显示，截止到 2012 年 6 月，中国互联网网民的数量已达到 5.38 亿。同时，我国互联网的普及率达到 39.9%，已经超过了全球平均水平。网络已经成为人们生活的一项重要内容，网络中蕴含着无限市场，也孕育着无数商机。

以"爱××，也爱××，我不是××，我是××，我和你们一样，我是×××"为格式的"凡客体"让凡客诚品在 2011 年彻底地火了一把，借助于网络的便利性和互动性，网民对"凡客体"的多样化创作使得凡客诚品的品牌得到了广泛的传播。这一模式被称为"网络的病毒式营销"，类似的，博客营销、微博营销等以网络为载体的营销方式也越来越多地出现在人们的视野中。种种迹象都表明，网络不但影响了人们的生活方式，也对营销模式产生了重要的影响。

利用互联网来展开营销活动已成为越来越多企业的选择。如通过互联网开展网络调研以获得尽可能全面的信息；通过网络大范围地宣传企业的产品，以吸引消费者的注意；通过网上销售为消费者提供最大的便利等。网络营销改变了常规的分销渠道，它有效地缩短了生产与消费之间的距离，使得商品在分销渠道中的费用大大减少，既降低了企业的成本，也为消费者增加了利益。同时，网络销售也为顾客带来了极大的便利，有效地降低了消费者的时间成本、精力成本和体力成本，也为提高顾客满意度起了很强的推动作用。然而网络对于营销的改变并不仅限于此，网络营销正变革着企业的运营模式，并将更加深刻地融入到企业的运营之中。如何制定网络营销策略、运用网络营销手段进行营销传播也逐渐成为衡量企业竞争优势的关键因素。

第三节　需求导向

营销的宗旨是发现并满足需求。

——菲利普·科特勒

在工业时代，市场的竞争以产品为中心，生产效率和生产成本极大地限制了企业的竞争能力。随着科技的进步，越来越多的企业开始发现，客户才是企业竞争力的体现。一系列的变革使得顾客的消费习惯、消费观念都发生了极大的变化。消费者从被动的信息接受者转变为主动的信息搜寻者，消费者的价值取向引导着市场需求的发展方向。

在消费者意识高涨的市场环境下，以产品为导向的营销观念正逐渐转变为以消费者需求为导向的新型营销观念。需求导向就是指企业的营销活动越来越多地围绕着消费者以及消费者的需求进行。企业不断创造更新、更好的产品和服务，努力满足消费者的需求，为消费者提供最大的便利。同时，市场营销管理的重点也从短期盈利转变为注重长期可持续的发展。企业的营销目标不再是通过促销来提高销售量，而是通过提高客户满意度以及客户忠诚度实现销售量的提升。

基于以消费者需求为导向的营销趋势，企业要想获得竞争优势实现长远发展，就必须从观念上作出调整，向企业内部灌输服务营销、顾客满意的理念。同时，企业的客户关系管理部门也应通过建立客户关系管理系统，时刻关注影响消费者行为的关键指标，从而及时地了解消费者的需求动向，为企业进行产品开发提供依据。此外，企业还应与客户进行有效的沟通和互动，减少客户的流失并提高客户保有率。在激烈的市场竞争中，企业只有持续地用最优的方法满足消费者的需求、保持客户忠诚度，才能使企业在市场竞争中占据一席之地。

第四节 快速反应

兵贵神速，营销活动也应如此。

——佚名

进入 21 世纪以来，由于信息化技术和互联网的推广，整个社会的生产力得到迅速的发展。与此同时，环境的多变性、不确定性也越来越高，如何使组织能够不断适应变化中的市场环境，是企业不得不思考的问题。

美国著名管理学权威彼得·德鲁克说："世界的经济与技术正面临一个不连续的年代，在技术和经济上，在产业结构和经济理论上，在统领和管理的知识上，将是一个瞬息万变的年代。"在当下，市场的不确定性极大地影响着企业在市场营销活动中的决策制定，"以不变应万变"的理念已经不再能适应高速运行的市场了。企业必须考虑在外部或内部环境发生变化时，怎样迅速调整以适应环境的变化。在当前的信息化背景下，消费者需求的变动、产品的更新速度以及竞争对手的压力都制约着企业的发展，对企业的快速反应提出了更高的要求。因此，精简、富有弹性且高度自动化的组织结构将是企业在信息化社会和不确定环境下的必然趋势。

精简、高效、快速反应的营销组织首先应做到能迅速对消费者的需求、意见作出反应。这就要求企业应具有灵敏的市场洞察力，同时企业还应秉承以消费者需求为中心的理念，使消费者的满意度提高，从而实现企业的客户开发和忠诚度维护，保证企业的有效竞争能力。此外，企业还必须保证组织内部沟通的顺畅，加强内外部的协调运作，从而使企业能够实现对市场需求变化的快速应对。

第五节　诚信营销

信用既是无形的力量，也是无形的财富。

——松下幸之助

　　诚信本就是人的基本素质。诚信营销也应该是企业的基本道德规范，但是在现今市场环境中，仍然有一些企业不顾消费者的利益，甚至是不顾消费者的生命财产安全，采用制假售假、价格欺诈、不履行售后服务等不诚信的营销方式来获得巨额利润。从南京冠生园的"陈馅"月饼事件到"苏丹红"事件，再到三聚氰胺"结石奶粉"事件，越来越多的诚信缺失问题已为企业敲响警钟。随着国家对企业诚信建设的高度重视，同时在消费者维权意识高涨的形势下，企业只有坚持诚信营销，将企业的道德和信誉放在首位，以信誉赢得消费者的认可，才能在激烈的市场竞争中占据一席之地。

　　俗语说，人无信不立，商无信不盛，市无信不兴。无数企业的兴衰成败表明，只有诚信才是企业竞争取胜与长久发展的必然选择。将诚信营销融入到企业营销活动的各个环节中，不仅有助于企业提高竞争力，还有助于树立企业的良好形象，形成企业独有的无形资产。从产品经营，到资本经营，再到信誉经营，这是企业发展的必由之路，更是彰显企业经营境界不断提升的必然结果。随着我国市场经济的日益成熟，诚信理念必将深入人心。为了消费者和社会的长远利益，更为了企业自身的生存和发展，诚信营销必将成为企业竞争发展的必然选择。只有深刻意识到诚信营销的重要性，大力开展诚信营销，才能使企业获得更好、更快的发展。

【拓展阅读】

营销 3.0 时代

菲利普·科特勒认为，在新形势的营销中，为消费者提供意义感将成为企业未来营销活动的价值主张，价值驱动型商业模式将成为新时代营销的制胜之道。营销 3.0 时代由以下三个部分组成：

（1）合作营销：企业应和所有具有相似价值观和期望值的商业实体之间密切合作。

（2）文化营销：在全球化矛盾中产生的新理念，它把文化问题视为企业业务模式核心的营销手段。

（3）人文精神营销：只有企业努力为全人类利益做出贡献时，消费者才将追随你。

资料来源：菲利普·科特勒等.营销革命3.0 ［M］.北京：机械工业出版社，2011.

本章小结

本章主要介绍了市场营销管理的新趋势，包括绿色营销、网络营销、需求导向、快速反应以及诚信营销。绿色营销要求企业在经营过程中应注重生态保护，把环境保护作为企业的一种社会责任。在互联网异常活跃的今天，网络营销正变革着企业的运营模式，并将更加深刻地融入到企业的运营之中。同时，以消费者需求为中心将持续成为营销的主导。企业的营销组织必须具备快速应对市场需求的能力，才能获得竞争优势。最为重要的是，诚信是企业的立足之本，只有坚持诚信经营，企业才能获得长远的发展。

第十二章 市场营销管理的哲学与艺术

驼鹿与防毒面具

有一个推销员，他以能够卖出任何东西而出名。他已经卖给过牙医一把牙刷，卖给面包师一个面包，卖给瞎子一台电视。但他的朋友对他说，如果你能卖给驼鹿一个防毒面具，你才算是一个真正优秀的推销员。于是，这位推销员不远千里来到北方，那里是一片只有驼鹿居住的森林。

"您好，"他对驼鹿说，"现在每个人都应有一个防毒面具。"

"真遗憾，可我并不需要。"驼鹿说。

"您稍后，"推销员说，"您已经需要一个防毒面具了。"

说着他便开始在驼鹿居住的森林中央建造了一个工厂。"你真的发疯了。"他的朋友说到。"不是。我只是想卖给驼鹿一个防毒面具。"

当工厂建成后，许多有毒废气从大烟囱中滚滚而出。

不久，驼鹿就来到推销员处对他说："现在我需要一个防毒面具了。"

"这正是我想要的。"推销员说着便卖给了驼鹿一个。

"真是个好东西啊！"驼鹿说："别的驼鹿也同样需要防毒面具，你还有吗？"

"你真走运，我还有成千上万个。"

"可是，你的工厂里面生产什么呢？" 驼鹿好奇地问。

"防毒面具。" 推销员兴奋而又简洁地回答。

资料来源：http://wenku.baidu.com/view/ebffaa600b1c59eef8c7b4d3.html.

【案例启示】市场营销的过程中，不是所有的需求都是明确的。然而，对于企业来说，消费者需求是企业获得利润的前提。因而，创造需求则是企业在如此激烈的市场竞争下获得成功的保证。创造需求就是企业采取各种经营的手段来使人们的潜在需求得到激发。总之，需求有时候是制造出来的，解决矛盾的高手往往也先制造矛盾。

本章您将了解到：

● 创造需求

● 慢半拍与快半拍

● 美女经济与名人效应

● 物超所值

好的市场营销是以最低的成本把目标消费者或潜在目标消费者吸引到指定的地点并使其很容易发现企业的商品或服务。市场营销所策划的广告、促销活动等，只能为产品带来目标消费者或潜在消费者，并不能为产品带来持续的业绩增长或是忠诚消费者。决定业绩最主要的因素还是在于产品本身是否在市场上有竞争力。也就是说，产品本身与竞争者的同类商品相比能否让消费者在亲身体验后产生物超所值的感觉。企业千万不要把一次成功的营销活动当成是促成业绩增长的重要因素，而忽略了持续改善产品本身的重要性。

市场营销只是一个载体，产品本身才是营销的重点，争取客户的忠诚度才是市场营销最主要的目的。不要让消费者使用过企业的商品之后觉得与其期望值有太大的落差，而这个落差通常都是由于市场营销带给消费者的期望值超过产品本身的价值而造成的。最好的市场营销是将有竞争力的商品很贴切地告诉消费者，而且不要夸大其词，不要让消费者有高于产品本身的期望值。

在市场营销的领域里，想要的东西和需要的东西，会随着消费者经济状况的变化而变化。在经济繁荣的周期里，消费者会依其经济能力或者因外界的营销策略所打动或其亲朋好友的影响而陆续购买其想要的东西；而对于其需要的东西，消费者对价格上的敏感度并不高。在经济衰退的周期里，消费者对于其想要的东西会加以节制，除非价格非常有吸引力且在其经济能力可承受的范围内；而对于其需要的东西，消费者的价格敏感度就比较高。

市场营销的理念是吸引目标消费者或可能的目标消费者注意或关心企业的商品或服务。如果企业的商品及服务具备竞争优势则很容易就会争取到消费者的认可和消费；如果企业的商品及服务不具备竞争优势则只会暴露企业的缺点，甚至会一传二、二传四，造成企业的负面新闻。所以营销理念的首要前提就是诚信。

市场营销其实跟选美是非常相像的，也就是要把自己最好的一面介绍给目标消费者或者评审（消费者也是评审），把自己的缺点控制在消费者可以接受的范围内，这也是我们所谓的物超所值的概念。

市场营销非常重要的一点就是了解市场的变化趋势及客户投诉的趋势。例如，有什么商品或服务的年度成长率较高，有什么商品或服务的年度成长率衰退，有什么替代性商品的销售量增加，有什么新技术商品化，现有商品或服务的客户投诉等。趋势的变化及客户投诉往往孕育着商机。

本章将讨论创造需求、慢半拍与快半拍、美女经济与名人效应、物超所值与市场营销的关系。

第一节　创造需求

优秀的企业满足需求，伟大的企业创造需求。

——菲利普·科特勒

一、了解当地消费者的需求

增加或改善原有商品或服务的功能以替代原有的商品或服务。如手机在欧美地区的功能就是接听电话或收发信息，但是在中国，手机的功能除了基本的电话功能之外，还必须加上造型好看、照相功能、彩信功能、音乐功能、上网功能、TV 功能等。具备这样的功能，且价格比较合适，其销量就会增加。爱立信手机部门在中国由手机占有率最高的厂商到退出中国手机市场，最主要的原因还是以欧美的概念在中国推销手机。

二、推销观念

推销的最高境界就是推销观念。要想让消费者接纳企业的商品或服务，首先必须让他们接受企业商品的观念。只有消费者的观念改变了，其消费行为才会改变。优秀的营销团队不会仅仅只强调商品的品质或服务品质，而是强调消费观念。例如，他们在推销产品之前会强调健康意识、环保意识、安全意识等。

三、注意趋势的变化

消费者的需求及商品或服务的新观念会随着外部环境的变化或个人的经济因素的变化而变化。企业必须不断地搜集这方面的情报加以分析并注意企业本身的商品或服务的替代品的成长趋势，随时调整企业本身的商品或服务。在 20 世纪90 年代，BP 机在中国相当盛行，几乎人手一部，秘书台也因为 BP 机而红火一时。但在 1995 年以后，手机的价格开始下降，而且手机开发的短信功能也逐渐取代 BP 机的寻呼功能，这时候就注定了 BP 机将要退出市场，至于何时退出只是时间问题。

四、新技术的产生或新标准的产生

新技术的产生及普及化或新标准的实施会催生新的需求，同时也会淘汰落后的技术或标准。创造需求使企业面临较少的竞争者，但是却要投入较多的研发费用，通常来说，只有那些有前瞻性的企业或国家才会投入这些研发费用。新标准其实也是一道门槛，企业必须达到这个标准才有准入市场的资格。有的新标准甚至代表的就是垄断或寡占竞争，如手机行业的 3G 标准。新技术所创造的需求有的时候是巨大的、无法抗拒的，如工业革命及互联网。

创造需求是让消费者明白除了原有的需求之外，消费者还能获得哪些利益，并且还让消费者了解以前的需求有哪些不足之处，这些不足的影响或危害有哪些，最终引导消费者产生对一种更安全、更可靠、更省钱的产品的需求。市场营销的重点在于挖掘消费者的需求，然后满足他们的需求。当消费者的需求不断地改变，企业的产品或服务就必须快速更新。与此同时，企业必须注意到新技术及新标准的动向，因为这一部分不是靠市场营销可以弥补的。

在本节特别提醒的是，对于顾客想要的东西，好的市场营销可以创造额外的需求；对于顾客需要的东西，好的市场营销可以让消费者提前消费，但并不一定会创造额外的需求。但是市场营销的坚强后盾还是物超所值的概念，这将会在本章第四节详述。

第二节　慢半拍与快半拍

在营销的道路上，有人选择"先发制人"，也有人选择"厚积薄发"，但无论怎样，企业都不能打无准备之仗。

——佚名

一、慢半拍

所谓慢半拍，不是消极等待不作为，而是密切关注先行者的动态，收集资讯并据此伺机而动。也就是不要太快，但是也不能慢过头。

企业首先要思考的是有没有能力成为市场的先驱，而衡量能力的标准在于技术、知识产权、资金、人才、管理、品质、成本、营销网络等的竞争优势。如果企业的综合实力有限又不拥有知识产权，则应该采取慢半拍的策略。企业选择慢半拍策略其实是一个技术学习的过程、管理累积的过程和资金累积的过程。

中小企业的实力有限，一般情况下很难单独撑起开拓市场的前期耗费，这其中包括资金、研发、管理、营销及渠道等多方面。尤其新产品研发，它最耗费资金，而且还未必有结果。研发及知识产权通常是企业决定其是不是市场先行者的充分条件。企业纵然拥有了知识产权可以使企业具备了先行者的条件，但是资金、人才、管理才是决定企业能否成为市场先行者的必要因素。

企业必须记住，选择比先行者慢半拍的策略是在为企业累积技术、累积管理及累积资金，而不是单纯为了获利。选择慢半拍策略并不是每一个环节都慢半拍，而是先看清先行者在市场上的被认知度及被接受程度，判断市场上有无自己企业的专长领域及商机。如果有商机及自己的专长领域，企业这时就必须比其他竞争者快半拍，也就是当市场已经认知但还没有成熟的时候，及时跟上。

慢半拍哲学其实就是一种"老二哲学"。也就是说，在目前的情况下，企业在技术或知识产权上尚无法超越先行者，但是在市场上又要领先其他竞争者，以保持在第一领先集团，所以等到累积的技术、管理及资金可以与先行者分庭抗礼之时，再向先行者发起挑战。

二、快半拍

企业的技术及知识产权在业界如果处于领先的地位，而且自己的商业模式可以获利及管理已经合理化或标准化，这时候企业可以向竞争者发起挑战，也就是成为市场的先行者。在企业成为市场的先行者之后，必须不断地完善 IT 系统和改善管理机制，以适应市场环境的变化。因为先行者获利之后势必会有很多竞争者跟进，稀释原有的利润率，所以当新商品进入成熟时期就成为管理水平与讯息快速反应及处理的竞争。采取快半拍营销策略能够成功的企业，在于其因应市场变化所采取的快速反应：领先的技术及知识产权；IT 系统能够反映市场销售的及时资讯；产业链的高效整合；以消费者为导向的需求；能让消费者有物超所值的感受。

企业要想使"快鱼吃慢鱼"发挥其正面贡献，就必须做好上述五个事项。曾经有许多的市场先行者，引领潮流率先打开市场，但最终却是以失败告终的最主要原因就在于上述五个因素。

第三节　美女经济与名人效应

通过对名人的特点、成就、公信力、价值等方面的评估，探索名人价值同企业的最佳匹配才能使名人效应充分释放。

——佚名

美是任何人都追求的东西，在不同时代的不同人眼里，美的标准各不相同。但是无论何种情况下，美都是最能吸引公众及消费者眼球的事物。现在人们对美的诉求可能更看重综合素质的体现。

市场经济使商家越来越懂得利用美女来做文章，美女经济已经成为一门别具一格的产业，甚至有人认为美女经济在中国已经过头了。无论在车展或者是影视业，美女始终是公众追捧的对象，这同时也反映了经济发展的程度。

名人效应的推销原理是利用粉丝追星的心理，在商品销售过程中选择当红的大明星做广告，效果就很好。

在商品销售中，商家运用消费者对美女及名人的追星心理来销售商品。方法不胜其数，如请名作家或歌星与消费者见面并对所购商品签名留念；房地产商请来名演员或名歌星做工地秀；车展请来名模；产品代言人请名歌星或名演员。

不管是选用美女经济或选用名人代言的策略，我们都可以用"晕轮效应"的观点来解释。但是在运用"晕轮效应"策略的同时，企业还是要将重点放在产品本身，始终不能放弃产品要物超所值的追求。值得注意的是，企业在选择代言人时也必须符合企业的理念和企业文化，否则很可能因为代言人的综合素质差而影响了企业的形象。

第四节　物超所值

假如我只需付出40美分就能买下一项价值1美元的生意，好事便近了。

——沃伦·巴菲特

市场营销的重点就是将本企业的产品比竞争对手的产品还物超所值这一信息告诉消费者。如相同价格下，服务较佳，品质较好；或者相同品质情况下，服务较好，价格较低等。并通过消费者一传二、二传四的扩散将企业的竞争优势告知企业的目标客户及潜在的目标客户。

企业有物超所值的商品而销量不佳的最大原因是其营销策略出了问题。就如同选美一样，好的商品也需要让广大的消费者知道。也就是知道企业这个好产品的目标消费者太少，所以此时市场营销的重点就要放在知名度上面。

物超所值的概念是以下四个项目的综合评分：一是品质，包括了产品品质及服务品质；二是成本，提供的产品或服务所包含的与之相关的所有直接和间接支出；三是交货期，指接受客户订单或服务至交货给客户或完成客户指定的服务的时间；四是柔性化，为适应客户不断变化的需求，所具备的能力和反应速度。

一个成功的企业一定是在上述四项中有 2~3 项是企业的竞争优势而且能够为消费者所接受，而不是企业的自我感觉。市场营销所要做的工作就是将企业具有竞争力的项目（如品质、成本、交货期及柔性化）向目标消费者及潜在的目标消费者推广，以达到销售数量及金额都上升的目的。

企业要想拥有物超所值的产品或服务，就必须要高效地整合整个产业链。那如何做到这些呢？如何让产品设计、生产、配送和销售迅速融为一体，缩短产业链的周期，降低库存，并让利于消费者，让消费者有物超所值的感觉呢？

其实在缩短产业链周期过程中有一个相当重要的载体就是 IT 系统。产业链的每一个活动都能被及时、准确地输入 IT 系统，并与产业链的每一个成员共同分享。这样管理者就能根据这些信息做出快速、准确、简单的决策，形成简单化的管理。在这里必须注意一件非常重要的事情：IT 系统的资讯只是帮助决策者快速地作出决策，但是 IT 系统本身并不是决策者。

那么企业如何做到物超所值呢？

第一，消费者导向，即有效的 IT 系统的信息+市场信息+产品设计的有效结合。简单地说，消费者导向就是了解消费者的需求。我们可透过 IT 系统的讯息，了解畅销品和滞销品，从而判断消费者的喜好并通过利用消费者投诉等讯息来修正产品设计。同时，产品设计必须兼顾到目前市场流行的趋势，所以产品设计师也必须通过各项渠道（如展览会、杂志等）了解及引导流行趋势，这样就可以将 IT 系统的讯息+市场讯息+产品设计做有效结合。

第二，产业链的垂直整合，即 IT 系统与业务流程的结合（IT+销售+生产+物流），为了使生产系统+物流系统+销售系统能够共享即时资讯，需要 IT 系统的串联，而串联的基础在于销售，保证销售的前提就是足够的库存或实时的生产。这就是要将企业产业链的垂直系统进行整合，才能发挥产业链的效益。

第三，灵活度及速度，即渠道形成规模+多样少量化生产+群聚生产。首先，符合市场的产品设计及多样少量化生产是产品的竞争优势，但是多样少量化生产要形成规模经济的前提就是渠道形成一个规模。渠道形成规模之后对某一特定区域采取多样少量化的销售就不会对生产及物流造成制约。其次，产业链上的各个厂商采用群聚生产，这样可以缩短生产的周期及配送周期，能争取在最短的时间里将产品送至销售的地点同时也可以降低库存。

第四，高效的产业链管理，即有效的设计+及时的生产+及时的配送。一是产品设计师、市场经营分析专家和采购人员组成的产品设计团队，能让产品更贴近消费者。二是消费者购买他们喜欢的商品。对于消费者而言，在哪里可以找到最新的、限量供应的商品，他们就会经常到这个商场逛。三是销售资讯及消费者抱怨的资讯要能够及时地反映给管理者、制造商、物流商及设计师。四是虽然产业链上的业务可以通过 IT 系统实施整合，但是整合的效果在于管理，在于整个产业链的自我学习及系统的完善。因而，企业要将整条产业链构建为一个学习型组织，并且围绕消费者的需求不断改善。一个企业如能做到上述所提，就能够做到让自己的商品或服务物超所值，如能配合更有效的营销活动，则能达到事半功倍的效果。

本章小结

本章主要介绍了市场营销管理的哲学与艺术。其中特别提到如何做到物超所值的高效产业链整合，最主要的目的是告诉所有的企业，市场营销的基础在于产品本身。产品或服务的本身才是决定企业永续生存最主要的因素，企业绝对不会因为有了美女的代言或名人的代言而永续生存。企业应该追求核心竞争力让产品或服务在市场上能有立足之地，再加上好的市场营销则能水到渠成；如果企业只是迷信做好市场营销就能将销量增大，获得更多的利润，迟早会被消费者所淘汰。企业希望消费者能爱企业的产品或服务，要达到这个结果，企业必须先爱自己的消费者，必须先致力于将企业的产品或服务做到物超所值并真正的让利于消费者。

参考文献

1. 菲利普·科特勒等. 市场营销导论 [M]. 北京：华夏出版社，2001.

2. 朱华，吕慧. 市场营销案例精选精析 [M]. 北京：中国社会科学出版社，2009.

3. 金焕明，刘春雄. 营销红皮书 [M]. 北京：企业管理出版社，2009.

4. 王卓. 旌晶黑芝麻糊宏观环境分析 [J]. 经营管理者，2009（15）.

5. 方少华. 市场营销咨询 [M]. 北京：电子工业出版社，2006.

6. 段炬红. 我国家用医疗器械市场机会分析 [J]. 医疗保健器具，2008（1）.

7. 赵伯庄，张梦霞. 市场调研 [M]. 北京：北京邮电学院出版社，2004.

8. 菲利普·科特勒. 营销管理（新千年版）[M]. 北京：中国人民大学出版社，2001.

9. 迈克尔·波特. 竞争优势 [M]. 北京：中国财政经济出版社，1988.

10. 王军，王海燕. 基于波特五力模型对中式快餐业发展的研究 [J]. 黑龙江对外经贸，2009（1）.

11. 菲利普·科特勒，赫马万·卡塔加亚. 重塑亚洲 [M]. 上海：上海远东出版社，2001.

12. 宛晓红. 新华书店图书目标市场选择策略分析 [J]. 新闻出版导刊，2003（9）.

13. 胡洋. 索爱——Walkman 手机差异化战略成败录 [J]. 企业科技与发展，2009（3）.

14. 菲利普·科特勒，凯文·莱恩·凯勒. 营销管理［M］. 上海：上海人民出版社，2006.

15. 郑玉香，刘泽东等. 市场营销学新论［M］. 北京：中国林业出版社，北京出版社，2007.

16. 孙皓. 论图书产品生命周期的策略［J］. 法制与社会，2007（2）.

17. 李莉. 福州温泉旅游产品组合开发探讨［J］. 重庆科技学院学报（社会科学版），2009（8）.

18. 吴嫦娥. 波士顿矩阵法在本社教材调研中的应用［J］. 科技与出版，2011（8）.

19. 刘宇，马卫. 奇瑞汽车销售公司销售渠道策略分析［J］. 汽车工业研究，2010（11）.

20. 纪宝成，吕一林. 市场营销学教程［M］. 北京：中国人民大学出版社，2002.

21. 苏斌. 营养舒化奶重庆市场广告策略制定［J］. 现代商贸工业，2008（5）.

22. 何五元，林景新. 营销造势Ⅱ［M］. 广州：暨南大学出版社，2010.

23. 晓芹. 四两拨千斤——世界知名企业谋略策划大手笔［J］. 广告大观（综合版），1997（9）.

24. 邵家兵. 客户关系管理［M］. 北京：清华大学出版社，2010.

25. 苏朝晖. 客户关系管理：客户关系的建立与维护［M］. 北京：清华大学出版社，2010.

26. 禾田. 寓言中的经营智慧［M］. 北京：企业管理出版社，2005.

27. 齐佳音，万岩，尹涛. 客户关系管理［M］. 北京：北京邮电大学出版社，2009

28. 岳霖.啤酒与尿布［J］. 中国中小企业，2002（7）.

29. 影响力中央研究院教材专家组. 让客户回头：超乎想象的客户服务六大宝典［M］. 北京：电子工业出版社，2009.

30. 王建国.1P 理论——真正的蓝海营销模式［J］. 销售与市场，2008（28）.

31. 沈贞. 企业诚信营销现状及改进 [J]. 河南科技，2009（5）.

32. 菲利普·科特勒等. 营销革命 3.0 [M]. 北京：机械工业出版社，2011.

33. 菲利普·科特勒，何永琪，何宝善. 市场营销管理——分析、规划、执行和控制 [M]. 北京：科学技术文献出版社，1991.

34. 景奉杰.市场营销调研 [M]. 北京：高等教育出版社，2001.

35. 梁修庆. 市场营销管理 [M]. 北京：科学出版社，2002.

36. 菲利普·科特勒，加里·阿姆斯特朗. 市场营销 [M]. 北京：华夏出版社，2003.

37. 惠碧仙，王军旗. 市场营销——基本理论与案例分析 [M]. 北京：中国人民大学出版社，2004.

38. 杨勇. 市场营销：理论、案例与实训 [M]. 北京：中国人民大学出版社，2006.

39. 万晓. 市场营销 [M]. 北京：清华大学出版社，北京交通大学出版社，2007.

40. 陈雄鹰. 市场营销导论：原理与实践 [M]. 北京：北京航空航天大学出版社，2008.

41. 吴泗宗.市场营销学 [M]. 北京：清华大学出版社，2008.

42. 郭国庆. 现代市场营销学 [M]. 北京：清华大学出版社，2008.

43. 马刚等. 客户关系管理 [M]. 大连：东北财经大学出版社，2008.

44. 郭松克. 市场营销学 [M]. 广州：暨南大学出版社，2008.

45. 郎咸平. 产业链阴谋 II ——没有硝烟的战争 [M]. 北京：东方出版社，2008.

46. 许彩国. 市场营销案例分析——策划篇 [M]. 南京：东南大学出版社，2009.

47. 王培荣. 由"三鹿奶粉"事件看诚信营销 [J]. 中小企业管理与科技，2009（6）.

后　记

　　2011 年 9 月，中国社会科学院哲学社会科学创新工程正式启动，该工程将学术观点和理论创新、学科体系创新与管理创新、科研方法与手段创新作为创新的主要内容。创新工程的理念与我们的构思不谋而合，在团队成员的共同努力下，我们完成了《21 世纪工商管理文库》的编写工作，本文库始终把实践和理论的结合作为编写的基本原则，寄希望能为中国企业的管理实践提供借鉴！

一、我们的团队

　　我们的团队是由近 200 名工商管理专业的硕士、博士（大部分已毕业，少数在读）组成的学习型团队。其中已毕业的硕士、博士绝大多数是企业的中高层管理者，他们深谙中国企业的发展现状，同时又具备丰富的实践经验，而在读硕士、博士则具有扎实的理论基础，他们的通力合作充分体现了实践与理论的紧密结合，作为他们的导师，我感到无比的自豪。根据构思及团队成员的学术专长、实践经验、工作性质、时间等情况，我们挑选出 56 名成员直接参与这套文库的编写，另外还邀请了 62 名（其中 5 名也是编写成员）在相关领域具有丰富理论和实践经验的人员针对不同的专题提出修改意见，整套文库的编写人员和提供修改意见的人员共有"113 将"。我是这套文库的发起者、组织者、管理者和领导者，同时也参与整套文库的修改、定稿和部分章节的编写工作。

　　本套文库从构思到定稿历时 8 年，在这 8 年的时间里，我们的团队经常深入企业进行调研，探究企业发展面临的问题和困境，了解企业管理者的困惑和需要，进一步将理论应用于实践并指导实践。我们经历了很多艰辛、挫折，但不管多么困难，总有一种使命感和责任感在推动着我们，让我们勇往直前，直至这套文库问世。

本套文库在中国社会科学院工业经济研究所研究员、经济管理出版社社长张世贤教授的大力支持和帮助下被纳入中国社会科学院哲学社会科学创新工程项目，并得到该项目在本套文库出版上的资助，同时，张世贤教授还参与了本套文库部分书籍的审稿工作，并且提出了很多宝贵的意见。另外，经济管理出版社总编室何蒂副主任也参与和组织了本套文库的编辑、审稿工作，对部分书籍提供了一些有价值的修改意见，同时还对本套文库的规范、格式等进行了严格把关。

有 56 名团队成员参加了本套文库的编写工作，他们为本套文库的完成立下了汗马功劳。表 I 列出了这些人员的分工情况。

表 I　　团队成员分工

书名	编写成员
1. 战略管理	龚裕达（中国台湾）、胡中文、温伟文、王蓓蓓、杨峰、黄岸
2. 生产运作管理	李佳妮、胡中文、李汶娥、李康
3. 市场营销管理	胡琼洁、李汶娥、谢伟、李熙
4. 人力资源管理	赵欣、马庆英、李汶娥、谭笑、陈志杰、卢泽旋
5. 公司理财	赵欣、易强、胡子娟、向科武
6. 财务会计	陈洁、周玉强、高丽丽
7. 管理会计	高丽丽、胡中文、符必勇
8. 企业领导学	张伟明、黄昱琪（中国台湾）
9. 公司治理	黄剑锋、符斌、刘秋红
10. 创业与企业家精神	张伟明、严红、林冷梅
11. 企业后勤管理	赵欣、钱侃、林冷梅、肖斌
12. 时间管理	苏明展（中国台湾）、胡蓉
13. 企业危机管理	胡琼洁、林冷梅、钱侃
14. 企业创新	符斌、刘秋红
15. 企业信息管理	肖淑兰、胡蓉、陈明刚、于远航、郭琦
16. 企业文化管理	符斌、谢舜龙
17. 项目管理	于敬梅、周鑫、陈赟、胡亚庭
18. 技术开发与管理	胡中文、李佳妮、李汶娥、李康

书名	编写成员
19. 设备管理	马庆英、于敬梅、周鑫、钱侃、庞博
20. 公共关系管理	谢舜龙、符斌、余中星、吴金土（中国台湾）、刘秋红
21. 组织行为学	马庆英、赵欣、李汶娥、刘博逸
22. 无形资产管理	张伟明、陈洁、白福歧
23. 税务筹划	肖淑兰、陈洁
24. 宏观经济学	赵欣、汤雅琴
25. 金融机构经营与管理	胡琼洁、汤雅琴、江金
26. 行政管理学	温伟文、张伟明、林冷梅
27. 商法	高丽、胡蓉
28. 管理科学思想与方法	陈鸽林、陈德全、郭晓、林献科、黄景鑫
29. 管理经济学	周玉强、汤雅琴
30. 企业管理发展的新趋势	龚裕达（中国台湾）、符斌
31. 企业管理的哲学与艺术	龚裕达（中国台湾）、黄昱琪（中国台湾）

有 62 名企业界的中高层管理人员、从事工商管理研究的学者以及政府公务员为我们的编写工作提供了建设性修改意见，他们的付出对提升本套文库的质量起到了重要的作用。表Ⅱ列出了这些人员对相应书籍的贡献。

表Ⅱ　提供修改意见的人员名单及贡献

姓名	书名	工作单位、职务或职称	
1. 张世贤	商法 宏观经济学	中国社会科学院工业经济研究所 经济管理出版社	研究员 社长
2. 何蒂	管理会计 时间管理	经济管理出版社总编室	副主任
3. 邱德厚（澳门）	管理经济学 企业危机管理	广东彩艳集团	董事长
4. 冯向前（加拿大）	税务筹划	国际税务咨询公司 中国注册执行税务师	总经理
5. 陈小钢	行政管理	广州市黄埔区	区委书记
6. 温伟文	宏观经济学	广东省江门市蓬江区政府 （原广东省江门市经信局长）	区长
7. 曹晓峰	公共关系管理	广东交通实业投资有限公司	董事长
8. 梁春火	企业领导学	广东移动佛山分公司	总经理
9. 邓学军	市场营销管理	广东省邮政公司 （原广东省云浮市邮政局长）	市场部经理
10. 冯礼勤（澳大利亚）	企业创新	迈克斯肯国际有限公司	董事长
11. 马兆平	人力资源管理	贵州高速公路开发总公司	副总经理

姓名	书名	工作单位、职务或职称	
12. 武玉琴	项目管理	广东恒健投资控股有限公司投资部 北京大学经济学院博士后	副部长
13. 方金水	金融机构经营与管理	交通银行深圳分行	副行长
14. 陈友标	时间管理	广东华业包装材料有限公司	董事长
15. 李思园（中国香港）	公司理财	香港佳宇国际投资有限公司	总经理
16. 李志新	企业领导学	广州纺织工贸企业集团有限公司	董事长
17. 郑锡林	人力资源管理	珠海市华业投资集团有限公司	董事长
18. 李活	项目管理	茂名市金阳热带海珍养殖有限公司	董事长
19. 朱伟平	战略管理 人力资源管理	广州地铁广告有限公司	总经理
20. 沈亨将（中国台湾）	战略管理	广州美亚股份有限公司	总经理
21. 罗文标	生产运作管理 人力资源管理	华南理工大学研究生院	研究员
22. 张家骅	企业危机管理	北京德克理克管理咨询有限公司	董事长
23. 廖洁明（中国香港）	企业危机管理	香港警务及犯罪学会	主席
24. 陈国力	项目管理	广州洪珠投资有限公司	总经理
25. 黄正朗（中国台湾）	财务会计 管理会计 无形资产 公司理财	台一国际控股有限公司	副总经理
26. 彭建军	创业与企业家精神	恒大地产集团	副总裁
27. 应中伟	时间管理	广东省教育出版社	社长
28. 黄昱琪（中国台湾）	税务筹划	广东美亚股份有限公司	副总经理、财务总监
29. 黄剑锋	市场营销管理	中国电信股份有限公司广州分公司市场部	副总经理
30. 周剑	技术开发与管理 公司治理	清华大学能源研究所副教授	博士后
31. 杨文江	公司治理	广州御银股份有限公司	董事长
32. 陈洪海	公司理财	深圳联通龙岗分公司	副总经理
33. 沈乐平	商法	华南理工大学工商管理学院教授	博士生导师
34. 谢舜龙	行政管理	汕头大学商学院	MBA 中心副主任
35. 刘璇华	企业创新	广东工业大学科研处副处长	教授
36. 吴晓宝	创业与企业家精神	广州增健通信工程有限公司	董事长
37. 周枝田（中国台湾）	企业后勤管理 生产运作管理	诚达集团	副总经理
38. 许陈生	宏观经济学 管理经济学	广州外语外贸大学经贸学院	教授
39. 何荞	设备管理 税务筹划	中山大学旅游管理学院	博士后
40. 苏明展（中国台湾）	设备管理	广州德进机械设备安装有限公司	总经理
41. 李建喜	市场营销管理	广州新福鑫智能科技有限公司	副总经理

姓名	书名	工作单位、职务或职称	
42. 李茂松	企业后勤管理	暨南大学华侨医院后勤产业集团	副总经理
43. 羊卫辉	宏观经济学 管理经济学	股票、期货私募操盘手、私人投资顾问	
44. 周文明	生产运作管理 技术开发与管理	广电运通金融电子股份有限公司	厂长
45. 王步林	商法	广州金鹏律师事务所	合伙人、律师
46. 刘军栋	企业信息管理	合生创展集团有限公司信息化办公室	经理
47. 张振江 （中国台湾）	无形资产管理	南宝树脂东莞有限公司	总经理
48. 程仕军 （美国）	公司理财 财务会计 管理会计 公司治理	美国马里兰大学商学院财务系	副教授
49. 黄奕锋	行政管理学	广东省国土资源厅	副厅长
50. 翁华银	战略管理 市场营销管理	广州行盛玻璃幕墙工程有限公司	董事长
51. 李希元	企业危机管理	广东省高速公路股份有限公司	总经理
52. 叶向阳	金融机构经营与管理	中国邮储银行广东省分行	财务总监
53. 杜道洪	公司理财	广州滔记实业发展集团有限公司	总经理
54. 李飔	组织行为学 人力资源管理	广州市社会科学研究院	研究员
55. 吴梓锋 （澳大利亚）	市场营销管理 项目管理 战略管理	澳大利亚雄丰股份有限公司	董事长
56. 薛声家	管理科学思想与方法	暨南大学管理学院教授	博士生导师
57. 左小德	管理科学思想与方法	暨南大学管理学院教授	博士生导师
58. 周永务	管理科学思想与方法	华南理工大学工商管理学院教授	博士生导师
59. 贺臻	创业与企业家精神	深圳力合创业投资有限公司	总经理
60. 方向东	项目管理	新八建设集团有限公司南方公司	总经理
61. 梁岳明	公司理财	广东省教育服务公司	总经理
62. 邓俊浩	企业文化管理	广州精心广告有限公司	总经理

注：3~47 为团队成员，1~2 和 48~62 为外请成员。

二、致谢

在本套文库的编写过程中，我们参阅了大量古今中外的文献并借鉴了一些专家、学者的研究成果，尤其是自管理学诞生以来的研究成果。对此，本套文库尽最大可能在行文当中予以注明，并在书后参考文献中列出，但仍难免会有疏漏，在此向所有已参考过的文献作者（国内的和国外的，已列出的和未列出的）表示衷心的感谢！

另外，还要特别感谢参加本套文库的编写人员和提出修改意见的人员，是你们这"113 将"的勤奋和智慧才使该文库的构思得以实现。随着这套文库的问世，中国企业会永远记住你们，感激你们！

经济管理出版社是我国经济管理类的中央级出版社，它以严谨的学术、广泛的应用性以及规范的出版而著称。在此，我们非常感谢经济管理出版社的领导和所有工作人员对本套文库的出版所做的工作和提供的支持！

我还要感谢暨南大学这所百年华侨学府，"始有暨南，便有商科"。巧合的是，管理学和暨南大学几乎同时诞生，在此，就让《21 世纪工商管理文库》作为管理学和暨南大学的百年生日礼物吧！

我们真诚地希望并欢迎工商管理界的学者和企业家们对本套文库提出宝贵意见，以使该套文库能更好地为中国企业服务，从而全面提升中国企业的管理水平！

夏洪胜

2013 年 12 月